U0896932

叠翠山下的日子

重庆一中寄宿学校的德育理念与创新实践

赵彦华　王伟民／主编

重庆大学出版社

图书在版编目（CIP）数据

叠翠山下的日子:重庆一中寄宿学校的德育理念与创新实践/赵彦华，王伟民主编.--重庆:重庆大学出版社,2025.5.--ISBN978-7-5689-4914-9

Ⅰ.G631

中国国家版本馆CIP数据核字第2024HE2431号

叠翠山下的日子——重庆一中寄宿学校的德育理念与创新实践

DIECUISHAN XIA DE RIZI—CHONGQING YIZHONG JISU XUEXIAO DE DEYU LINIAN YU CHUANGXIN SHIJIAN

赵彦华　王伟民　主编

责任编辑：陈筱萌　　版式设计：陈筱萌
责任校对：邹　忌　　责任印制：张　策

*

重庆大学出版社出版发行
出版人：陈晓阳
社址：重庆市沙坪坝区大学城西路21号
邮编：401331
电话：（023）88617190　88617185（中小学）
传真：（023）88617186　88617166
网址：http：//www.cqup.com.cn
邮箱：fxk@cqup.com.cn（营销中心）
全国新华书店经销
重庆正文印务有限公司印刷

*

开本：787mm×1092mm　1/16　印张：19.5　字数：373千
2025年5月第1版　2025年5月第1次印刷
ISBN978-7-5689-4914-9　定价：88.00元

编委会

主　编：赵彦华　王伟民

副主编：张　杰　梁　凤　解亚伟　罗　晨

主　审：杨龙青　王爱霞

编　辑：（按姓氏笔画排序）

王飞阳　王茹昕　皮燕琪　刘　涛

刘晓明　刘　鑫　李　明　张玉菱

杨　兵　吴　维　沈清敏　岳　睿

苟瀚心　袁巧巧　韩一嘉　黄辉平

本书系重庆市教育科研实验基地基础教育类·重庆一中寄宿学校“指向核心素养的中学跨学科教育科研实验基地”（基地编号：JD2024J047）的阶段性成果。

本书系重庆市教育科学“十四五”规划2024年度教学改革研究专项一般课题“融合中华优秀传统文化的中学跨学科主题实践学习研究”（课题批准号：K24ZG1070154）的阶段性成果。

序言
PREFACE

在那遥远而温柔的时光深处，叠翠山以它独有的翠色，轻抚着岁月的轮廓，静静铺展在重庆一中寄宿学校的怀抱之中，与我们共同编织了一段段关于成长、关于教育、关于爱的美好时光。于是，我们提笔，将这份深情厚谊，凝聚于《叠翠山下的日子——重庆一中寄宿学校的德育理念与创新实践》一书之中，愿它能成为连接过去与未来的桥梁，让“一座山，一群人，一段时光，一中情缘，一生沉淀”的故事，永远传唱。

一座山，静谧中的守望者

叠翠山，四季更迭，绿意盎然。每当晨曦初露，或是夕阳西下，山间的每一片叶子、每一缕清风，都似乎在诉说着关于坚持与梦想的故事。如同时间的低语，虽不言不语，脚步轻柔，却以万千姿态诉说着生命的奥秘与自然的韵律，温柔地抚慰着每一个疲惫的灵魂。在这里，山不仅是自然的馈赠，更是心灵的归宿，它静静地守望着这片土地，见证着无数学子的成长与蜕变。在这里，山不仅仅是一道风景，它更是一种精神的象征，激励着每一位学子，无论前路多么崎岖，都要像这山一般，坚韧不拔，宁静致远。

一群人，智慧与爱的传递者

在叠翠山的怀抱中，有这样一群人，他们以知识为灯，以爱心为火，照亮了学子们前行的道路。他们是学校的领航者，高瞻远瞩，以德育为先，引领着学校发展的方向；他们是德高望重的老教师，用一生的经验与智慧，为学生们铺设了一条条通往成功的道路；他们是年轻的班主任，满怀激情与梦想，以创新的思维和方法，让学生在快乐中成长，在成长中感悟。他

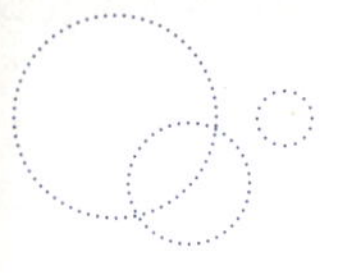

们的身影，在晨光中拉长，在夜幕下缩短，却始终如一地坚守在教育的第一线。这群人，用他们的言行举止，诠释了何为“学高为师，身正为范”，他们是学生心灵的灯塔，是知识的引路人，更是灵魂的工程师。

一段时光，青春与梦想的交响曲

在叠翠山下的日子里，每一刻都闪耀着青春的光芒。从“思政大课堂”的激情演讲到“一中大先生”的深邃论述，从“德育在行动”的实践探索到“带班有方略”的智慧结晶，再到“德育小故事”中的温馨瞬间和“师者仁爱心”的深情告白，这一切的一切，都如同一首首动人的诗篇，唱响了青春的主旋律。在这里，学生们学会了勇敢与坚持，学会了责任与担当，更学会了在爱与被爱中成长。这段时光，如同山间清风，轻轻吹过心田，留下了永恒的印记。

一中情缘，一生沉淀的情感纽带

“一中”，这个名字早已超越了简单的文字符号，它成为了一种情感的寄托、一种精神的象征。在这里，每个人都拥有属于自己的故事和回忆。那些关于成长、关于梦想、关于爱的片段，如同繁星点点，汇聚成银河般璀璨的记忆长河。无论未来我们身处何方，那份对一中的深情厚谊都将如影随形，陪伴我们左右。它如同叠翠山下的莲池般，源源不断滋养着我们的心田，让我们在人生的旅途中始终保持着一份纯真与执着。

岁月悠悠，转眼间，那些曾经在叠翠山下奋斗的日子已成过往。但正是这些过往，铸就了今天的我们。那些关于成长、关于教育、关于爱的故事，如同一颗颗璀璨的珍珠，串联起我们的一生。它们教会我们珍惜，教会我们感恩，更教会我们在未来的日子里，无论遇到何种困难与挑战，都要保持一颗初心，坚持自己的梦想与信念。因为，在叠翠山下度过的那些日子，已经化为我们生命中不可或缺的一部分，成为我们一生中最宝贵的财富。

《叠翠山下的日子——重庆一中寄宿学校的德育理念与创新实践》，不仅是一本书，它更是一段旅程，一段关于成长、关于教育、关于爱的旅程。愿每一位读者都能从中找到自己的影子，感受到那份来自心底的温暖与力量。愿我们都能像叠翠山一样，坚韧不拔，勇往直前；愿我们都能珍惜那段在叠翠山下度过的美好时光，让它成为我们一生中最美的回忆。

目录
CONTENTS

第一篇章：一中大先生

第二篇章：思政大课堂

第三篇章：德育在行

第四篇章：带班有方略

第五篇章：德育小故事

第六篇章：师者仁爱心

第一篇章：

一中大先生

重庆一中建校于1931年，九十余载的悠悠岁月，凝重的历史足迹，绵延不息的文化传承，重庆一中在血与火洗礼的20世纪30年代揭开了培养天下英才的华丽篇章，形成了“明礼崇德、求知求真”的校训、“爱国爱校、尊师爱生，朴实勤奋，改革创新”的校风、“崇德、敬业、博学、严谨”的教风、“励志、笃学、乐群、力行”的学风。在这般历史厚重又充满活力与梦想的校园里，他们始终坚守与陪伴。

“教育贵于薰习，风气赖于浸染。”他们追逐光，成为光，散发光，以身为范，用自己的言行践行着“百年大计，教育为本”的坚定信念，渴望用自己微弱的光照亮学生前行的路。众多微光汇聚一堂，教育的璀璨宏光便不熄地闪耀着。

在教育的“场”里，每名学生都是一棵长满“可能”的树

——唐宏宇专访

唐宏宇，重庆市第一中学校党委书记，中小学正高级教师，享受国务院政府特殊津贴专家。重庆市教育学会副会长，重庆市教育学会高中专业委员会理事长。获得教育部国家级教学成果奖、重庆市人民政府教学成果奖特等奖、全国五一劳动奖章等。长期从事基础教育教学与管理工作，在继承和发展学校传统文化的基础上，他创造性地提出了“尊重自由、激发自觉”的办学理念。主研国家级、市级重点课题 10 项，主编、参编教育部、省市级教材 13 部，担任中学政治教参、高考指导丛书等 18 部教育著述的主编、副主编，在《人民教育》《中国教育报》《中学政治教学参考》《政治教育》《班主任》等杂志上公开发表论文 50 余篇。

问:《国民经济和社会发展“十四五”规划和2035年远景目标纲要》明确提出“建设高质量教育体系”。从“十四五”到2035，您认为贵校发展面临着哪些机遇与挑战，制定了哪些发展目标、愿景与规划?

答：重庆一中建校于 1931 年，在血与火洗礼的 20 世纪 30 年代揭开了培养天下英才的华丽篇章。因此，从宏观层面上来看，重庆一中面临着三个方面的机遇与挑战。第一是立足传统文化教育，将丰富厚重的文化底蕴赋予新的时代内涵，推进教学研究的推陈出新；第二是人工智能的迅速发展，如何顺应时代发展趋势，推动教育高质量发展；第三是物质生活与精神生活的不断发展，人民群众和广大师生对学校教育发展的更高要求。

加快建设高质量教育体系，是从现在到 2035 年我国教育的中心任务。当前，我们正处于百年未有之大变局的时代。信息化、智能化的快速发展，加速了世界的深度变革，给教育发展带来前所未有的挑战和机遇，也为我们建设高质量教育

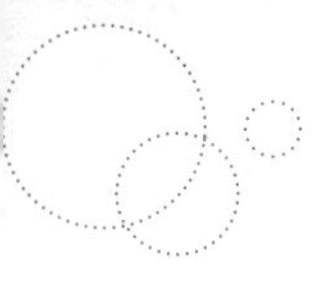

体系创造了可能和条件。面对新形势、新阶段和新变化，高质量发展是未来学校建设和发展的核心主旨。

为此，重庆一中提出了“十四五”期间，以学校高质量发展为统领，以教育评价改革为牵引，统筹推进育人方式、办学模式、管理体制、保障机制改革。建设创新型和现代型学校的目标更加清晰，发展路径更加明晰，学生成长更有成效，教师发展更加高效，治理体系更加完善，中华名校的品牌影响力大为提升，在重庆乃至全国基础教育界的作用明显增强。

问：坚持和加强党对教育工作的全面领导，是办好教育的根本保证。请问贵校在党建领航上有哪些举措？

答：重庆一中具有悠久的历史和光荣的革命传统。进入新时代，全面从严治党、全面深化改革对学校未来发展提出了新要求。重庆一中党委主动顺应时代发展新要求，以学校党建引领创新和质量创优工作（简称党建“双创”）、“一中红·赤子心·先锋行”红岩·沙磁教育党建行动为契机，以“一中红·崇廉德·行廉志”为主题推进清廉学校建设，进一步加强党的建设，教育引导全校党员主动担当，积极作为，营造教书育人优质环境，持续增强党的创造力、凝聚力、战斗力。

问：全面推进“大思政课”建设是“关键一课”。学校如何贯彻落实“立德树人”根本任务、不断强化思想政治教育铸魂育人？

答：重庆一中光荣的“四二一”革命传统是学校宝贵的精神财富和教育资源，这也为学校思政课建设提供了深厚的历史积淀。

重庆一中党委积极探索党建工作与思政教育互动融通，把弘扬革命传统、传承红色基因深刻融入学校教育中，积极探索“党建+思政”，逐渐形成了“一核二翼三维”的推进机制。所谓“一核”，指的是紧紧围绕立德树人核心；“二翼”指的是“课程思政”与“思政课程”同向驱动，发挥育人的协同效应；“三维”指的是在工作格局、工作队伍、工作阵地三方面同步发力，共同助推党建和育人质量双提升。

问：围绕集团化办学、学区制管理改革，如何保证贵校在保留特色与优势的同时，持续谱写集团化办学高质量发展的新篇章？

答：学校高质量发展需要听到“更多的声音”和“不同的声音”，实现各美其美，美美与共。在高质量发展的时代主题下，重庆一中集团化办学正在迎接新的挑战、探索新的可能。

首先是赋予新的价值内涵，我们现在的一种想法就是，既要“火车头”，更要“动车组”。教育集团要切实发挥母体校“火车头带动”和各分校“动车组联动”

的合力效应，让每一节车厢都发力，实现集团化办学模式下全方位的共建共享。

作为重庆市最早的现代公立中学，重庆一中一直立足于平民教育，在促进教育优质均衡方面积极探索，与26所市内外学校深化帮扶协作，共建学区共同体，发挥引领示范作用，整合优质教育资源，促进区域教育公平而有质量的发展。

重庆一中学区共同体在建设的过程中，有以下探索实践：一是建立分类施策机制；二是建立师资交流机制；三是建立课改协同机制；四是建立资源共享机制。通过不断完善学区共同体发展机制，我们有力地缩小了校际差距、促进了教育优质均衡：学校办学水平不断提高，2所薄弱学校发展成为优质特色学校；教师队伍建设迈上台阶，成员学校20余名教师被评为骨干教师；学生素质显著提升，100余名学生在全国和全市科技、艺术、体育比赛中获奖。

问：要培养德智体美劳全面发展的社会主义建设者和接班人，体育、美育、劳动教育，一个都不能少。在这三个方面教育的实施中，如何实现学生自由而全面的发展?

答：2024年4月，93周年校庆之际，我们将为学校“大成书院”揭幕。这是一栋蕴含钱学森“大成智慧学”的书院，以大成为名，希望集“大成”之智慧，让我们的学生在这里自由生长。这栋楼涵盖了学生健身房、舞蹈排练厅、音乐厅，当然还有我们特色的话剧、川剧训练室等硬件设施。

我从不主张不让学生“玩”，我相信会“玩”的学生才能获得更多的发展机会和核心竞争力。以前有人说，玩物丧志，但事实当真如此吗?多年的教育经验告诉我，玩物“尚”志，或许更贴合当下的教育实践。尚，应是崇尚的“尚”，我们要在玩的过程中树立学生的志向。实际上，进入重庆一中的学生，我们都会让“能飞的飞，能跑的跑，能走的走”，不能走的要推上一把。

一所学校究竟应该怎么办?首先眼光不能局限，不能仅仅停留在学生的成绩和升学上，更重要的是教育理念以及教育观念。就社会层面而言，每个人都是教育者，也是受教育者。重庆一中的办学理念是“尊重自由，激发自觉”，我们认为，没有尊重就没有教育，没有激发也就没有教育的发展。因此，在教育的世界里，或许每个人都有“发言权”，我们希望集中智慧、创造条件，实现学生和每一个人自由而全面的发展。

在此基础上，重庆一中立足于立德树人根本任务，通过“阅读与人文”“科技与创新”“运动与健康”多维路径，致力于培养具有中国情怀、国际视野的未来人才。在学校的办学理念和育人路径的建构中，重庆一中始终全面落实五育并举目标，着力提升立德树人成效。

问：教育部《普通高中学校办学质量评价指南》明确了“办学方向、课程教学、

教师发展、学校管理、学生发展”5大评价维度。围绕高质量特色发展，贵校有哪些长远考量和规划?

答：学校像一片“麦田”，学生在麦田里自由追逐。教育既要防守，更重要的是要放手。激发学校的办学活力，我们主要从三个方面入手。一是精神激励：让全校的师生都树立共同的愿景、共同的目标、共同的价值取向；二是质量提升：一个学校的质量要不断地提升，才能够增强全体师生的凝聚力、向心力和战斗力；三是管理公平：好的管理能够持续激发一所学校的办学活力，师生才能一心一意谋发展，全力以赴提质量。

课堂是学校教育教学工作的主阵地，关注和研究课堂教学是重庆一中人悠久历史的血脉传承。在学校93年的办学历程中，重庆一中始终抓牢“课堂主阵地”，重视研究课堂教学。

从建校初，学校就明确提出“实行优良管理与建设”的办学理念，实施“三个到”的管理智慧：到教师中去、到学生中去、到课堂中去，倡导亲临课堂，狠抓课堂教学质量；到20世纪八九十年代，重庆一中产生了黎见明老师的“语文导读法”、化学唐恂季老师的“单元教学法”、政治黄慧灵老师的“读议讲看用”教学法、张群力老师的“中心学习法”等教学范式；再到21世纪初的《综合实践活动三三模式》和《激活课堂》，这些课堂教学的探索和改革都在全市乃至全国范围内形成了较大的影响力。

学生“百花齐放”，教育也应百花齐放。进入新时代，聚焦课堂教学，重庆一中建立课堂教学系统提升模式，对课堂教学提升的十大着力点进行分解研究。一是优化课堂教学理念；二是加强传统教学挖潜；三是加强教学分类探索；四是加强教学分层研究；五是建构教学评价体系；六是深化教师序列培训；七是创新课堂教学样态；八是更新教学技术手段；九是实施课堂开放制度；十是促进教学成果转化。

问：从一名普通教师成长为一所学校的管理者，请谈谈您对“教育情怀”的理解？请描述一下您心中向往的学校是什么样?

答：一所学校的发展，不仅仅要关心学生的发展，也要关心教师的发展。我们要树立教育的情怀，关注师生基于人的一种发展。所以，我向往的学校就是，师生在学校能够自由而自觉地发展，能够舒心地工作和学习，开心地实现人生价值，或者为实现人生价值而奠定基础。

重庆一中，是一个充满生长机缘的“场”。在这里，每名学生都是一棵长满无限“可能”的树，有自己的生长方向和丰富多彩的发展可能。这里尊重自由，激发自觉，是我们理想的中学、向往的学校。

让教育充满内涵

——赵彦华专访

陈雨晴

赵彦华，1986年就读于西南师范大学生物学专业，1990年到重庆一中参加工作，先后担任班主任、年级组长，参加过初中生物学科的教学工作。曾作为生物学科竞赛指导教师带领学生参加全国生物奥赛，获得优异成绩，指导学生多次获得全国、省市生物学科竞赛一等奖。赵彦华书记曾担任过班主任，多次获得优秀班主任、优秀教师称号，先后担任年级组长、教务处副主任、招生办主任，分管初中教学、招生、教师人事安排等，有着非常丰富的教学管理经验，所分管的初中教学成绩优异。迄今为止，赵彦华书记在国内国际刊物上发表论文多篇。

一、学校历史

问题1：您在学校工作多年，能简单回顾一下重庆一中寄宿学校从建立至今的发展历程吗?

答：1998年学校建立，建立之初为一所民办学校，学校的招生经历了“从无到有”“从追求规模到追求高质量发展”的变化，后来学校也经历了“民转公”的过程。学校建立至今，从“追求规模”到“追求质量”，更加重视培养学生的素养，关注学生素养的高质量发展与教育的内涵本质。学生从重庆一中寄宿学校毕业后，品质比较“正”，充满爱心与善心，对生活充满阳光，这是我看到的寄宿学校学生身上的一些特质。学校的办学历史比较长久，具有办学的积淀，学校的硬件等条件也在逐步改进。

问题2：在您工作的这些年里，学校有哪些重大的变化或事件给您留下了深刻

印象？

答：寄宿学校最初只有高中年级，后来才有初中年级，且转变为纯初中。唐宏宇书记分管教学，我们的教学质量得到了重大提升。王越对学生的德育活动进行统筹规划，这些对学校的文化影响比较大。现在寄宿学校要恢复高中办学，我认为培养学生的内驱力、兴趣与好奇心应该成为我们的目标，“以美育人，以文化人”应该成为我们的价值追求。

二、教育经历

问题1：您是如何开始您的教育事业的？能分享一下您初入教育行业的经历和感受吗？

答：我1986年至1990年在西南师范大学（现西南大学）就学，毕业后选择做一名教师。我的老家在农村，我个人对教育、对知识有追求，因此1990年毕业后，受学校分配来到重庆一中任教初高中生物学科。在我初入教育行业时，也有过失败的教训。最开始，我常常用教师的威严来管理学生，追求分数，将分数看得比较重，缺乏思考“如何育人”，存在一定的功利心态，渴望实现个人在教学上的目标而未充分关注学生的需求。虽然学生的成绩达到了全年级第一，但是背后也隐藏着其他问题。我现在觉得当时的教育教学存在失败，分数结果是好的，但是育人的效果与质量却给了我教训。现在我想，一个人的素养高了之后，其分数自然而然会提高，跳出考试来抓分数，通过提高素养来提高分数。

问题2：您觉得教育行业在过去几十年中最大的变化是什么？这些变化对您的教学实践、教学管理、教学理念产生了哪些影响？

答：过去几十年里，教育由不均衡走向均衡，出现过以招生代替办教育，招到优秀的学生教育就办得好，生源差就办得不好的情况，而教育发展到今天，由掐尖走向提升教育品质，并非有优质的学生才办得好教育。教育也经过了从应试教育（满堂灌）到素质教育（学为主体），再到关注人的健康成长、健全人格和素养发展之路。如果一个小孩成人之后人格不健全、素养不到位，就会使得其在社会生活上出现不适应的情况，由应试教育到素质教育，再到指向人的素养发展，指向国家对教育的需求“为党育人，为国育才”，教育应该育出来一个“人”，而非是有缺陷的、应试的。

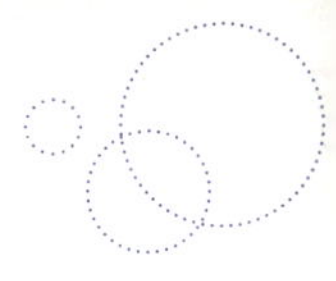

三、学校的办学

寄宿学校的办学应该延续重庆一中的办学理念“尊重自由，激发自觉”，延续重庆一中“明礼崇德，求知求真”的校训，因为一中悠久的历史浸润了学校的办学理念和校训。

四、学生成长

问题 1. 在您的教学经历中，有哪些学生给您留下了深刻的印象？他们后来的发展如何？

答：我在寄宿学校任教高中，培养的学生有奥赛金牌获得者，也不乏有人保送到优质校。寄宿学校的 108 梯是他们成长的阶梯，学子们通过 108 步阶梯进行体育锻炼、开学报到、上学放学……人生就是步步为营，一步一步台阶向前走，这 108 梯既是人的一种精神追求，也是人的一种品质的锻炼。这些学生到任何单位都还会热爱一中、热爱自己的母校。

五、展望未来

对即将入职的新教师寄语：新老师在入职之初需要积淀对教育的思考，思考如何与学生相处、如何教育人、如何实现个人对教育的想法，在实践中积淀个人的教育思考并实施个人的教育理念。“如何实施个人的教育理念，如何实现个人对教育的情怀追求”应该成为新教师关注的内容。

学会学习 学会做人

——沈清敏专访

陈萱子 张丹青

沈清敏，重庆市教学专家沈清敏工作室、沈清敏名师工作室主持人；重庆市高中体育课程创新基地负责人，教育部课程中心重庆教研基地学校体育业余训练项目主持人；全国名师工作室联盟常务理事、中国高等教育学会（体育）理事、重庆市田径协会副会长、重庆市体育科学学会常务理事、重庆市教育学会体育与卫生分会常务理事、重庆教师教育学会三名工作室联盟理事、全国学校体育联盟重庆分盟理事、重庆市正高级教师职称评审委员、重庆市基础教育教研项目评审专家、重庆市健康科普专家、省级期刊《重庆体育科学》编委、重庆市级骨干教师、北京师范大学外聘教师、西南大学硕士研究生指导教师、西南大学特聘教师；教育部“2014 年国家级教学成果奖”评审专家，重庆市教委、重庆市教科院、重庆市评估院项目评审专家；曾担任重庆市特级教师评审、高中课程创新基地与精品课程验收、高中、初中体育优质课决赛专家组组长；已发表论文二十余篇，出版论著十余本。

一中情缘挑战自我

1987 年，沈清敏以文化课第一的成绩进入北京师范大学体育教育专业，离开家乡——四川乐山。1991 年，踏出北京师范大学的校门，沈清敏踏入了另一所校门，在这里他几乎奉献了自己的一半人生。2024 年，是沈清敏在重庆一中从教的第三十三年。在重庆一中，他洒下青春的汗水，用最大的耐心与爱心数十年如一日地栽种桃李，教书育人。问及这所学校在他心中是何印象时，沈清敏用一个“稳”字简洁

而自信地概括，“低调、厚积薄发是重庆一中最大的特点”。或许正是受这所近百年老校的气质感染，沈清敏在工作岗位上低调、踏实地前行，从体育老师、体育教研组长一步一个脚印地走到重庆市骨干教师、重庆一中寄宿学校校长。

沈清敏最感激重庆一中这个平台，“有了这个平台，才有后面的一切可能”，个人努力拼搏与平台机会缺一不可。进入重庆一中后，沈清敏不忘自我提升，不断提高个人素质，先后发表了《浅析代际间对课堂不良行为处理的认知差异》《中学体育潜课程研究》《用认知理论激发学生学习体育的兴趣》等论文十余篇，更有十几篇论文获省级以上论文评比一等奖和二等奖。2019 年，凭借突出的工作成就和各级领导的支持，重庆首个体育学科教学专家工作室——沈清敏工作室成立了，沈清敏将更好地带领一线体育教师、骨干教师进行教育教学合作交流，让个人价值最大化发挥，致力于培养知行合一的体育教师。

与重庆一中结缘三十三载，年月流逝，沈清敏挑战自我，终身学习，身兼数职，在繁忙的行政管理工作中依然坚守在一线岗位，在最需要他的时候挺身而出，毅然决然担任 2024 级体育教研组长工作，带领一线体育教师们奔赴在教学最前线，为重庆一中辉煌的成绩作出突出贡献。

目标驱动全面发展

无论是个人发展还是教育教学，沈清敏总是以明确的目标作为驱动。在接手体育较为薄弱的班级时，他总会为自己立下目标，要为学生的发展成长尽最大努力。在这个大目标的驱动下，加之沈清敏高效的行动力，他的班级的体育成绩总是最为耀眼。2024 年，沈清敏用短短半年时间，将一个“体育无一人满分”的班级带为“百分之八十五满分”“集团第一”。奇迹般的数字变化的背后，更是日复一日的辛劳付出和科学有效的教学理念。然而，比起当下的眼前利益，沈清敏总是更关注学生的终身发展。体育练习中难免会遇到受伤的同学，沈清敏将学生健康安全放在第一位。面对执意要坚持练习的同学，他说：“分数和人的健康相比，真的是微不足道，健康是一辈子的，我们要全面发展，眼光长远。”教之有法，关爱学生，这便是一个有爱、有温度的体育教师。“学会学习，学会做人，高效学习，全面发展”这十六个字是沈清敏教学理念的精炼总结，更是他三十三年从教生涯留下的宝贵财富。

面对重庆一中的青年教师，沈清敏同样希望他们有“目标”意识，更要有为之奋斗的行动力。“首先目标要清晰。然后光有目标也不行，还得朝着目标不断努力，年轻人一定要奋斗，不怕苦。”他认为，青年教师在入职初期便要对职业生涯有一个初步规划，设立阶段性目标，这样才能踏踏实实地成长，有条不紊地前进。教师的眼界同样重要，要不断自我提升，洞悉时代趋势，更新自己的知识体系，从而才能更有针对性地发力。除此之外，沈清敏提到青年教师的心态问题，“我们说要健康快乐的孩子，如果教师自己不健康怎么教育出健康的学生？”唯有积极阳光的教师，才能培育健康快乐的孩子。

教育道路艰且长，沈清敏捧着一颗真心坚守，身为校长依旧立足一线，秉持着“崇德、敬业、博学、严谨”的重庆一中教风，为校、为国铸造德智体美劳全面发展的栋梁之材，在三尺讲台上四季耕耘，为学生成长，青年后辈保驾护航！

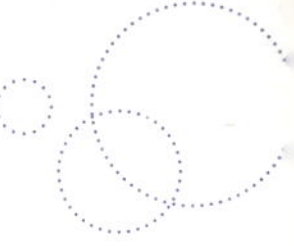

格物致知　大师风范

——陶益普专访

谭婷婷

陶益普，中学高级教师，原重庆一中初中语文教研组长。

曾任初级中学教导主任、校长；曾任重庆市教科院“重庆市考试研究中心学科考试命题研究组兼职研究员”；曾任西南大学基础教育集团“名师工作室”专家组成员；曾多次参与中考命题、审题工作；曾多次参与四川、贵州等省、市的中考命题工作；曾多次参与、主持国家级、省级科研课题研究；曾获国家级、省级、市级奖励和荣誉称号。

曾任《启航》《走进名校》《双新同步》《中考研究》《突破中考》《阅读讲堂》等数十本专业刊物（书籍）的主编。

曾在《中学语文教学》《语文教学通讯》《中学语文教学参考》《中学语文园地》《重庆教育》《班主任》《作文》等数十种专业刊物上撰文。

一、情系一中，双向奔赴

时至今日，我都以一中人为自豪，如果有来生，我还将申请成为一中人。

——陶益普

陶先生曾撰写的《一中，往事掠影》一文，有学生感叹：“看完之后觉得非常感动，为老师您的教学之路感动，为老师您积极进取的人生而感动，也为一中这样优秀、积极接纳人才的学校感动。”这里面的“积极进取”道明了陶先生靠着努力脚踏实地迈向教育理想的教育人生，“接纳人才”展示出了陶先生与一中的双向奔赴。

陶先生与一中的情缘始于1993年。时年陶先生毛遂自荐，写了一封《简历》

上呈给一中，而一中也如伯乐一般给陶先生积极的回应。出于对一中深深的向往与深情，一中的回复让陶先生欣喜若狂。尽管后续的调档过程并不是一帆风顺的，但在一中和陶先生双向奔赴中，先生得以进入一中。他由衷地感谢一中的平台成全了、造就了他后半生。

陶先生的成就也成就了一中，双方共同描绘了教育时空隧道中动人的画卷。

陶先生用博大的胸襟和朴实的教诲影响着一代代人。进入一中的陶先生对学生谆谆教诲，对同事毫无保留，对后辈提携关怀。正如其学生说："非常感谢能在一中这个平台遇到您，您就像我生命中的"滕校长"一样，是我一生中的贵人，谢谢老师一直以来的关怀和教导！"

陶先生对青年教师也是毫无保留，倾囊相授，将自己的所感所悟整理成文档都发给后辈。高山仰止，景行行止，虽不能至，然心向往之。也如其同事所感念："感慨大伯（此乃一中男女老少们对他的昵称）壮志满怀的精彩人生，感动大伯对重庆一中和教育事业的赤诚之心，感恩大伯对晚辈的提携关怀。永远的榜样，向大伯致敬。"

陶先生矢志不渝地为一中教育建言献策。进入一中后，他带领一中初中语文组首先提出了"试题原创"的原则，从2000年开始实施。由最初的百分之五十原创率，逐年增加到百分之百。"试题原创"的规矩，沿用至今。此举曾得到全市语文教学界的公认，并产生了深远的影响。此外，2000年，陶先生创立了每年开学第一周的教研活动并沿袭至今，他首创的一中的寒暑假作业实现了由"单科本"向如今精彩纷呈的"全科本"的转变，牵头创编的校本教材《淡墨留香》《千古重庆一卷书》影响了众多学生，至今还有人欲购买收藏。诸如此类贡献，不胜枚举。

陶先生积极地传播着教师职业观。他不仅在一中校内对后辈们知无不言、言无不尽，积极地传播着教师应有的崇高职业观。他也常常发挥余热，走进其他中学，开设讲座分享职业观或一起教研，提出丰富的建设意见。2021年陶先生走进了科学城含谷中学，与该中学老师研讨并传播了职业观。2023年，重庆六十五中学也邀请他去作了《敬业、修德、格物、尚爱》的师德讲座。

二、学高为师，身正为范

敬业、修德、格物、尚爱

——陶益普的职业观

陶先生在巴县（现重庆市巴南区）生活了 20 多年，其间当过大山深处的村小老师；当过初中、高中语文教师；曾任初级中学教导主任、校长；1993 年调入重庆一中，几十年的中学任教经历奠定了他树立朴素职业观的坚实基础。职业观的逐渐成熟也来自他对实践的不断反思总结。

敬业是什么？

陶先生说，对任何一种职业，都应怀有虔诚的敬畏之心。因为敬业，才可能会“行行出状元”；因为敬业，才会出现后来的“创新”。关于敬业，陶先生言为士则，行为士范。他是学校的标兵，从教三十几年，从未提出下一学年要去某年级、某班的特殊要求；他是家长的信赖，他退休时，其学生家长集体请愿，希望陶先生留下；他是同事的榜样，开学第一天检查教案，他总是先将自己的教案放在桌上供大家查阅、询问后，才一一检查别人的教案；他是学生最敬佩的人，他的学生们保留了其 30 年前批改的作文并展示给陶先生看或将其课堂回忆成信复述给陶先生……

陶先生的工龄有 42 年，教龄有 37 年。37 年如一日，陶先生仅请过半天事假，而这半天是因为妻子病重手术。那次请假时，陶老师将上午的课调到下午。校长问他下午的课怎么办？他只说了一句话：“你们会在教室中看见我的。”

陶先生的敬业在语文学科命题时更是展现得淋漓尽致。他在校内首倡“全原创”（允许改编、再创造），比如：阅读文段，必须选择“时文”，每一道试题必须自己设计，“参考答案”尽量达到“唯一性”。此举，在重庆市中学语文教学界开了先河，曾得到较高的评价。另在本校 10 年的“中考模拟题”命题中，有 7 年无语句、文字、标点符号方面的差错。这些都离不开陶先生的高站位、高要求、严标准。他带头规避了常规的命题的基本方法——“剪刀加胶水”，注重对整套试卷主题、字号、字数、篇幅等的尽善尽美，作文的命题包含一个主题，如“家”文化、勤奋、爱国、人生等。命题还注重对考生的“人文关怀”，不设置审题障碍。

陶先生的敬业就是这样，既倡导，又践行，所以能服人。

修德是什么？

所谓修德即为修身养性——先做人，再为师。基于多年的从教经历，结合陶氏家族的“家训”，陶先生说，“先学好怎么做人，再去认真当一位称职的人民教师，这也是我从教多年后，才悟出的道理。”关于“德”，陶先生从三方面进行了阐述：职业道德、人品（为人的基本品德）、素养。

教师的职业道德是对学生的爱。一是敬业，二是对学生的负责、仁爱、无私等。敬业，陶先生已是典范，对学生的爱则要体现在他与学生的故事中。每个学

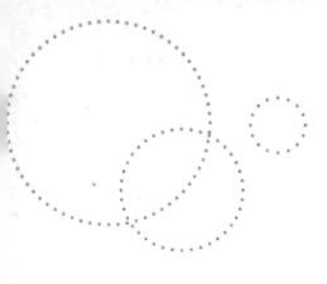

生都是独立的个体，陶先生秉持着信任与爱的原则，于细微处发现问题，解决问题于摇篮中。例如，有名学生在其作文中展现了灰色的人生观，乃至危险的信号，陶先生敏锐地发现了这个问题。如今这类学生心理问题也是不在少数，教师是逃避忽视呢？还是即刻联系家长呢？对孩子有几分真心，孩子心中对你便有几分真心。想到这里，陶先生与这名同学进行了真诚的谈话，以心换心。在日常教学中，他用辩证的眼光发现孩子拥有聪颖、善良，多愁善感的一面，也写得一手好作文，于是又多次地激励、表扬，以情激情。在获取学生信任后，又进一步与其家长交流，给家长支招，以理疏导。最后和家长一起成功化解问题，使该学生健康成长。问题的暂时解决并不是故事的结束，后续陶老师更是持续地激励、表扬、善待、关注。这名同学毕业于重庆一中寄宿学校初2015级，后研究生毕业，就职于北京某公司。如今的她，聪明、能干、能说会道、工作能力强。

此外，也有不少陶先生的学生在三四十年后，专门打电话感恩陶老师。无论是潜移默化还是积极进行德育教育，陶老师强调，千万不要低估常规德育教育的作用。

先做人，再为师。陶先生不仅追求极高的职业道德，生活中也是人人称赞的长者。他在做备课组长期间，备受青年教师敬佩与喜爱，其秘诀便是以德感人、以才服人。有一中的青年女教师曾说："这个学校，如果让我去做我不愿意的事情，只有一人的话我听，那就是陶益普。"此外，青年教师谈婚论嫁都会先告诉陶先生并征求其意见。

陶先生在退休会上提到，他的寝室，可以作为学校的样板。水电的用量，是他人的十分之一，室内的墙壁、门窗、家具、用具，7年如初，洗手间的"蹲坑"，干净得似白纸。

他是德艺双馨的先生，是受人敬佩的长者，是一中的陶先生！

格物是什么？

《礼记·大学》里提出：格物、致知、诚意、正心、修身、齐家、治国、平天下。后"格物致知"演化为一个汉语成语，意思是探究事物原理，从而从中获得智慧。

幼时陶先生因诸多原因，缺少了部分的学习文化经历。成为教师后，自修函授五年制中文专业，却恰逢时代百废待兴之际，教师手中无任何教参和有关书籍，无人讨论，无人请教。如何备课？语文教学未知领域何其之多，教学的大门又在哪里？

不可否认，这世上多数事业都是在平凡中起步，伟大如莎士比亚也曾只是剧

院看门人。陶先生志存高远，脚踏实地、不断奋进，常常自我加压，在课本上任选一篇文章，限定三个小时，白手备课，不查阅任何资料，写出一篇教材分析。他也爱学习，爱进图书馆，酷爱收集资料，然后分类、整理、保存，空闲时给予思考，再创造。这些习惯、这些资料在后面重要的时刻助陶先生甚多。

陶先生一生以勤奋自学为主，从无名家指点。《送东阳马生序》《黄生借书说》两文是对陶先生的真实写照。“余幼时即嗜学。家贫，无从致书以观，每假借于藏书之家，手自笔录，计日以还。”其中“嗜学”一词更是贯穿了他的一生。他从小勤学好问，酷爱读书，常常在路灯下看书。后在西安旅游，他感觉酒店“龙首原”有故事，询问之，答曰：龙首者，龙头之所在处也。

多年自学积累，让陶先生产生了写作欲望，于是便开始投稿，然数年石沉大海。艰难方显勇毅，磨砺始得玉成。他坚持不懈地摸索发表文章的规矩、格式、内容。于 1986 年开始在正规的报刊发表文章，第一篇习作发表时，他几天几夜睡不着。40 年前，能在正式报刊上发表文章，几乎是天方夜谭，但陶先生的文章白纸黑字印成书，且有稿费。当时他身处农村中学，单位的同事们知晓这件事后欢呼雀跃、奔走相告。之后，陶老师著书立说几十年，至今笔耕不辍。如一中校本教材《淡墨留香》，文章《一中往事如烟》《远逝的年味》《汉渝路的瑰宝——项家书院》等。他撰写的文章含蓄隽永、自然典雅、充满人情味。其文章处处得奖，人人称赞，被同行反复传阅，被申请作为教学素材。时人评价：你的作品，读罢，总有令人震撼的感觉，且给人以满满的文学味道的享受，佩服！佩服！

山高路远，止不住行者征程，春秋几变，篆刻鲲鹏轨迹。观陶先生的朋友圈，知退休后的陶先生继续游历祖国大好河山，写下一篇篇游记，文采斐然。兴之所至，赋诗一首，令人神往。

何为格物，陶先生用一生的坚持与勤奋给了众人最好的解答。

尚爱是什么？

尚爱是崇尚、推重仁爱。

陶先生的仁爱是爱国家、爱单位、爱家乡。陶先生热爱自己的学校，积极献言建策。热爱自己的家乡，终生饱含“乡愁”。陶先生由小及大，提出和平年代爱单位、爱家乡，就是爱国。

陶先生的仁爱是人性之爱，爱他人、爱路人，爱整个社会。孟子曰：“老吾老，以及人之老；幼吾幼，以及人之幼。天下可运于掌。”

陶先生的仁爱是自然而然对学生的关心、呵护和正面教育。陶先生回忆起来，多年来出于教师职业的本能，一个正常、平凡的教师对学生关怀，学生却永远记

住了。用心交换心，这种爱由陶先生发出，深埋学生心底，几十年后才发酵出来。

三、知无不言，切身劝勉

人生苦短，时至今日，回顾我自己充满荆棘的人生，始终感觉有一些遗憾：若来时的路上，有名家点拨，有高人指路，或许走的弯路会少一点，造诣、成就会大一些。所以，今天以自己的切身感受，将一生的总结和反思奉上，目的在于用自己的切身感受劝勉、忠告年轻的朋友。

——陶益普

心之所向，一苇以航

“如果说没有枉来人世，无愧人生的话，那么，我小有成功的秘诀则是：对事业的兴奋和对职业的敬畏。”陶老师如是说。陶先生紧跟时事，细腻地体察到青年教师就业的艰难与工作的辛酸。对此，他提出可以尝试对别的岗位进行客观、公正、全方位地比较、尝试，再结合形势，客观审视自己。

但教师不可缺乏敬业精神，不可眼高手低、不脚踏实地地工作，不可不珍惜眼前工作。教师应反躬自省、正确评价自己，诸如性格、爱好、兴趣、潜质、专长等方面的长处和短板，做到扬长避短；真心诚意地请教长者，请教行家、高人，为自己人生的发展作出规划、设计、定位；观察、学习身边的成功者，关注、询问、思考和借鉴他们思维的方式、成功的经验。

教师应爱岗敬业，干一行爱一行，对此陶先生转赠了自己的“心得”——敬业的基本“标准”：

①有巩固的专业思想，热爱本职工作，忠于职守，持之以恒。

②有强烈的事业心，尽职尽责，全心全意为人民服务。

③有勤勉的工作态度，脚踏实地，无怨无悔。

④有旺盛的进取意识，不断创新，精益求精。

⑤有无私的奉献精神，公而忘私，忘我工作。

青年教师应积极向前辈学习，保持对事业的兴奋和对职业的敬畏。明确自己的教育理想，作为自己生命的航向标，一苇以航，乘风破浪，不问归期。

行而不辍，争做“大家”

关于“家”，陶先生提到要树立当“家”的理念，要为“家”去拼搏终身。而理念、著述和改革、创新，是“匠”与“家”这两者的分水岭。因此陶先生提出：青年

教师要学会写作、善于总结；要培养自己的创新意识，敢于在工作中去大胆地尝试，要在自己具体的岗位上，思考、寻找、论证创新的因素、方向。

通往“大家”的路径，陶先生提出了“三级跳”的概念。

3 年：合格教师（1 年）、称职教师（2 年）。

5 年：有一些著述，成为专业内知名的优秀教师。

10 年：有一些著述，在专业领域内有一定造诣、有一些名气，即 40 岁以后达到人生的高峰；在 50 岁左右，有相当数量的著述，在专业领域内有较高造诣，攀登到人生的顶峰，成为全市乃至全国的名师（专家）。

山不让尘，川不辞盈

成为一名好的教师，必定是要坚持不懈地汲取每一份知识，拥抱每一份与学生的经历，最终汇聚成一生的丰碑。陶先生以学期为单位，或以“类别”为单位，收集、整理有关资料，分门别类后再收藏、备份。日积月累，受用终生。对此，陶先生说，教师要做好充分准备，把手中平凡的小事做到极致，定能出彩。他退休后行万里路，游历五大洲，处处写游记，处处学习知识，也纠正了很多错误的观点。对此，陶先生认为行万里路比读万卷书更重要。陶先生还认为，作为教师更要珍惜与每一位学生的缘分，面对一个个鲜明的个体，教师要用辩证发展的眼光去看待学生，要用逆向思维，出奇制胜，对特殊的学生用特殊的方法，以成为“华罗庚”，成就千千万万个“陈景润”。

一支粉笔，三尺讲台，四季坚守，育万千桃李。陶先生近五十年的教书育人做到了“经师”和“人师”的统一，无愧于“大先生”的荣誉称号，必将影响、激励更多后来者。

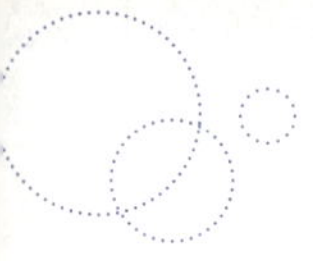

情深似海　涛声依旧

——张宇涛专访

张美怡

张宇涛，语文学科高级教师，1990 年参加工作，2004 年加入重庆一中教育集团。2006 年来到重庆一中寄宿学校任教至今。在十二年的班主任工作中，兢兢业业，默默耕耘。经历过无数风雨，获得过无数荣誉，捧着一颗心来，不带半根草去。张老师至今仍信奉追随之教育理念为：用温情与责任的光辉去照耀每个孩子。

问：在您任教的这些年里，学校有哪些重大的变化或事件给您留下了深刻的印象？

答：我于 2006 年到重庆一中寄宿学校任教，那一年是一中寄宿学校第一年大规模招生。那会儿的生源不算太好，我过去当了班主任，和咱们语文组的张鸣老师、王国兰老师、唐黎老师等一起。2007 年的春天，校园内樱花开放，非常美。当时我们想把樱花和语文的诗歌朗诵结合在一起开展活动，于是给这个活动起了一个好听的名字——静听花开的声音。第一届就从这一年开始，以后的每一年，这个活动被作为渝北分校的一个传统保留下来。每到樱花开放的时候，初一初二的学生就会参加这个活动，学校的一些老资格的老师们则被请来当评委。每个班都提前两三周开始准备，希望在正式的比赛当中把自己最好的状态呈现出来。盛开的樱花和孩子们朗诵的声音交织在一起，形成了一道独特的风景线，一直到今天，每一年都会举办“静听花开的声音”诗歌朗诵活动。这也是咱们渝北分校校园文化的一个重要组成部分。

还有一件事，在 2013 年六一儿童节的时候，老师们一起组织初一、初二年级学生开展了一个活动，这个活动组织得非常完美。每个班的孩子都参与，有诗歌朗诵，有舞蹈，有相声，有唱歌，有武术表演，形式多种多样。由于举办年份是

2013 年，谐音“一生”，到了 2014 年谐音“一世”，所以我们又给这个活动起了一个好听的名字，叫作“一生一世”。我还记得有一次我代表所有的班主任上去表演节目，我去唱了一首歌，唱歌的时候我自己班上的孩子就在下边给我鼓掌，我说“闪亮一班的孩子们，我爱你们！”然后他们就听到了，我印象非常深刻。到现在这两个活动都在越办越好。像静听花开的声音，以前就是单纯的朗诵诗歌，现在除了朗诵诗歌，还有伴舞，有各种各样的展示，比如书法展示；活动服装也更多样了，还加入了民族的服饰。活动越来越好、越来越丰富、越来越完善。我想这两个活动今后也会发展下去，会作为咱们学校文化建设的一个重要的成分把它保留下去。

问：在您的教学生涯中，有哪些特别的教学经验或故事让你感到特别骄傲和感动？

答：我带的第一个班的生源很差，2006 年他们入校的时候，各种调皮的孩子都会有。他们调皮到了哪种程度呢，就是普通的管理已经没办法再约束他们了。

有晚上翻墙出去打游戏的孩子，有从家里偷跑出去网恋的孩子……还有一个孩子在寝室里和另外一个男生发生了争执，两个人吵架，其中一个男生一拳打在寝室窗户上，那时候的那个窗户是普通玻璃不是钢化玻璃，打碎之后，一块锋利的玻璃碎片恰好划破了他的手腕动脉，然后他用手捂着这个地方，赶紧往北门门卫室跑，一路上都是他洒的鲜血。门口的保安也一起帮忙，恰好那会儿有一辆出租车开到了我们的校门口，就马上把他拉到了渝北两路的一个医院进行包扎处理。那个医生说，这个孩子再晚到 1 分钟就有生命危险。当时我见到他的时候，他的脸色都煞白了，他见到我的第一句话：“涛哥，我永远是你的学生，无论走到哪里。”这个孩子虽然平时很调皮，但内心非常耿直。他知道自己闯祸了，知道自己面临生命危险，在见到我的第一面，就忍不住说了那句话，当时我也什么话都说不出来了，然后陪着他又打了一个车到重庆儿科医院做手术。这个孩子那时很调皮，毕业后却对我表达了深深的感激之情。每逢过年过节他都会发信息来问候我，甚至他已经在工作了，还特意回到校园来看望我，寻找自己的班主任老师，说一说感恩的话。这也说明一个事实，你只要是真心地对他，没有打压他，给了他公平的教育，他是会感恩、会感受到的。哪怕他成绩不好，哪怕他再调皮，但是你作为班主任，应该用爱去包容他，在特别关键的时刻，要给他正确的引导，给予他足够的关爱。你应该把他当作自己的孩子一样看待，这样他才能真正感受到你是在对他好。

问：你认为我们学校文化的核心是什么？这种文化是如何在师生中传承的？

答：我们学校文化的核心，前半句是尊重自由，激发自觉。后半句是明理崇德，求知求真。我想谈一谈我们学校的礼貌文化。从初一进校开始，这些孩子必须去做好一件事：见到老师必须问好，哪怕不是自己的老师。老师也能够感受到学生是发自内心地对老师尊重和敬仰。有可能当时学生不一定真的发自内心，但是他首先必须这么去做，时间长了之后自然而然地就会慢慢由行为转化为习惯了，继而转化为发自内心的对老师的敬仰。所以你每到校园，哪怕是不认识的学生，也会给你一个90度的鞠躬，特别是那些初一的孩子，他们特别可爱，尽管不知道你的名字，甚至也叫不出你的姓，不知道你是教什么科目的老师，但是他会喊“老师好”。这样一代一代地传承下去，“明礼崇德”的“明理”部分就会逐渐在学生心中生根发芽，这也是我们学校的一大特色。

问：在您的教学经历当中，有哪些学生给您留下了深刻的印象？他们后来发展如何？

答：2009年毕业的那一届有两个孩子令我印象很深，他们平时成绩不怎么样。两个孩子后来都发展得挺好，其中有一个孩子还考了博士，另外一个孩子在德国留学。我想说的是，也许成绩好的孩子会在今后的人生旅途当中走得很顺，做出很大的成就，但是那些成绩不好的孩子，或者说当时不突出的孩子，他们的发展其实往往更能够带给你惊喜。就以刚才我举的这两个孩子为例，其中一个孩子后来考了博士，相当优秀。另一个孩子在德国留学，也发展得很好。也许正是因为初中的时候培养了他们吃苦耐劳、永不言弃的精神，让他们能够在今后的人生道路上取得更好的成绩。其实每一个学生都有自己的特点，只要找到自己适合的领域，他就能够做出很好的成绩。在我们育人的过程当中，要给学生树立一些观点、培养一些精神，比如不怕困难、坚持、自信心等。学生有了这些品质之后，哪怕初中的成绩不好，但是在未来的人生之路上，他也能够一步一步地朝好的方向去发展。

问：对学校的未来发展，您有哪些期望和建议？

答：咱们重庆一中寄宿学校是一所充满活力的学校，这种活力体现在哪些方面呢？主要体现在每天下午的第三节课。当时下午的第三节课有很多的社团活动，例如书法、象棋、围棋、音乐等。我还记得我们学校有一位名叫张心怡的语文老师，她的特长是弹琵琶，弹得非常好，不仅学生喜欢听，连我都会去聆听她的每一次演奏，深受感染。她的琴声能让人真切地感受到白居易所描绘的“嘈嘈切切错杂弹，大珠小珠落玉盘”的音韵之美。除此之外还有烹饪课、围棋课、版画课等。体育方面则有足球、篮球、乒乓球等。各种社团有十几、二十个这么多，这一个

版块做得都相当好。包括咱们学校以前的校篮球队、校足球队都是相当了不起的。这些社团课能让每一个老师的技能、特长、兴趣爱好都得到充分的发挥，也促进了学生的全面发展。如果谈到期望，我希望未来我们学校能够开设并发展更多更有特色的社团，如武术、球类、烹饪、琵琶、二胡、摄影、话剧、文学社等。

问：您认为作为一名教师，最重要的品质或能力是什么？

答：作为老师，最重要的是责任心，如果作为班主任，那就是爱心。作为班主任，要管理好自己的班，必须有爱心。如果连爱心都没有，那肯定是不行的。无论你是否结婚，无论你是年轻还是年长，对孩子一定要有爱心。无论是调皮的孩子，还是成绩优异的孩子，都要一视同仁，做到心中有爱。应该把每一个孩子都当作自己的孩子来对待。对于老师来说，就是要有责任心。承担起自己在教学方面的责任。这就是作为老师应具备的最重要的品质。

讲台虽小，能载千秋伟业；烛光虽微，亦能照万里山河。张宇涛老师带来的感动仍在继续。在今后有限的教育生涯舞台上，他将继续扮演好自己的角色，以“明理崇德，求知求真”的文化核心塑造学生，以爱心和责任心守望未来。

师者风范　大爱无疆

——余志渊专访

韦思遥　余佳阳　张宇歌

余志渊，正高级教师，特级教师，重庆市教育专家，重庆市劳模，重庆市教书育人楷模，重庆市骨干教师，全国苏步青数学教育奖获得者。重庆一中初中数学教研组长，重庆市中学数学专委会理事、学术委员，重庆三峡学院、重庆师范大学特聘教授、硕士生导师，多次主持重庆市和国家级教育科研重点课题。这位老师不仅是教育的璀璨星辰，更是学子们心中的灯塔。他的一生，是对教育事业的执着追求，是对学生深沉而无私的爱。

年轻时，余老师便怀揣着对教育事业的热爱，投身于教学之中。他的课堂，总是那么生动而富有激情，他的话语，总是那么温暖而充满力量。面对学生，他如同一位和蔼可亲的长者，用润物细无声的方式引领他们走向知识的殿堂。对于青年教师，他更是悉心指导，乐于奉献，用自己的经验和智慧点亮他们前行的道路。让我们一起通过采访走进余老师的故事，感受他坚毅的成长之路。

问题一：余老师，请问是什么样的契机让您从事教师这个职业呢？请问您在刚进入教学生涯时有没有遇到什么困难，又是如何克服的呢？

答：我选择师范校的原因非常实际。我出身农村，考虑到上其他大学可能无法承担高额的学费和生活费，而师范校提供的生活费资助则成为我实现教育梦想的关键。

要说刚进入教学生涯时的困难，可能也就是在刚毕业时，作为优秀毕业生的我被分配到了万州的一所偏远的农村学校任教，当时的办学条件和生活环境都是非常艰苦的，这让我感到有些失落。但我秉持着“既来之，则安之”的心态，展开了我

的教师道路。开始从教后，我怀着一腔教育热情做好班级管理和数学教学工作，功夫不负有心人，过去一个农村学校学生能考上中专、中师的学生通常只有1、2名，而我教的那一届一下子考上了22名。无论是考上中专、中师的人数，还是高分段的人数，对于一所农村学校来说都是一场轰动。

问题二：请问是什么支撑您几十年如一日，始终保持对教育的热情的呢？

答：一方面，我认为是要对得起自己的良心。教育是良心活儿，既然选择了教育作为职业，就要做好这份工作。更重要的是，只有好好工作，才能有许多收获，收获是方方面面的，不管是物质上的还是精神上的。从小到大，我都是一个比较好强的人，面对困难与挫折我不会服输，在农村学校任教时期，我也想尽自己的全力教好孩子们，我的内心也因为这些经历而变得更加强大。另一方面，我自己也是农村出身，深知农村孩子的不易。当时的孩子物质条件艰苦，一个月才回一次家，所以我期望通过教学改变他们的命运。事实上，我们确实改变了很多人的命运。现在万州有很多学校也开始讲述我的故事，我也很高兴这样的故事能够传播得更加广泛，这也能够点燃更多孩子走出大山的希望。

问题三：您的教育生涯可以说是一部奋斗史，请问您是如何确定目标并为之奋斗的呢？

答：我认为要干一行爱一行，做就要把它做好，我记得刚工作时带的第一届毕业班，我确实缺乏经验，但我愿意付出勤劳与辛苦，也能吃苦。当时我们一周只放半天假，而学生一个月才回去一次，回去拿一点粮食。在学校的日子里，我们需要给予他们陪伴。这也就要求我们教师要有吃苦的精神。作为农村孩子，在态度上我是很能吃苦的，但值得注意的是，你只吃苦不拼搏，是不能达到出类拔萃的程度的。在教学上还要多思考、多学习、多阅读相关的资料及前几年的考题，搜集、整理、分析、归类多种资料，再去粗取精并用于实际教学。现在想来，当时教学上能够取得好成绩是因为我认真分析了当时四川近十年的考题，做到自己心中有数，让学生针对各种难度的题型和变式做了许多强化练习，真正让学生把知识落到实处。我记得前两年的考题是基于教材例题的变式，于是进行了详细的推敲，分析今年可能会考哪些题，结果基本上就是例题和复习题“原汁原味”的改编。故而研究分析近三届的试题对于把握考试趋势至关重要。能够把握住考情，找准方向，这是智慧和努力的结果。在当时的条件下，很少有教研活动，没有具体方向，只有教学大纲，想要把学生教好，就得多分析，多研究考点。当时做出的成绩在万州也是比较轰动的，作为一个二类学校的成绩能和一类学校持平，对此我是非常欣慰的。

问题四：请问您担任班主任时，有没有自己对于班级管理的小妙招呢？

答：最重要的就是高标准、严要求。不仅是对学生高标准、严要求，同时对自己也要做到高标准、严要求。在班级管理上，对于班级纪律我都亲自检查，严格要求学生，对于上课的纪律和考勤都有具体的规章制度。对于班级活动的开展，无论是什么活动，我们班级的目标都是争当第一名，充分发挥学生的积极性，调动全班的力量，在这个过程中不仅增强了班级的凝聚力，还让学生对自己和班级充满信念感。当然，高标准、严要求的同时要做到严中有度，严中有爱。爱，分为有形的爱和无形的爱，严格是爱，付出是爱，起早贪黑也是爱，这是无形的爱；有形的爱，比如在孩子遇到困难挫折时主动帮助，保持和蔼耐心的态度，慢慢疏导。我带的所有班的孩子的心理都十分健康。我经常鼓励表扬孩子，设置了许多奖励，在考试后根据每个孩子的具体情况来进行奖品的发放，奖品的发放覆盖率能达到90%。无论是活动中表现突出还是纪律上表现优秀，每个孩子都能通过奖励知道自己的闪光点。基本上每次出差，我也都想着这些可爱的孩子，给他们带回各地的礼物，比如去杭州给孩子带浙江大学的笔，想以此来激发他们对大学的向往；去山东，给他们带回烟台苹果，让他们感受到不同地区的自然风貌。

问题五：在您的教学生涯中，是否有让您印象深刻的学生吗？

答：在万州二中教书的时期，有一届学生中有几个学生特别优秀，不管是当时还是后来在高中的学习中都名列前茅。他们学习认真踏实，善于思考，方方面面都积极配合老师。在重庆一中任教以后，我印象最深刻的是11届的一个学生，他方方面面都积极配合老师。我印象深刻的学生中，还有一个相对来说成绩差一点的学生，我为他的改变还写了一篇小文章记录。这个孩子他聪明但不勤奋，特别贪玩好耍，非常喜欢打游戏，喜欢摆弄各种模型，如航模、车模等，但就是不读书，不学习。他和家长的关系一度敌对到以死相逼，他妈妈和我进行了多次沟通交流。我首先告诉家长不能过分管教孩子，其次我还想办法让孩子理解父母的良苦用心，让双方“各退一步海阔天空”，缓和双方的矛盾。经过不断的沟通和协调，这个孩子终于意识到学习的重要性，并在我的建议下发挥自己所长，在航模比赛中取得重庆市一等奖的好成绩，也凭此获得了中考加分，高考也考入了航空大学，可以说教育真的改变了他和他的家庭。家长非常感激我，孩子每逢节日也会发短信慰问。我还记得有一个班长也曾给我发长文表达对我的敬意，分享她对班级的热爱，我教育生涯里发生的这些实实在在的故事都让我感到欣慰与自豪。

问题六：请问您对青年教师有什么建议吗？

答：第一，树立远大理想，坚定理想信念，立志做一个优秀的老师；第二，

脚踏实地，吃苦耐劳，稳扎稳打走好教师之路；第三，虚心学习，向师傅学习，向有经验的老师学习，汲取宝贵的教学经验；第四，绽放自己，寻找自己的闪光点，充分发挥自己的优势，做一名有自我特色的教师。

余老师对学生的爱是深切的。他是学生们心中需要花光所有好运气才能遇见的好老师，是在学生遇到困难时及时伸出援手的良师益友，是永远斗志昂扬鼓励支持学生的“余老大”。余老师对数学教学的热爱是深厚的。他完美地将智慧与努力结合起来，认真研读教学大纲，深入钻研教材，做到了教完第一届就能把初中数学教学大纲几乎背下来，对教材体系、内容一清二楚，甚至于哪一章、哪个例题和习题在什么位置都了然于心。余老师对学校的爱是深刻的。辗转三个校区，三十五年班主任经历，在学校需要他的时候他永远挺身而出、不辞辛苦，对于学校的发展、新人的成长，他也永远倾囊相授。

“仰望星空，脚踏实地”，这是他贯彻三十多年的班训，更是他用实际行动对教育事业的最好诠释。在这个充满变革和挑战的时代，我们需要更多像余老师这样的教育工作者，用他们的智慧和爱心，为孩子们的成长和未来撑起一片蓝天！

芳华映初心　春晖润桃李

——敖明会专访

张凤玲

敖明会，中学高级教师，毕业于重庆教育学院。获重庆市初中数学优质课一等奖，被评为重庆市优秀少先队辅导员及重庆市首届“我最喜爱的班主任”。多次获学校教学质量奖，区优秀教师，骨干教师。

数研战场，她是拼搏奋进、战绩卓越的斗士；

三尺讲坛，她是治学严谨、为人师表的师者。

一片痴心行走在教坛之上，她孜孜求索，勤恳严谨是她的准则，擦亮灵魂的思想火花是生命绽放的最美时刻。

她用拳拳爱心安抚了躁动的青春，片片真情挽留住漂泊的灵魂。不停歇的脚步来自责任的动力，奉献的情怀源于心底的大爱。

她似乎忘记了岁月的斗转星移，默默谱写着季节的春华秋实。只为心中清澈辽远的梦，看尽虚名浮利与世事喧哗，不忘薪火相传与学脉绵延。

日复一日的坚守，站在教学前沿激励学子关怀梦想。拨云见月终有时，桃李芬芳满天下，教泽绵长遍九州。

筚路蓝缕，踔厉风发

问：敖老师，您在学校工作多年，能回顾一下重庆一中寄宿学校的发展历程吗？

敖老师：学校的发展并不平凡，凝聚了老教师们的心血。建校初期，社会上几乎无人知晓重庆一中寄宿学校，招生特别困难。2005年，按重庆一中发展战略规划，寄宿学校首招初中学生。学校领导高度重视，首先从重庆一中本部挑选优秀的、有影响力的老师担任首届班主任和主科老师，委托我担任班主任兼数学老师，林松任班主任兼语文老师，马玲梅任英语老师，沈清敏任体育老师。在信息闭塞

的年代，我们用报纸、采访、宣传单等各种方式宣传招生，希望以名校光环、名师效应为吸引，以小班教学、寄宿管理为特色，以学校环境优雅安静、远离城市喧嚣为亮点，让大众了解寄宿学校。尽管如此，很多学生家长仍认为这是虚假消息，不敢报名。于是，学校领导亲自带领我们到渝北各个小学进行招生宣传，和毕业班班主任、学生及学生家长交流讲解，最终招到了 79 名学生，分为两个班，与本部同年级一起编班排序：19 班，39 人；20 班，40 人。

经历了走村串校的宣传，终于招到了两个班的学生。然而，怎样才能稳住生源？怎样才能让家长信任我们？于是，七月初，一场别开生面的家校恳谈会召开了，学校领导、班主任、任课老师与新生及新生家长见面交流，答疑解惑，让家长充分了解了我们的学校、我们的老师、我们的教学管理，以及学生活动的开展情况。终于，我们的真诚与实力感动了家长，自此，我们班主任开始了对新生暑假生活的关心与指导，布置了暑假作业，才迎来了新学期两个班的如期开学。开学后，远在渝北的两个班要参加本部的各项活动，如军训、健美操比赛、历史剧比赛、运动会、元旦会演等。怎么办呢？不参加吧，违背了招生时的承诺；参加吧，79 个孩子的来回车辆安排有困难。我跟一些家长进行了沟通交流后，令人感动的事情发生了，家长们纷纷自愿出车接送孩子。最终，79 个孩子全部回本部参加了活动，一次没缺，一个没少。因为爱的力量，孩子们也很争气，在一次次比赛中捧回了大奖。每一次活动、每一次见证，家长看到了孩子变得更加积极上进、阳光自信，在学校幸福地成长，看到了学校对孩子的特别重视，看到了老师全身心地付出，也感受到了重庆一中与众不同的育人环境。

为了学校下一年的招生，适逢周末，学校领导还带着我们几个老师和这两个班的孩子来到渝北区政府广场做宣传。广场上空，我们用大屏展示着一中的精彩画面。大屏下，拉着横幅“重庆一中寄宿学校心理咨询”，孩子们欢快地跳着一中健美操。广场四周，校长和老师只用一张桌子、一条凳子、一个座位牌就拉开了工作的架势，热情洋溢地接待着家长们的各种咨询，引来不少人的驻足围观。自此，重庆一中寄宿学校逐渐得到社会各界的信任与认可，声名鹊起。集天时地利人和于一身的重庆一中寄宿学校，发展势头十分强劲，社会影响越来越好。2006 年及之后，初中生源逐渐扩大，每年招生从十多个班发展到二十多个班，报名的学生家长总是排着长队。重庆一中寄宿学校成为重庆一中初中大本营。

问：学校有哪些重大的变化或事件给您留下了深刻印象？

敖老师：重庆一中寄宿学校重大的发展很多，印象深刻的是运动场的变化和含弘楼的拔地而起。2005 年，那时候学校只有 U 型主楼、两栋学生公寓和一个食堂。

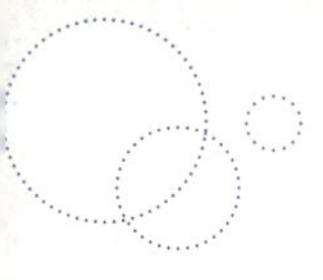

随着学校的迅猛发展，校舍严重不足。2005 年，学校运动场还是土坝子，上面是用炭渣铺的，高低不平，晴天运动一身灰，雨天运动一身泥，严重影响了学生锻炼。2006 年，学校投入扩建整改，才有了现在的塑胶跑道和草皮足球场。那时运动场的旁边是一片山坡荒地，杂草丛生，乱石嶙峋，学生有时跑上去玩，很不安全。这块地从 2013 年开始筹备，2015 年落成竣工，这就是现在的含弘楼。含弘楼的建成为学校增加了宽敞的教室、明亮的办公室和室内的运动场馆等，是重庆一中寄宿学校发展的重要标志。搬进新楼，全体师生都欢欣鼓舞，还举办了搬楼仪式。直到现在，每届初三搬进新楼时，都会举行仪式，激励学生在更好的学习环境中要更加努力学习，新楼新征程，再创新辉煌！

春风化雨，无悔奉献

问：在当班主任或者教学过程中，您是否遇到过一些有挑战性的难题？能否分享一个与学生发生的让您印象深刻的故事？

敖老师：多年的班主任工作，挑战性最大的是来自两种家庭的学生教育：一是离异家庭，二是偏远农村家庭。看似一个缺爱，一个缺钱，其实际情况远没有这么简单。回忆起来，与学生们的故事还历历在目。我印象最深刻的是 2010 级一位来自彭水山区贫困家庭的小强同学。一些家庭条件好的孩子，有父母宽阔见识的指导，目标非常明确，情商也较高，能够轻松自信地与人交流。这让很多山区贫困家庭的孩子从羡慕到嫉妒再到自卑。我从小强的眼睛看出了他内心的渴望。当周末，同学们一个个被家长的小轿车接走的时候，而他因为家远且家里没有车，只能留在学校。过生日时，同学的妈妈会送来蛋糕和蜡烛而他的生日没有。节假日时，寝室同学都回家了，而他一个人留宿。我了解到小强的姐姐在外打工，爸爸妈妈在老家种地，家庭条件很差，但他凭借优异的成绩免费入学一中。如何帮助小强，让他保持成绩优秀，不自卑，与其他同学一样自信呢？

通过平时跟小强的交流，我发现小强的自尊心很强，来到一中后有自卑心理。所以，我们帮助他必须考虑方式与策略，否则可能会适得其反。小强爱学习，在当地学校是优秀学生，在班上数一数二，一路在鲜花与掌声中走来，但是，转到我们班后，教材版本不同，教学进度不同，考试难度不同，这意味着他将面临的考试结果可能不再是原来的位次，因为优秀都是相对的，竞争的对手已经变了，小强能够接受吗？成绩优秀是他唯一的自信。于是，我跟他谈心。首先肯定他过去的优秀；其次，给他介绍班上优秀的同学做朋友，互相学习；再次，学校组织

老师给转学生补课并让他参加，鼓励他主动跟科任老师联系，尽快查漏补缺。从我教授的数学这一科开始，主动为他提供免费辅导，让他感受到老师的重视与关心。

生活方面，他很简朴，因为家庭条件有限，但初中是孩子长知识、长身体的关键时期。每天早晨，我从食堂用餐巾纸包一枚煮鸡蛋，悄悄地塞进他的课桌抽屉里。周末，他一个人留宿时，我会带些吃的去看看他，或者接他出来吃顿饭，有时甚至直接带他住在我婆婆家里。有一次，又到周末了，我问他还有生活费没？他沉默不语，我就知道他的生活费肯定紧张了，就顺手给了他 100 元。第二次，他硬是不收了，我知道他自尊心很强，但也不能让孩子饿着，于是我说这是家长带来的生活费。我一次又一次用善意的谎言，以有尊严的方式给予他关心与帮助。

深耕专业，乐教爱生

问：能否谈谈您的教育观？

敖老师：一路走来，我会心地微笑过、委屈地难过过、深深地感动过，但从未片刻地动摇过；我教过各种各样的班级，在不间断的教育教学中，我找到了属于自己的教育宝典，那就是一颗爱学生的心！我把这份爱刻在我的心里，置于孩子们的手中，播撒在他们的脑海里，从而赢得了同学们的喜爱和赞许。一切因爱而起，因全身心投入而坚持，作为教师不只是有责任教孩子们知识，还要教他们如何学习，如何迎接挑战，更要培养他们做一个道德高尚、品行端正、心地善良的人。这就是我的教育观。

问：能否谈谈您对数学学科的理解？

敖老师：中学数学在中学教育中具有极其重要的地位和作用，对学生的未来发展有着深远的影响。从知识体系的角度来看，中学数学是一门基础性学科。它为学生提供了必要的数学知识和技能，如代数、几何、概率统计等，这些知识是学习其他自然科学和社会科学的基础。学习数学，能够培养学生的逻辑思维能力、抽象思维能力和空间想象能力，这些能力对解决各种实际问题和进一步学习深造都具有重要的意义。

在培养学生的思维能力方面，中学数学起着关键的作用。数学的学习过程需要学生进行分析、推理、判断和归纳，这些思维活动有助于学生提高思维的敏捷性、准确性和创造性。良好的数学思维能力不仅能帮助学生在数学学科中取得好成绩，还能够迁移到其他学科和生活领域，使学生具备更强的解决问题的能力。

中学数学对于学生的未来职业发展也有重要的影响。在当今科技迅速发展的

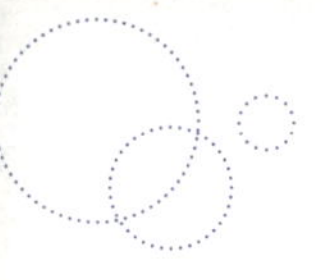

时代，许多职业都需要一定的数学素养。例如工程技术、计算机科学、金融经济、人工智能等领域都离不开数学的支持。中学数学的学习为学生未来选择这些职业方向奠定了坚实的基础，使他们能够更好地适应社会的需求和发展。

此外，中学数学还能够培养学生的严谨态度和科学精神。数学是一门严谨的学科，要求学生在学习和解题过程中遵循一定的规则和方法，注重细节和准确性。这种严谨的态度和科学精神将对学生的一生产生积极的影响，使他们在面对各种挑战和问题时，能够保持认真负责的态度，寻求科学合理的解决方案。

传道穷经，薪尽火延

问：即将退休，您有哪些感慨和留恋？

敖老师：四十多年的从教时光，如白驹过隙，如今即将退休，心中真是百感交集。我感慨这一路走来的不易，那些曾经备课到深夜的日子，那些为学生的进步而欣喜若狂的时刻，那些面对困难与挑战时的坚持与执着。我留恋那三尺讲台，在那里，我见证了无数学生的成长与蜕变，他们从懵懂无知到逐渐成熟懂事，每一个进步都让我倍感欣慰。我留恋校园里的一草一木，每一个角落都承载着我太多的回忆，有和学生们一起欢笑的场景，有和同事们共同奋斗的画面。我留恋那些与学生们相处的时光，他们的青春活力感染着我，让我始终保持着对教育的热情。每一个孩子的笑脸、每一句亲切的问候，都深深印在我的心底。我更留恋教育这份事业，它让我的人生如此充实而有意义。虽然即将离开，但我相信，教育的火种会一直传递下去，我也会永远心系那曾经奋斗过的校园和可爱的学生们。

问：以您多年的丰富经验来看，青年教师如何快速成长进步？

敖老师：以我 42 年的教育经验来看，青年教师若想快速成长进步，可从以下几个方面努力。

热爱教育事业。这是做好教师的前提。只有对教育充满热情，对学生充满热爱，才能全身心地投入工作中，克服各种困难。唯有热爱，可抵岁月漫长。

充分用好备课组的资源。与同事共同探讨学习，特别是备课、命题、赛课，善于学习分享，善于反思总结，善于取长补短，备课组是促进自己快速成长的最佳地方。

多听经验丰富的老师的课。这是青年教师成长最快的方式。多观摩优秀教师的课堂教学，虚心请教教学方法、班级管理等方面的经验，从中汲取有益的养分。

站稳讲台，让学生喜欢你。这是青年教师首先要做好的。努力提高自己的教

学能力，包括语言幽默有趣、课堂活而不乱、教法灵活多变等，善于激发学生的学习兴趣，善于启发学生互动交流，善于培养学生的思维能力，善于鼓励学生提高创新能力。

主动承担课题研究，积极参加赛课、中考命题与阅卷、各种研讨与培训，积极撰写论文。始终保持学习的热情与积极的态度，结合教学实践，不断探寻教育教学的规律，提升专业素养，扩展学术视野，这是青年教师增强自信、走向成熟、提高自我价值的重要途径。

尽可能在每一届特别关注或资助班上的一位贫困学生，不在于经济上的支持有多大，而是让自己有机会走近学生，给予贫困学生力量，增进师生情感，传递爱心与责任心！

温情与怀念　润物细无声

——马玲梅专访

符红丽　黄宗鑫　秦涟漪

马玲梅，中学高级教师，优秀党员，优秀教师，巾帼建功先进个人，出生于1969年10月，1991年大学毕业，一直耕耘在教学第一线，多次荣获优质课一等奖，数次获得教学质量奖，区级骨干教师。

似打火机，努力点燃每一位学生；勤善学习，做有自信力的探索者；坚持滋养，保持无尽的生命力。悦耳动听的玉声，散发着淡淡的梅香。

挖掘自我，建立自信

问：马老师，可以谈谈您的教育教学工作吗？

马老师：我从1991年参加工作以来，一直坚守在教学的第一线，一直都是初中教师，经历了各种教材的变化，我自己在不同教材的不同时期，也在变化着。为什么会发生这些变化？我认为主要还是来自内在的对教育工作的热爱。教师是我热爱的职业，再加上英语这个专业，也是我非常热爱的，这个专业带给我很多快乐的回忆和对未来美好的憧憬。过去，很幸运的是我的几位英语老师给了我很好的启蒙。我的梦想是环游世界，以前在假期的时候，很多美国的夏令营老师会过来做培训，我就参加了很多这样的活动，与这些老师建立了笔友关系。后来，我又多次参加英语角活动，用英语与他人交流，从中学到了很多东西，对英语建立起了浓厚的兴趣。

然后是对专业教学的热爱。我很喜欢上课的感觉，可能是源于第一次上优质课的经历。当时的我初出茅庐，没有什么经验，但学校让我去上优质课，我因此获得了一等奖，也因此建立起了对英语教学的自信。这种自信不是盲目的自信，

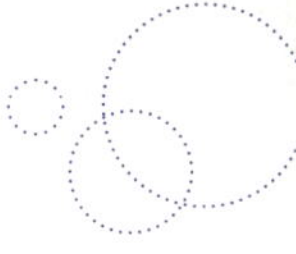

而是在从事一些活动时，例如参与各种教研活动与大赛，从学校组织的这些有利于青年教师成长的活动中找到自信，还有自己去挖掘一些能够促进自己成长的平台，始终保持一种学习的态度。

教，是为了不教

问：马老师，您认为教师是一个怎样的角色？

马老师：教师，其实就是一个“helper”，就是一个“杂工”，帮助学生搭建平台，做布景，做后勤，搭舞台。演员就是学生。当然有时候你可能还是导演，这个身份跨度挺大的，从杂工到导演。其实更多的是你要具备导演的作用，但是你又不能完全去主导一切。你要把这个舞台搭建好，把背景音乐烘托起来，再给以旁白，这样学生便自然地站在舞台上了。我不确定这个比喻是否恰当，但这是我对教师和教学的理解和感悟。直到现在，我都十分享受每一堂课。

其实你会发现我还经常说一句话，包括每一届的学生和家长，我都常跟他们说，英语绝对不是哪个老师教好的。回忆我的学习之路，尽管老师对我帮助很大，但我仍坚持认为英语是靠自己学好的，不是哪个老师把你教好的，比如现在英语课有 40 分钟，哪个老师能在 40 分钟内就给学生教好了？关键在于学生对这个学科的热爱，或对老师的喜爱。

人们常说“老师是蜡烛”，是蜡烛吗？我更觉得是打火机。或许不管是什么，反正要让孩子在课堂上绽放出他的生命火花。这一点很难，却值得我们用一生去追求。

语言是有生命力的，英语是有生命力的，课堂也是有生命力的。如果只是让学生学到一些“干巴巴”的知识，那是没有生命力的。

课堂上，不能让同学们感觉到只是学语言，还要学文化，还要学情感。英语的学习就是教学生跨文化的交流，跨文化的交流它不是空洞的东西，它存在于每一个细节当中，你要去了解语言本身，了解语言背后的文化以及这些文化承载着的那些人。我觉得现在的学生一天到晚都是疲于奔命的样子，他们不了解外面的世界，也不了解生命真正的意义，有些事情的确是要我们去做的，做教育应该做的事情，教的同时育他，这并不是一个空洞的话。

问：马老师，您认为除了师生关系，老师与学生还存在怎样的关系？

马老师：这是一个很有趣的问题，也有些难度。我们常说“亦师亦友”，可要真正做到是很有难度的。我简单举个例子。

课堂是瞬息万变的，是有生命力的，因此在课堂上有时候会发生一些有趣的“小插曲”。有一次，在课堂上我突然提到我想学日语，我说我想每天给你们分享一句日语。当时班上的同学就说小阳会日语，让他教我。小阳是一个学习成绩一般的孩子，但不可否认，他是很聪明的一个孩子。实习老师在上课时，我就坐他旁边，看他认真地做着笔记。虽然我在他旁边，但是我并没有干扰他，他在很认真地听讲、做笔记。那一刻我觉得这个孩子是完全可以变得更好的，这个孩子是可以被“点燃”的，所以我就想用各种方式让孩子能够有激情，他不一定是对英语这个学科有激情，只要对我今天讲的某个东西有激情，那我就成功“点燃”了孩子。这样的事情还有很多，在这些孩子们被你所“点燃”的时刻，你会觉得比学生考了满分还要开心。你能感知到自己在发亮、发光的时候照亮了一些孩子，你在表扬和发现学生的一些高光的时候，你就像带着探照灯一样，去照亮、去点燃学生，让他们能绽放出自己被掩藏的光芒。你会发现这些被“点燃”的孩子很开心，你也会因此特别开心。几乎每个孩子都需要被“点燃”，而“点燃”的契机，就在课堂上。

“教，是为了不教！”教师是打火机，在课堂上，在不同契机下，用无尽的关爱、耐心与倾听“点燃”每一位学生。课堂是有生命力的，我愿做孩子们学习之路上的探照灯，照亮孩子们，让他们迸发出自身独特的夺目光芒。

成长与滋养

问：马老师，对于青年教师，您有怎样的专业建议与帮助？

马老师：根据我自身经验，有三个方面一直在滋养着我。

首先是我过去的经历。它培养了我对英语的浓厚兴趣，对教育的一腔热忱。

其次，我自己滋养了自己。年轻人除了要不断增强自己的教学基本功，还要提升自己的人格魅力。因为课堂不是你说几句英语、讲几个单词便罢了，它是一个综合呈现。一个人的魅力是什么样的，这是每个人都要去探究的，人生的一个终级问题就是人的意义是什么？

最后，一中这个平台也在深深滋养着我。一中给我提供了很多的机会，我在一中学到了非常多。有很多现在已经退休的老师，他们都非常优秀，他们的教学技能、教学态度、个人魅力等都十分出彩。感谢这些前辈，感谢一中，为我输送源源不断的能量，滋养着我。

再来谈谈备课。针对英语学科，我认为同样要从三个方面进行。

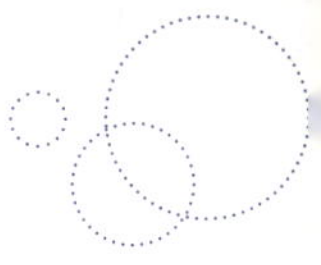

备学生。现在的孩子们是怎样的一个情况，我们要去了解。这种了解不可太泛，而是需要老师真正地走近孩子，走进孩子，才能掌握到孩子们的一个较为正确的状态。我们常说“因材施教”，不正是这个道理吗？

备自己。听到这三个字，你可能会感到有些诧异，自己有何可备的呢？实际上就是去充实自己，无论是专业知识还是教学技能。要多学习，多听课。课堂上有很多的东西都是值得去学习的，但前提条件是一定不能只学形式。如果你要学到这个老师灵魂的东西，你就要沉下来去挖掘。所以一定要多听课，听了以后再模仿，最后一定要“find your own way”。找到你自己的方式，也许会经历一些失败。刚开始多听多学，是一个模仿的过程，最后你必须上升到有自己的风格，这样你才能说这是你自己的课堂。只有找到适合自己的方法，才能真正驾驭好课堂，才能像我一样，才会“feel relaxed”。

备世界。了解这个世界正在发生什么。我们刚说英语是一门跨文化交流的学科，课堂又是有生命力的。有时，我会在无意间讲一些生活中的人生感悟，还有旅行中的各种见闻，孩子们也很愿意听，不会认为这是古板的说教。其实也不是刻意的分享，而是很自然的流露，跟孩子们分享这些的时候，孩子们就会觉得自己和这节课紧密相连，我也会因此感到由衷的开心。

永恒的怀念

问：整体上您对一中寄宿学校的发展有怎样的感慨？或者说您与一中寄宿学校有哪些难忘的回忆？

马老师：刚开始的时候，初中只有两个班。第一次招生是2005级，即2005年招收了两个班的学生，当时是龚校长专门到这边来招生，因为当时很多人不相信一中寄宿学校也是一中本部的老师。于是，龚校长带着一些中层干部到附近很多小学宣讲。当时龚校长跟我们老师说，这些学生是我们一个一个招进来的，所以每一个孩子都要好好地去对待，让他们感受到我们一中老师的情怀，看到一中老师是怎样与他们起共同成长的。

当时敖明慧老师和林松老师带的两个班的孩子都发展得挺好的，虽然刚开始成绩并不突出，但是他们在每一次的班级活动上都能拿第一名，例如话剧比赛、历史剧运动会、个人比赛等。总之，只要参加了的比赛，在这边校区通常都是名列前茅。

这些孩子拧成一股绳去做这些事情，他们在初三时转到了本部就读，两个班的中考成绩都非常好。从那以后，寄宿学校校区就开始慢慢地壮大了，每个年级从最初的两个班变得越来越多，校园也愈发有了学习的氛围。很多从学校毕业的孩子，他们都非常怀念在这里的学习生活。我经常在朋友圈分享一些学校的事情。这些朋友圈发出去，那些孩子看到都会特别地怀念学校。其中很多孩子都当妈妈了，当爸爸了，他们甚至记得学校的每一棵树，特别是那边的樱花树，觉得这些树就是他们青春时光的见证者。

当初的小树苗长大了，学生觉得自己也长大了，并对这个学校充满着怀念。

每一届的孩子在毕业后都会非常怀念这个学校，虽然学校看上去简陋了些，但是他们感受到了这个地方的魂，这个地方留得住他们的魂，留得住他们的记忆，我就觉得挺好的，所以我也希望学校越来越好，不一定要有很多的高楼，我看到这些树木，我就觉得这就是最好的见证，这些树木有一种生命力，所以我喜欢拍我们学校的树。

这般有生命力的树伫立在步道旁，我觉得我能跟它们交流，因为它们见证了我们的过去；我觉得它们会永远在这里见证学校的发展，它们一定希望我们的学校越来越好。

另一种征程

问：马老师，您真的是温柔而强大！我们知道老师们都亲切地称呼您为马姐姐！那马姐姐，对于即将到来的退休生活，您有怎样的感触？

马老师：我从事了我喜欢的职业，并以此为生，同时自己还很享受这份工作。对于即将离开这个岗位，不舍是肯定的，但我觉得人生处处都有舞台，只要你对生活保持热情，你在不同的地方就依然能够发光发热。我觉得在教育事业，年轻人更有朝气和活力，应该给他们更多的舞台，我们退下来，作为一个观众，也可以作为他们的拥护者，仰望他们，他们那种冉冉升起的感觉让我欣喜。我特别喜欢这样的年轻人，就像我带过的新老师和实习生妹妹，她们特别好学。她们听了一堂课，课后跟我分享，表示自己被深深地感染了，这样的话语对我来说是非常大的鼓舞。我就觉得，还好我到最后都没有那种“蜡炬成灰泪始干”的感觉，还是在默默地闪烁着自己的小火苗。我很开心能够给年轻人带来一种对于教育的期望。

我虽然有伤感，但更多的是一种欣慰。我感觉我很幸运，也很满足。这个满足有成就感，同时还有收获了很多的自足感，有学生给我的，有家长给我的，有

同事给我的，有领导给我的，有这个学校平台给我的。所以我会带着这份满足，走向更大的舞台、未知的舞台，我很好奇接下来我可以做些什么事情。我前半生的热爱已经给了我足够多的能量和底气，我觉得我什么都可以做。所以谈到退休，我其实不怕。我只是踏上了另外一个征程，带着满足，带着憧憬。

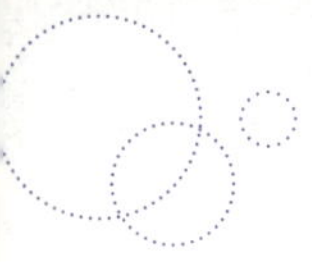

小胜靠智　大胜靠德

——唐伟专访

曹　妍　辜　艳　殷晓琳

唐伟，重庆市第一中学高级教师。工作三十余年，一直秉持以仁者之心待人，以学者之心教学，以工匠精神责己。在教育教学实践中努力修炼自我，提升自我。曾在重庆市首届说课大赛中获一等奖，首届生物教师实验技能大赛中获一等奖，撰写论文数篇，指导组内数名年轻教师参加赛课并获得市级一等奖。时光荏苒，不改初心：做一个优雅的教师，在脚踏实地中把平凡做成美好。

问题 1：在您任教的这些年里，学校有哪些重大的变化或事件给您留下了深刻印象？您能谈谈学校在早期的一些重要人物或事件对学校文化的影响吗？

答：我在学校工作这些年，我印象深刻的一个就是我们唐宏宇书记提出来“尊重自由，激发自觉”的办学理念，第一次听到他提出这个理念的时候，我内心是比较震撼的，同时我觉得这是对我们学校“明礼崇德，求知求真”校训的传承，并且给它赋予了新的内涵。学校为了实施这个办学理念，也为了顺应时代发展，做了很多活动，让学校的文化生态场更多元和丰富。并在这个过程中去尊重学生的主体地位，遵循学生成长的规律，培养现代人的自由精神，我觉得这是学校非常核心的一个东西。

学校通过多元路径来培养学生，比如说阅读与人文、科技与创新、运动与健康等。我们在实际的操作中就实施了这些理念，比如说利用我们的综合实践课进一步激发学生的内驱力。实际上我觉得学生在学校接受教育，包括学习书本知识等，最核心的目的就是激发他的内驱力。我们一直以来就是把课本知识与生活实践、现代的科技的发展相结合，比如说把中药文化方面的传承跟植物学相结合，它既是对书

本知识的一个拓展，同时也有利于孩子们了解我们的传统文化。

问题 2：您最初为什么会选择教师这个职业呢？能分享一下您初入教育行业的经历和感受吗？

答：我觉得学校的氛围和环境非常纯粹，学生也是纯粹的，我就喜欢这种简单的生活，很适合我。而且在整个教书的生涯中，我也体验到一种幸福感。因为我对孩子们倾注了心血，用心地备课，用心地和他们交流，然后看到他们的变化，我会觉得很有成就感和幸福感。

问题 3：在您的教学生涯中，有哪些特别的教学经验或故事让您感到特别骄傲或感动？能谈谈您的教育故事吗？

答：比如说 2006 级，我接手了一个班，刚开始问题很多。我是中途接的班，家长很不好对付，甚至以前在家长会上还会当面反驳老师。我想作为一个老师，跟家长见面的时候不多，那么在家长会上应该做些什么？首先我了解家长需要什么，他们希望自己的孩子有什么样的发展，孩子目前的状况又是如何，我们学校的教育理念是什么，我的教育理念是什么，这样仔细备课以后，我发现第一次开家长会的时候没有那么难，家长们都非常认真，还记了笔记。最开始接手这个班的时候，教室里面真的像垃圾堆一样，满地的口香糖，班级氛围也很糟糕，后来我把班级理顺以后得到了家长们的认同，和其他老师相处也非常愉快，这个过程我真的觉得挺有成就感的，特别是有一个孩子现在跟我关系都还很好，还有联系。我接手班级的时候是初一结束，那时他的英语成绩不好，家庭条件也不是很好，父母也疏于管理，孩子就贪玩。我跟家长进行了沟通和交流，家长也非常配合，租着房子每天陪他，通过一学期的努力，当然中间还做了很多的思想工作，这个孩子的英语成绩显著提高。这个过程还是很不容易的，家长早上 6 点钟起来监督孩子背 40 分钟英语，然后孩子才到学校开始上早自习。

另外一个是 2013 级的一个学生，这个孩子是巴川中学转过来的，刚来的时候也是不想学，爱打游戏，他给妈妈提出上学的条件是给游戏的装备升级。他妈妈每天送他来上学，他在前面走，妈妈就在后面跟着，就怕他不来上学。发给这个孩子的卷子、作业 5 分钟就被弄不见了，他的周围地上全是垃圾，抽屉里也是。教育这样的学生，我觉得最重要的一点就是慢慢地去发掘他的闪光点。我印象特别深刻的一件事，就是他上晚自习的时候，老爱捋头发，青春期的男孩注意外貌很正常。有一天晚自习的老师特地和我交流这个问题，希望我教育这个孩子，我将他叫到办公室，我说没什么，每个人的要求不同，你自己把相应的任务完成好就行了。他当时看到我眼睛都“发光”了，他觉得老师怎么没有帮着其他老师说话，而是站在了他的立场和角度，实际上我们教育孩子真的要换位思考，站在他的角度，而不是高高在上，要了解孩子的年龄、心智，了解他的行为习惯是怎么样的，去理解他，然后再慢慢地去改变他。这个孩子可以从完全不学习，甚至打游戏成瘾逃学，到最后自己想学习。他在读高一的时候回来看我，给我讲他每天早上早自习来的最早、晚自习走得最晚，我听到这些还是非常欣慰的。在我的教育生涯中，这两个孩子给我的印象非常深刻。

问题4：您认为我们学校文化的核心是什么？在培养学生的过程中，学校文化起到了怎样的作用？

答：我觉得我们学校文化的核心就是既尊重共性，又注重个性，我们既有这种共性的要求，就是明礼崇德，求知求真，同时又有尊重自由，激发自觉这种个性化的要求，更多地去激发孩子内心的驱动力。我觉得这一点既是顺应时代的发展，也是结合学生个人身心发展状况提出的要求。

问题5：在您看来，如何保持和发扬我们学校独特的文化？

答：我觉得作为教师要继续学习，学习是一个多听多看和思考的过程。比如我有一个习惯，到考室里面去监考，就会学习教室里墙上的班训班规和一些其他的张贴。我觉得这是这个班主任的思想的一个外化，所以我就去想他的这个东西有什么借鉴价值。第二个就是在办公室里，我比较喜欢听老师和家长和学生的谈话，这个谈话中也蕴含着他的智慧。第三个就是多去接触现代的教育理念，通过看书阅读，学习现在国家的政策方针来顺应时代的发展。我觉得主要是通过这三个方面，根据自己的特征，形成自己的教学风格和特质，来传承和发展我们学校的文化。

问题6：您如何看待学生在学校期间的成长和变化？有哪些方面是您特别关注的？

答：我比较关注的主要有几个方面。第一个就是身体的健康，因为初中生在整个初中阶段，身体发育是非常迅速的。比如他平时的锻炼、睡眠和饮食，我都比较关注。第二个就是心理的健康。就是关注这个孩子平时的一些言行举止，是否在正常的范围之内，如果有什么偏差，我会及时地去引导，或者与家长交流，形成教育的合力，一起促进孩子健康的发展。还有一个就是社会交往能力方面的健康。通过我们的班级文化活动和学校的活动，去引导学生积极向上。

问题7：对于学校的未来发展，您有哪些期望和建议？

答：第一个是在硬件上，我希望我们的学校能够漂亮、整洁，看起来有档次，特别是我们的整个校园文化，包括建筑、外墙、绿化等。还有就是我们的办公室需要好一点的办公桌、家具等，作为一个文化单位，我觉得这些也充分地体现了

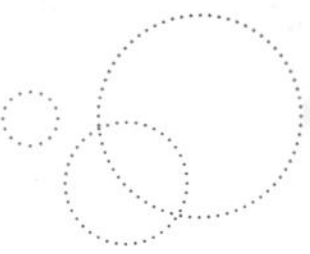

学校的文化。有了好的校园环境，对师生来说，都可以陶冶情操；其次对我们也是一个尊重，包括教室、办公室里面干干净净的、整整洁洁的，我们在这样的校园里，学生和老师都是自豪的、舒心的、安逸的。第二个是在软件上，即学生和老师的精神文化需求，比如说学校能够组织一些活动让我们学习。

问题 8：在您漫长的教学生涯中，有哪些感悟或体会愿意与年轻教师分享？您有哪些建议或寄语？

答：我觉得当一个老师最重要的还是要踏实认真，要把课备好。比如说我印象特别深刻的我们学校的两位年轻老师，一个是王飞阳，他工作很踏实，工作的第一年，他在假期几乎都在做中考题，都在备课。所以充分地备课，这一点对年轻老师而言是最关键的。现在对年轻老师的要求更高，你不仅要踏实、勤奋地去实践，还需要去阅读教育学理论著作，或者自己学科的核心期刊，要多学习，把自己在教育教学实践中的重点记下来，进行反思，再把自己上课的闪光点整理起来，这样对于我们教学工作者来说，就可以在职业生涯中达到一定高度。

问题 9：您认为作为一名教师，需要哪些能力或品质？其中最重要的是什么能力或品质？

答：很早以前看到的一句话，我印象特别深刻：小胜靠智，大胜靠德。心性品质在我心目中是第一位的。因为你要去教育别人，首先我们自己的思想必须达到一个高度，比如说为人坦诚、善良、大气，同事之间相互合作。

再就是关于能力，比如语言表达的能力。我最开始当老师的时候，我自己没有意识到，后来我才发现，其实我是一个偏内向的人，我在与人沟通中不是那么大胆，但是人生也是不断在成长的。你在课堂上跟学生不断地交流，有时候做了很多工作，但短时间内你看不到效果，这是因为教育人的工作，出成绩总是滞后的，这需要一个积累，静待花开。

问题 10：可以谈一谈做班主任的具体的收获吗？

答：在当班主任的过程中，我觉得很大的一个收获就是它使我多去思考一些东西。因为现在的孩子见多识广，信息的接受量又大，不可能像很多年前的孩子那样，给他灌输的信息是直线条的，是单方面的。所以这对我们当老师提出了更高的要求，我需要多关注新闻时事，多阅读，在这个过程中去找我想用的一些资料。我觉得当班主任有个很大的收获，就是对养育自己的小孩很有帮助。因为你可以看到优秀的孩子是什么样子的，他是如何变得优秀的。当老师和班主任让我一直在进步，与时俱进，与学生共同成长。这一点给我很大的启发，也是让我很有感触的一个点。

问题 11：您从事教师职业也有很多年了，在职业生涯中，对于老师这一职业有没有动摇过?

答：这么多年我从没有动摇过。我一直觉得当老师是一个很好的职业，在情感上，你用心对待孩子，孩子也会给你正向的反馈。我会不断地去接受一些新的事物，这样就容易保持一个年轻的心态，因为一直在和年轻的生命打交道。我能够让自己永远有一颗这种向上的、活泼的心，我觉得这一点也是我喜欢当老师的原因。

耐心鼓励　静待花开

——晏福勇专访

曹　妍　辜　艳　殷晓琳

晏福勇，中学高级教师，市级骨干教师，重庆一中初中物理教研组长，重庆一中初中教学督导组成员，重庆市物理学会常务理事；被聘为重庆市多个学校的教学指导教师；重庆市物理中考命题组长；参与《义务教育课程标准实验教科书物理》的研读、修订工作；主持和主研多项重庆市级重点课题研究；多篇论文获市级一等奖及在核心期刊发表。

问题1：请问可以分享一下您的学习经历和工作经历吗？

答：我在大学毕业后被分配到嘉陵中学工作，从事高中、初中物理的教学工作，2005年被调到重庆一中。

问题2：请问您认为一名优秀的教师应该具备哪些素质，最重要的是什么？

答：教师的三观要正，专业要硬，同时语言表达能力要强，善于与人沟通交流，对现代化的各种应用工具要能熟练运用。其中“三观正，专业硬”最重要，这一点对学生的影响是最大的。

问题3：请问您在工作中一直秉持的最重要原则或理念是什么？

答：耐心鼓励，静待花开。

问题4：请谈一谈您在这些年的教学中与学生有哪些印象深刻的故事？

答：故事一的关键词是鼓励学生，信任学生，静待花开。

2019届有个女生的成绩不是很好，但是她平日里非常自信，认为自己没考好只是意外，我善于发现学生的优点，选她当科代表，她工作积极认真，每次考试前都会把物理基础知识点罗列出来给我看，并且自告奋勇要给其他同学讲解，我非常支持并且鼓励她做这件事。

遇到她讲不清楚的知识点，她就会利用课余时间先找我请教，自己完全搞懂后再利用课余时间给同学们复习讲解这些知识点，有时候讲解的对象的成绩比她还好，但她依然很自信，她也非常喜欢给同学们分享知识，喜欢被同学们需要的感觉，我也一直鼓励她。上初三后，这个女生的物理成绩慢慢提高，最后在中考时顺利考上一中本部。我认为，在平时教学中的一些小事情上要充分信任学生、鼓励学生，让不自信的同学变得自信，让自信的同学更自信，让他们充分发挥主观能动性，学习有激情，一次次的信任和鼓励终会体现在学习成绩上，让我们静待花开。

故事二的关键词是相互尊重，相互体谅。

我多年来有个教学习惯就是让学生或家长直接加我的微信，这样可以及时和我交流问题、解决问题。考虑到物理是一门重要且难度较大的学科，我希望同学们在作业中遇到问题就能马上拍照发给我，我会马上为其解答，这样学生能更快地完成物理作业。某天晚上，我已经入睡了，但被微信的消息提示音惊醒了，有位同学在晚上十一点半向我请教物理问题，尽管我本已经入睡，但考虑到这么晚学生还在问问题，说明学生还没有完成作业，也说明他很好学，也许这道物理题会让这个学生彻夜难眠，甚至可能失去对物理的耐心，想到这些，我立马起来为学生解答问题，希望能以此激发学生的学习主动性和积极性。第二天学生来到办公室向我表达了感谢，此后该生学习非常认真，成绩也明显提高。和学生相处是一个相互尊重的过程，老师尊重学生、体谅学生，学生也会尊重老师、关心老师，师生之间相互尊重，相互体谅，这样才能促进教学，更好地帮助学生成长。

问题5：请问如何看待学生犯错误，如何帮助他们改正错误，可以举具体的例子分享您的德育理念。

答：学生的错误只要没有触及道德和法律的底线，就应该宽容对待，耐心引导学生积极改正，帮助学生树立正确的人生观和价值观。

问题6：请问您对新教师的成长和工作有什么建议和希望？

答：年轻教师要虚心学习、勇挑重担、大胆创新。

问题7：如果用三个词语概括您的整个工作生涯，可以是什么？

答：坚持不懈、学无止境、无怨无悔。

问题8：在您的教学生涯中有什么事情或者成就让您感到非常骄傲和充满成就感？

答：有一次我新接到一个初三班，班级的物理成绩整体很差，我常常鼓励他们，不放弃任何一个学生，平等对待他们，让他们看到了希望，也充满了力量，经过

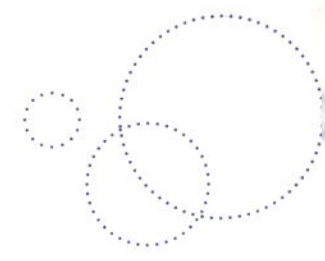

一个学期，该班的物理成绩上升到了全年级前三。

问题 9：作为工作多年的教师，您对学校的未来发展有哪些期望和建议？

答：重庆一中寄宿学校的学习氛围浓，师生关系融洽，比如会为每年新进校的教师一对一安排师傅，不管是学科教学方面还是班主任工作方面，学校都会很照顾新教师的成长，会定期检验新教师的成长情况，非常关心新教师，这也是学校师资力量强大的重要原因之一。希望老师们加强教学研究，多阅读教育教学的相关书籍，关注最新教育理论，并为自己所用，一直保持对教育教学的好奇与热爱，同时学校要“以老带新”，使年轻教师快速成长。

问题 10：您从事教师职业也有很多年了，在职业生涯中，对于老师这一职业有没有动摇过？

答：没有动摇过，我热爱教学，也热爱学生。

问题 11：您认为当老师最有成就的是什么？

答：一个老师的最大成就不是学生最后的成绩，而是在实施教育教学的过程中，尽其所能地让所有孩子都能得到发展，充分挖掘每个孩子的长处，让每个孩子都能找到自己前进的方向！每当看到我的学生有所成就时，我就会由衷地为他们感到高兴。

第二篇章：

思政大课堂

重庆一中寄宿学校的“思政大课堂”是集“大思政”“大平台”“大师资”建设于一体的综合育人体系。“胸怀天下为党育人”是学校层面的守正创新，深植于中华传统文化和红色基因，蕴藏丰富的育人理念。“心有大我立德树人”承担起传承开拓的使命担当，一脉相承的开学典礼致辞，聚焦立德树人的根本任务，深刻把握教育的根本问题和核心课题。“启智润心以文化人”通过每周的升旗仪式，发挥文化陶冶情操、涵育德行、滋养心灵的作用，以文化人，弘扬中华文化，传承红色基因，增强时代新人的爱国主义情感和行动自觉。

教育如何培养自觉者?

重庆市第一中学校党委书记　唐宏宇

我们无法确定哪一个机缘可以点燃哪一个学生，但我们坚信有一个机缘点燃一个学生，教育就成功一分。这一分是伟大的，因为一颗被点燃的心的爆发力是惊人的。

个人是构成社会的基础。教育的目的就是“立人”。立什么人？不是立千人一面的人，而是立丰富个性的“人”。一个民族和国家，只有培养出各具特色的“个人”，才有生机、希望与未来。

重庆一中明确提出“尊重自由，激发自觉”的办学理念，努力将学校建设成为一个“成就自觉者”的“场”。自由不是为所欲为，而是意味着自律和自觉。学校应该从学生自身发展需要出发，重视学生的主体地位，遵循学生的成长规律，让进入校园的学生“能飞的飞，能跑的跑，能走的走，不能走的推上一把”，唤起学生共同体意识与共同成长成才的“共同自觉”。只有人成为“自觉者”，人才会成为有丰富个性的“人”；只有人的个性得到充分发展，“十步之内，必有芳草”，处处是人才的局面才能形成。

举理念的旗，让成就自觉者成为共识

教育层面所谓的“自由”，指的是人身心舒展自在、积极精进的生命状态。人在这样的状态下，才是幸福的，才是具有非凡创造力的，才是马斯洛需求理论所说的“自我实现者”，其禀赋潜质才会被激发和唤醒，从而演绎生命的极致。

学校本质上就是一个充满生长机缘的“场”，恰如大地，天无私覆，地无私载，为花草树木、鸟兽虫鱼等万物都提供了生长的机缘，大地也因此葳蕤，满是生机。一所学校也要有大地般厚德载物的精神。厚德载物的起点就是尊重生命发展的特点，让李开李的花，让桃结桃的果。

如果说尊重生命发展的特点是实现多样化发展的第一步，那么激发自觉性、成就自觉者则是多样化发展的关键两步。教育层面的“自觉”，即人对自我以及世界的觉悟。一个人只有真正觉悟到自己是一个生命、一个独立个体、一个拥有无限选择和可能性的人，以及觉悟到世界也有无限的生命、众多的人，这个人才可能萌生敬畏、尊严、良善、奋斗、成全等美好品质，从而追求“明明德，亲民，止于至善”的境界。为此，学校教育的价值在于激发和唤醒广大师生员工的自觉。只有当一个人自觉意识到“我”的生命有一种力量，自觉认识到“我”的心灵有一种能量时，教育的意义和作用才真正体现出来。正如苏霍姆林斯基所说：“只有能够激发学生去进行自我教育的教育，才是真正的教育。”激发学生进行自我教育，只有在激发他们的自觉意识之后。

激发自觉意识是唤醒生命，成就自觉者则是点燃生命之光。如何成就自觉者，关键在于学校风气的营造。学校要千方百计创设各种各样的生长机缘，让学生实现个性化发展。与此同时，学校也要做好正向引导和边界防守。正如塞林格的《麦田里的守望者》的寓意：学校就是一块巨大的麦田，孩子们在麦田里自由奔跑追逐，难免有孩子会跑出麦田，冲向悬崖，教育者就是伫立在悬崖边上的守望者，看见孩子要冲到悬崖时，就把他们拉回麦田来，再放手让他们奔跑。成就自觉者既要放手，也要防守。

溯历史的路，让成就自觉者拥有来处

重庆一中建于 1931 年，是一所平民学校，从建校之初就有开放、多样的校园风气。当时有一大批政治、文化名人来校授课、演讲，如周恩来、郭沫若、田汉、洪昇、陈望道等，这些著名人士给学校带来了开明而先进的教育思想和理念，让学校起点甚高。

当年重庆一中有一种文化，某教师要上公开课或者要开一个讲座，就自己写一张海报，往学校公告栏一张贴，大家便去听课、评课或交流讨论。一切都是自发的，自觉的，自然的。有这样一个小故事：学校的一位化学教师，一开始上课就给学生布置任务，说你们自己先做、先讨论，我皮鞋坏了，需要上街去补鞋子，等我回来要听大家的高见。然后就上街去了，学生在教室里也真的研究讨论起来。这就是当年重庆一中的教育风气。在此风气之下，学校培养出很多富有个性、具有创新精神的人才。

我们当下的教育问题，很多是因为管理者对师生的管控太多，而提供的生长

机缘太少，导致人才成长扁平化。教育管理根子不在“管”，而在“理”。管则管死，理则理顺。重庆一中当年的操场和干道都是师生自己动手整饬出来的，学校管理者只是努力为师生提供各种条件，推动事情的完成。师生成为学校的主体，自发自觉做好各项事情。

今天，如何让阅读真正走进学生的生命？学校知往鉴今，减少说教，制造各种“激发自觉”的机会。我们把图书馆的书籍搬出来，放进每个教室，让学生自由阅读，不强求。我们与北京师范大学国际写作中心签署了“作家进校园”“校园写作计划”合作项目，定期邀请苏童、欧阳江河、毕飞宇等作家进校，与学生分享读写经验。

我们与重庆大学图书馆联合，让学校师生免费使用重庆大学图书馆及其数字文献资料。我们让新华书店在校园的项家书院里设置阅读书吧及销售点，并长期开放学校图书馆和项家书院，让师生和家长可以随时阅读。我们设置一周两节的专门阅读课，围绕阅读开展“全员全科整本书阅读”课题研究，要求各学科都要编写自己学科的通识读物，并利用课堂零碎时间实施通识教育。我们出台制度，要求学生寒暑假少做作业，多读书、多批注。

当书随手可以拿到翻阅，当作家就在身边，当有专门的阅读时间，哪有学生不爱阅读的？我们对学生的阅读不做硬性评价，但可以在各种活动中观察到学生在读书，我们也可以通过作文、诗会等诸多展示性评价发现学生的成长，看学生是否已经形成“阅读脑”。

成就自觉者需要学校多创造机缘，我们无法确定哪一个机缘可以点燃哪一个学生，但我们坚信有一个机缘点燃一个学生，教育就成功一分。这一分是伟大的，因为一颗被点燃的心的爆发力是惊人的。

筑课程的塔，让自觉者具备广阔的视域

顾明远教授曾在一次报告中说，根据他毕生的研究，教育可以概括为四个词：爱、兴趣、细节、活动。这四个词中，活动是关键，是其他三样的载体。教育需要活动化，活动需要课程化。没有构筑起健全的课程体系的“塔”，学生发展难以具备广阔的视域。

借助各种内外部资源，重庆一中设置了多样化的发展课程，共分四大板块：一是教师课程，二是学生微课程，三是家长课程，四是校外专家课程。

重庆一中教师人人都有自己的特色课程，都是从自己的专业拓展开的，这为

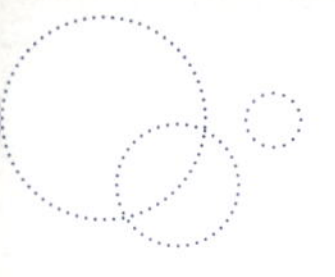

学生的个性选择提供了丰富的资源和机缘。仅仅语文学科延伸出的课程就有上百种，影响大的如周鹏老师的意象作文，周鹊虹老师的茶道文化以及美学课程，廖承奇老师的文字学课程，张杰老师的明清小说阅读课程，等等，为学生中的语文爱好者提供了不同的选择。

我们也鼓励学生开发微课程，举办小讲座。学生中有特长的很多，让他们开发微课程，本身就有利于激发学生个性化发展，而他们的微课程又会激发更多学生兴趣，找到“同道中人”。学生的微课程有魔术课程、街舞课程等，对传统文化感兴趣的学生还开发了周易、老子等相关课程，学生视角是课程最大的特色。

家长课程是学校课程之塔的亮点和特色。教师的学科专业方向决定了教育边界，而家长来自各行各业，家长群体蕴藏着巨大的教育教学资源，可以有效补充学校教育资源的不足。我们每个年级精选的家长课程共22门，课程内容涵盖哲学、艺术、礼仪、交通、家风、建筑设计等。在学校网络选课平台上，22门课程一经推出，不到一分钟就被近千名学生抢光。家长为了开设好课程，反复备课，在家请孩子听试讲，还到学校向教师请教，取得的教学效果也特别好。通过邀请家长来校开设选修课的形式，做到了课内与课外、校内与校外、学习与实践、系统知识与现实生活的有机链接，将整个社会丰富的、多元的、动态的课程资源引入学校，更主动、更有趣、更全面地促进了学生成长。

为了拓宽学生视野，我们请学校教师设计课程方案，然后根据需要邀请相关专家进校作报告授课。专家站位高，学生往往有“听君一席语，胜读十年书”之感。此外，为培养具有国际视野、通晓国际规则、能够参与国际事务和国际竞争的人才，重庆一中与重庆大学、北京外国语大学等高校开展深入合作，引进世界一流大学的教授到学校开设讲座，开阔学生视野。

立评价的尺，让成就自觉者获得校验

学校是立人的“场”，这个“场”汇聚的是少年的生命，理应最富生机、生气和活力。因此，传统的评价方式必须改变。如何立评价的尺，如何校验师生的发展水平，重庆一中一直行走在探索路上。

在教育评价上，我们坚持开放式评价与形成性评价相结合的方式，既强调必要的量化评价也重视定性评价，既实施入口评价也实施阶段评价、出口评价等。建立学生成长档案，档案里包括健康、锻炼、诚信、公益、人际、阅读、写作等维度，并对教师也进行档案袋评价。我们认为，只有多维度的评价才能促进师生

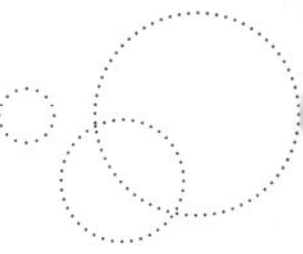

多样化的发展。评价不仅是结果，更是校验师生发展的尺子。评价的尺子多几把，因材施教才能落到实处。

学校追求评价，也追求不评价，对于教育和学习，有时不评价就是评价，评价反而会伤害积极性与主动性。譬如对于学生的阅读与写作，固然可以凭阅读写作的总字数进行量化评价，但这样的量化评价是不能真正检测出学生阅读写作水平的。单拿阅读来说，字数的量化只能检测学生读过所读，不能检测学生是否想过所读，更不能检测学生是否用过所读。想过与用过固然也可以通过考试进行检测，但本就有许多语文学科考试，何必另外再考？有的考试在一定程度上会挫伤学生阅读的主动性和积极性。比如阅读《红楼梦》本是一桩美事，考《红楼梦》则是败事一件。学生春游本来兴高采烈，偏要布置一篇“春游见闻”之类的作文任务就可能大煞风景。阅读应该强调学生的自由、自觉，而非用各种条条框框去逼着学生阅读。为此，对于阅读我们除了必要的评价，也追求“不评价”。

其实，学校完全可以模糊评价。我们在项家书院摆放了上万册图书，在教学楼外墙设置了开放式书架，如何评价学生的阅读？很简单，只需要看哪一个班级的书翻得最旧最烂，哪一个班级的阅读就越扎实。而且，我们还可以根据书的新旧判断出学生的阅读取向。

在德育方面，重庆一中也力求改变传统的数据、打分等为主的评价方式，倡导通过榜样的力量引领学生发展。重庆一中已经连续多年召开德育榜样大会，从全校学生中选出文明、孝行、习惯、责任、读书、演讲、诚信、实践、学雷锋、家风、最美寝室和文化教室等 12 个榜样代表进行现场表彰，通过视频、现场访谈、颁奖等环节，让学生了解并直观感受身边同学优秀的品质。教育不一定要说教，也可以为学生提供镜子，有了参照，人便会自觉校验自己的言行。

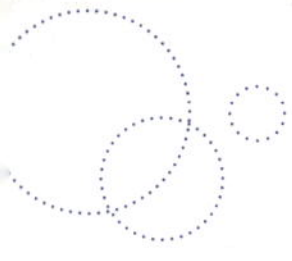

以“四个聚焦四个着力”引领学校高质量发展

重庆市第一中学校党委书记　唐宏宇

基础教育是国民教育体系的基石，事关国家发展和民族未来，近年来，重庆一中深入推进党建引领创新和质量创优（简称党建“双创”），加快构建高质量党建工作体系，完善体制机制，夯实政治保证，切实形成以高质量党建引领学校事业高质量发展的工作局面。

聚焦党的领导　着力在制度体系上下功夫

加强党对教育工作的全面领导，是办好教育的根本保证。学校要通过加快构建高质量党建工作制度体系，强化高质量发展的政治保证和组织支撑。

重庆市第一中学校坚持和加强党的全面领导，为全面提升学校党组织的政治功能和组织力，实现教育高质量发展、办好人民满意的教育提供坚强保证。学校深入贯彻落实党组织领导的校长负责制，健全发挥学校党委领导作用的体制机制，将党的领导贯穿办学治校全过程。根据党中央和上级党组织《关于建立中小学校党组织领导的校长负责制的意见（试行）》要求，制定出台了《党委会议议事规则》和《校长办公会议议事规则》等制度机制，建立完善统一的组织领导体制，明确党组织在学校重大事项决策中的地位、作用、权责、工作方式等，将党的领导有效覆盖各个领域，包括思政、德育、课程、教学、教研、队伍建设等，切实加强学校党组织的政治领导能力、思想引领能力和组织建设能力。

聚焦立德树人　着力在培根铸魂上下功夫

教育高质量发展，核心要义在于突出立德树人导向。思政课是落实立德树人根本任务的关键课程，重庆市第一中学校党委积极探索党建工作与思政教育互动融通，把弘扬革命传统、传承红色基因深刻融入学校教育中，积极探索“党建+

思政”，逐渐形成“一核二翼三维”的推进机制。“一核”，指的是紧紧围绕立德树人为核心；“二翼”指的是“课程思政”与“思政课程”同向驱动，发挥育人的协同效应；“三维”指的是在工作格局、工作队伍、工作阵地三方面同步发力，共同助推党建和育人质量双提升。

围绕红岩思政育人体系，以“冠红岩之名，铸红岩之魂”实践活动为载体，系统化、特色化建设“红岩大课堂”。深化“大中小学思政课一体化共同体”建设，共建“红岩大课堂”共同体联盟，坚持将红岩革命文化资源融入思政课教学，打造“百年恰是风华正茂”“百年激荡、钟声回响”等一大批思政“金课”。利用渣滓洞等红色资源，开展“红岩思政”革命传统教育研学活动，打造“行走的思政课堂”，推动思政小课堂同社会大课堂深度融合。开展红岩革命故事创演等活动，打造《一中红·赤子心·先锋行》《这里的故事》等红色剧目，师生在创作、观映过程中，深受教育熏陶。开展“激发道德自觉：普通高中德育课程建设的创新实践”，构建激发道德自觉课程体系，该成果获评国家级教学成果二等奖。将信仰汇聚成光，以行动诠释传承，广大学子在“红岩思政教育”中赓续革命传统、接续时代使命，争当新时代的“红岩发声人”。

聚焦示范引领　着力在改革发展上下功夫

以高质量党建引领高质量发展，核心是要推动党建与业务工作深度融合，将基层党组织的创造力、凝聚力、战斗力转化为推动高质量发展的活力、合力、能力。重庆市第一中学校党委深入实施“党建＋人才培养”“党建＋队伍建设”“党建＋教学改革”等融合推进模式，强化党建工作与教育教学工作融合发展，实现“双促双赢”。

坚持党管干部、党管人才。学校党委每年组织开展干部年度述职和民主测评，加强教育管理，提升干部素质水平。坚持用最优秀的人去培养更优秀的人，开展常态化招聘，多渠道加大人才引进力度。示范引领开展教师培训，持续组织开展多层次的优秀教师选树宣传活动，发挥好优秀教师的典型引领作用，多渠道助力教师专业化成长，学校每年都有数十位教师在重庆市级及以上教师技能竞赛中获得一等奖。

坚持深化教育教学改革。扎实推进“双减”工作，深入推进普通高中新课程、新教材“双新”改革，加强教学常规管理和研究，从课堂、教学、考试等方面进行了探索与实践，努力提升学校教育教学质量，根据实践探索经验所写的《“双减”

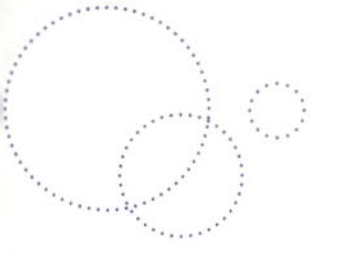

背景下学校日常教学管理的效能提升》一文在《人民教育》刊发。

坚持教育、科技、人才一体推进，深化拔尖创新人才培养。深入贯彻落实党的二十大精神，进一步完善拔尖创新人才培养体系，与成都七中、杭州学军中学、山西大学附中共建拔尖创新人才培养联盟，建设“钱学森科创中心”，开设“钱学森班”，举行“院士进校园”等活动，协同推进创新型高层次人才培养。2023 年，在五大学科竞赛全国决赛中，重庆一中学子斩获 18 枚全国金牌，9 人入选国家集训队，入选国家集训队人数位居全国第 8，金牌数位居全国第 11。

聚焦清廉学校建设　着力在育人环境上下功夫

学校作为党和国家培养人才的重要阵地，肩负着为社会主义事业、为中华民族伟大复兴培养人才的重任，应重视廉洁文化教育建设，充分发挥廉洁文化在校园内的教育、示范、熏陶和导向作用，营造教书育人优质环境，努力办好人民满意的教育。

重庆市第一中学校党委全面贯彻落实党中央关于深入推进全面从严治党、市委纵深推进清廉重庆建设和区委清廉单元建设的部署要求，在“红岩党建”引领下，深入开展“冠红岩之名、铸红岩之魂”实践活动，有力推动新时代廉洁文化建设、清廉学校建设。制定并实施“一主题、两推动、十行动”清廉学校建设方案，围绕“一中红·崇廉德·行廉志”主题，挖掘学校廉洁文化资源，传承学校以“四二一”精神为代表的红色革命文化，讲好“廉洁故事”。以“清廉文化角”建设为着力点，将廉洁文化建设融入师德师风建设，开展党风廉政建设警示教育，积极营造风清气正、崇廉尚廉的良好氛围，增强全校师生守初心、担使命的思想自觉和行动自觉。“清廉学校”建设主动融入、服务保障学校教育教学工作，努力营造风清气正的政治生态和良好的育人环境，推动教育高质量发展。

一中红　赤子心

——构建“思政大课堂”让红色基因代代相传

重庆市第一中学校纪委书记　赵彦华

歌乐山高，嘉陵水长。千秋红岩，万世流芳。

建校于1931年的重庆一中有着与生俱来的红色基因，这是由共产党人在动乱的年代，为人民群众创办的学校。“四二一”运动声势浩大，七名师生血染红岩，这种秉承爱国、奋斗、团结、奉献的“四二一”精神深深影响着历届一中师生。红色基因是厚植家国情怀的德育底色，是培育时代新人的德育基石，是着力培根铸魂的德育源头。与本部根脉相连血脉相传的重庆一中寄宿学校不忘教育初心，立足于立德树人的根本任务，秉承“尊重自由，激发自觉”的办学理念，通过运动与健康、阅读与人文、科技与创新多维途径，培养具有中国情怀、国际视野的未来人才。红岩精神在枝繁叶茂、桃李芬芳的一中校园熠熠生辉，大放光彩。

红色基因是厚植家国情怀的德育底色

“要把红色资源利用好、把红色传统发扬好、把红色基因传承好”“加强革命传统教育、爱国主义教育、青少年思想道德教育，把红色基因传承好，确保红色江山永不变色”，习近平总书记的教诲蕴藏深厚的红色底蕴和精神内核。重庆一中寄宿学校构建“一中红赤子心”德育体系，旨在引导青年树立正确的历史观、民族观、国家观、文化观，不断提高一中学子的思想觉悟和道德修养，赓续红色基因，厚植家国情怀。

红色基因是培育时代新人的德育基石

习近平总书记明确提出，要用红色基因培养担当民族复兴大任的时代新人。开展德育活动，必须赓续红色基因，发挥其在思想引领、价值取向和精神滋养等方面

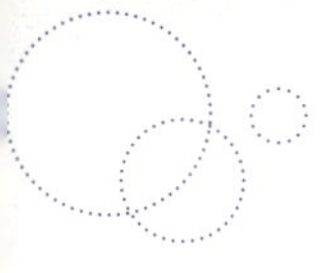

的德育功能，真正解决“培养什么人、怎样培养人、为谁培养人”的根本问题。对于重庆一中寄宿学校而言，红色基因不是抽象的概念，而是坚若磐石熠熠生辉的“四二一”精神，是血洒红岩的七名师生鲜活的价值观、不朽的红岩魂。是可见、可触、可悟的教科书，是可歌、可泣、可传的英雄史。“四二一”精神蕴含的深厚历史记忆能够给予一中学子刻骨铭心的情感认同，帮助一中青年“扣好人生的第一粒扣子”，增强时代新人的志气、骨气、底气。

红色基因是着力培根铸魂的德育源头

“育人的根本在于立德。”《中共中央关于党的百年奋斗重大成就和历史经验的决议》指出，要“赓续党的红色血脉，弘扬党的优良传统”。学校作为学习贯彻习近平文化思想的重要阵地，在红色文化整合、转化、传承、发扬上具有重要责任。重庆一中寄宿学校把红色文化铸魂育人理念深植于德育活动方案之中、融入教育教学大纲之中、体现在校本教材编写之中，充分发挥学校主阵地、课堂主渠道和教师主力军作用，持续推进“大思政课”建设。重庆一中寄宿学校选树一批红色课程卓越教师与教研团队，打造“一中红赤子心”“红岩铸精神学子传丹心”“‘四二一’运动于重庆一中”等红色精品课程和文化品牌，让习近平新时代中国特色社会主义思想融入活动、进入课堂、深入人心。重庆一中寄宿学校让“思政课程”与“课程思政”协同育人，将“四二一”精神与党的创新理论相结合，推动红色资源更好融入课程建设、教材体系、教学内容和德育活动，创新推动“思政课程”与“课程思政”双向奔赴，培根铸魂，立德树人。

重庆一中寄宿学校肩负为党育人、为国育才的重要使命，秉承立德树人的根本任务和文化传承创新的教育职能。在德育工作中厚植红色基因、传承红色血脉，将红色基因根植德育体系之中，实现红色基因传承与德育的有机融合，充分发挥红色基因的培根铸魂的作用。

开学典礼同频逐梦时代

每学期的开学典礼是最好的思政教育平台，重庆一中寄宿学校通过升国旗校旗，唱国歌校歌，赋予师生强大的精神动力，让我们感受到祖国母亲的温暖和力量。

在重庆渣滓洞监狱，重庆一中有七名师生血染红岩。五星红旗凝结着无数先烈对新中国的深情向往。国旗是中华人民共和国的符号，也是中华人民共和国的象征，代表着国家权威与尊严，是中华民族共有的精神标识，将中华儿女的心紧

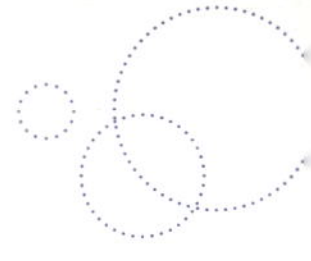

紧凝聚在一起。重庆一中寄宿学校通过开学典礼上隆重的升旗仪式以厚植家国情怀，把重庆一中寄宿学校全体师生积聚的自豪感、归属感，化作为祖国增光添彩的不懈动力，让青春热血与家国共振。

重庆一中寄宿学校积极探索开展思政课堂的有效形式，将立德树人的理念贯穿开学典礼全过程。如悬挂的大型横幅“力量源于团结，百年庠序牢记使命，传承红色基因，立德树人同频家国；青春孕育希望，一中少年挺膺担当，涵养进取品质，跬步致远共振时代。”如《红岩精神青春力量》中朗诵的诗句“传承四二一精神，共铸新时代梦想；用热血蓬勃青春，用拼搏书写荣光。”如家长、老师、学生合唱歌曲《如愿》《龙的传人》，丰富多彩的文艺节目将爱国主义教育、理想信念教育贯穿始终，形成了“价值引领、文化渗透、情景再现、精神传承”相结合的开学典礼育人体系，全面落实立德树人的根本任务。

升旗仪式烙印青春底色

为充分发挥升旗仪式的德育功能，重庆一中寄宿学校挑选品学兼优的学生成立专门的国旗护卫队。国旗护卫队会在开学典礼、大型活动以及每周一早上的升旗仪式上担任升国旗与校旗的任务，发挥榜样作用，用实际行动护卫国旗，为学校争光，为国旗添彩。

升旗仪式最重要的环节就是“国旗下的讲话”，人无德不立，育人的根本在于立德。学校始终秉承立德树人的根本任务，以文化人、以德育人，为了不断提高学生的思想水平、政治觉悟、道德品质、文化素养。“一中师说”——重庆一中寄宿学校“立德树人”系列演讲活动精彩启动。我校利用每周升旗仪式的时间，结合时事和热点，组织教师进行主旨演讲，以教育引导学生培育和践行社会主义核心价值观，踏踏实实修好品德，培养具有中国情怀、国际视野的未来人才。

德育活动共振家国情怀

重庆一中寄宿学校将价值观引导作为学校德育工作的关键环节，以润物细无声的方式让学生深刻领悟德育工作中的价值观内容，自觉践行社会主义核心价值观，与家国共振。学校多次以“赓续红色基因，厚植家国情怀”为主题，举办“四二一精神”讲座，排练红色话剧节目，观看红色文化电影，参观红色革命遗迹等，充分运用多种红色基因传播载体，促进一中学生近距离感受红色奋斗历程，达成以史育人，培根铸魂的德育目标。

重庆一中寄宿学校的校史既是一部底蕴厚重的教育史，也是一部历史恢宏的革命史，重庆一中寄宿学校以“四二一精神”的理想信念教育资源，筑牢青年信仰之基。以“四二一精神”中的求真救国教育资源，坚定青年强国之志。以“四二一精神”中的革命精神教育资源，砥砺青年报国之行。以“四二一精神”中的人民立场教育资源，淬炼青年为民之魂。

习近平总书记强调：“抓好青少年学习教育，让红色基因、革命薪火代代传承。”重庆一中寄宿学校将“四二一精神”中蕴含的革命精神教育资源立德树人，从七名师生勇于斗争和敢于牺牲的革命精神中汲取营养，引导一中学子胸怀“国之大者”，从个人“小天地”走入社会“大舞台”，与家国同频，与时代共振，在以中国式现代化全面推进中华民族伟大复兴新征程中贡献一中学子的青春和智慧。

未来已来　教育何为？

重庆一中寄宿学校校长　王伟民

当前社会，是人工智能快速迭代升级的社会。ChatGPT、Sora……，每天的短视频推送让每一个教育工作者都压迫感满满，一边是错综复杂的教育现实，一边是始料未及的教育未来，未来已来，教育何为？时代之问深深地叩问着每一个教育工作者。

未来已来，我们不必惶恐。古希腊哲学家赫拉克利特说过“万物皆流，无物常驻”。哲学认为一切东西都在流动变化着，世界上唯一不变的就是变化本身。自人类诞生以来，教育经历了三次重大的革命。

第一次教育革命发生在农耕时代，教育形式从原始的家庭中的个别教育转向学校的个性化教育；第二次教育革命发生在工业时代，教育形式从个性化的农耕教育转向了班级授课的规模化教育；第三次教育革命悄然发生在如今的人工智能时代，以人工智能、机器学习、虚拟现实为主要内容的个别化教育正引发第三次教育革命。

人工智能的未来教育有怎样的特征呢？未来教育的发展趋势将更加明显地表现为开放化、个性化、智能化和多元化。开放化指的是我们的教育将有更加开放的环境，个性化指通过大数据定制化的学习，智能化是借助人工智能手段实现个性化服务，多元化则表现为教育内容、教育形式、教育方式的多样化。

未来已来，我们不必惶恐，党和政府已给我们指明了方向。

党的二十大报告指出：“我们要坚持教育优先发展……着力造就拔尖创新人才，聚天下英才而用之。”作为有高质量发展追求的重庆一中寄宿学校，有使命、有责任聚焦拔尖创新人才培养，探索面对未来教育的抓手和路径。基于拔尖创新人才的国际趋势和教育的规律，学校进行了如下的思考和践行：

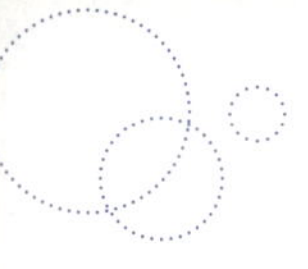

一、坚守和践行立德树人的根本任务

清华大学杨斌副校长表示：未来教育的第一要领是培养人的“器识”。器识就是一个人的信仰、格局、仁爱之心。联合国教科文组织关于未来教育的报告，也充分阐述了未来教育“学会共同生存”暨和谐、互爱、共容的普世价值观。

然而，我们目前的教育在这方面显然是相对缺失的。我们的教育在盲目追逐分数的目标下似乎迷失了教育的初心。

有一个真实的案例：某学校有一个学生上课迟到了，正在上课的英语老师就让他用英语解释迟到的缘由，这个学生很悲伤地说道：“My grandpa is died”。也就是“我的爷爷去世了”。这位“敬业”的老师并没有想办法安抚孩子悲痛的心情，第一反应竟然是帮他纠正语法错误，指出孩子“is died”是用错了，应该用“died”，并要求孩子再说一遍。这种情形说明，在老师看来正确地使用语法比安慰学生失去至亲更加重要。这个有点极端的反面案例其实在某种程度上折射我们目前的教育中确实存在相当普遍的教育误区，也就是太过注重知识的教授和成绩的提高，而忽略了对学生情感的呵护和品质的塑造。

重庆一中寄宿学校从立德树人的根本任务出发，从“爱己”“爱人”“爱国”的三层维度来涵养和树立学生的价值观。

首先是爱己：行己所爱，赤诚善良。

爱己指对做人准则、人生意义、道德信仰、价值观念、人格荣辱等方面的理解、信奉和践行。习近平总书记指出：“教育是一门‘仁而爱人’的事业，爱是教育的灵魂，没有爱就没有教育。好老师应该是仁师，没有爱心的人不可能成为好老师”。关爱每一位学生是重庆一中寄宿学校对教师的基本要求和教育教学的基础原则。作为一名人民教师，就应该以身作则、修身正己，仁者爱人、成己成人。在一言一行中传递“爱”的真谛，为学生树立做人、做事、做学问的榜样。

2024年3月，重庆一中寄宿学校“立德树人”系列之“国旗下的演讲”，三位老师的演讲主题不谋而合，紧紧围绕“爱自己”“看见自己”“成为自己”这一中心命题，引导每一个孩子悦纳自己，成为自己。

在2023年中考体育的考试现场，本是紧张严肃的中考，我们赋予它“我们的青春起步于重庆一中寄宿学校，我们的青春绽放在2023年的盛夏中考”的教育意义，2024年的中考体育，我们强化它“少年意气，答案就在脚下；青春美好，未来就在路上”的成长过程。中考体育考试，这一重要的历史时刻，我们更注重每一个孩子青春的蜕变和青春的美好，让孩子收获的不仅仅是分数，更是孩子们坚持热

忱和蜕变的青春故事。我们教育学生从点滴小事做起，坚信秉承爱己爱人的高尚品格，时刻保持一颗奋发向上、明礼崇德的进取仁爱之心。因为爱己爱人，不仅是一种文化信仰、一种生活方式，更是一种面向未来的社会责任和时代担当。

其次是爱人：仁者爱人，民胞物与

只爱己而不爱人，是一种低层次、狭隘的爱，只有做到爱人如己，才算有了爱人之德。我们希望我们的学生不是自私自我自利的一代，希望他们能有“穷则独善其身，达则兼善天下”格局和视野，能有悲悯天下和民胞物与的善良。

重庆一中寄宿学校的十五班的某位学生，他的父母在2020年时不幸发生意外，给这个正值初三的孩子带来了无尽的迷茫而痛苦。怎么帮助他？学校和班级做了三件事：第一，成立了班级的爱心基金，筹得善款，让这个孩子有资金完成从初中、高中到大学的学业；第二，学校给孩子找了专业的心理教师和心理医生，对孩子进行了多次心理辅导和安慰；第三，班主任和班委约定，每年的寒暑假都到孩子的家里，与孩子年迈的外婆一起团聚，分享成长过往。经过长达八年的牵挂和关爱，这个孩子已经长成自信阳光、开朗向上的时代少年。

学校每年都会开展“英语爱心义卖”活动，把爱送达西藏和青海。义卖有价，爱心无价。通过多次丰富的“英语爱心义卖”活动，培养出心中有爱、眼中有光的和美少年。我们希望全校师生都能把爱继续传递，心怀善意、温暖他人、造福社会、拥抱未来。

最后是爱国：同频时代，共振家国

爱国是中华传统文化的深层传承和新时代对中国少年的厚重造化。培养时代新人要坚持理论和实践相结合，学校把爱国植根在学生喜欢的活动中：阳春三月的樱花树下，学生用自己的理解演绎经典，厚植家国情怀，延续文化血脉。在2024年，已走过十七载的“静听花开的声音”，获得新华社和重庆日报的专题报道，不到一天就突破了108万的阅读量。

四月的“四二一”校庆、五月的“离队入团”仪式、六月的“1314的记忆”、九月的军训、十月的国庆壁报等，通过一系列充满仪式感又独具特色的德育活动，让学生能够获得切身的参与感和真实的体验感，沉浸式感受爱国主义教育的温度，增强爱国主义教育的亲和力和感染力。不忘初心，共振时代家国；牢记使命，同频复兴梦想。

未来教育不仅要坚守初心，更要营造自由的氛围。重庆一中寄宿学校立足于“立德树人”的根本任务，秉承“尊重自由，激发自觉”的办学理念，通过运动与健康、阅读与人文、科技与创新多维途径，培养具有中国情怀、国际视野的未来人才。

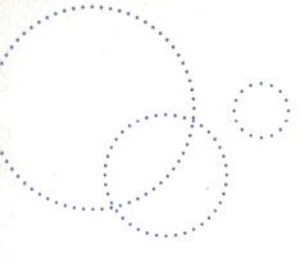

二、营造自由、包容、和谐的教育环境

西南大学教授罗生泉指出：拔尖创新人才创新思维的形成离不开相对自由的教育环境。我们要营造自由、包容、和谐的教育环境。

重庆一中寄宿学校粗壮的小叶榕有很多长得稍显凌乱、如胡须一样的气生根。学校曾讨论要不要把学校小叶榕的气生根剪掉，经过调研，全校师生的意见统一，都认为每条根对大树来说都至关重要。这就如同教育，每个孩子都很特别，我们的每一位学生都是长满无限可能的树，学校要努力创造他们自然生长的“场”，所以我们选择让其自由生长。

在“风华一中运动健康”——重庆一中寄宿学校第三十四届体育文化节暨春季田径运动会开幕式上，初一各班需要从主席台前走分列式方阵入场。初一 9 班恰有两位左右手分别受伤的“难兄难弟”。按理说，这两位孩子进入队伍可能会影响班级的评分，但我校可爱的 9 班班主任杨兵老师，带着不丢弃任何一个学生的带班理念，要求必须全员上场，完美打造了这一组扛班牌的“难兄难弟组合”。将两位学生作为领头人，护送班徽，行走在班级最前列，成为整个开幕式“最靓的仔”。

再看看一个运动场景：前面老师努力追逐着足球，后面学生欢快追逐着老师的步伐。

这是一位基础比较薄弱但踏实奋进、永不言弃的学生，而这种像我一样经常陪伴孩子一起打篮球、踢足球的老师在重庆一中寄宿学校里随处可见。因为有了爱的加持，和老师一起运动的快乐是要翻倍的，学生脸上的笑容清晰可见。老师和学生和谐相处，快乐运动，双向奔赴，互助成长。重庆一中寄宿学校明确提出“尊重自由，激发自觉”的办学理念，一切从学生自身发展需要出发，让进入校园的学生“能飞的飞，能跑的跑，能走的走，不能走的推上一把。”

三、构建个性化、多元化的课程体系

教育部部长怀进鹏指出：培养拔尖创新人才，学校开展全面多样选择的课程体系，通过实践的教育和培养，来更好激发学生的好奇心、想象力和探求欲。

课程是学校最重要的载体。有自由、和谐的环境，更需要构建个性化、多元化的课程体系。学校通过“三维途径”“三大课程”“三共教育”，构建指向学生核心素养发展的个性化、多元化的课程体系。

“三维途径”指的是“科技与创新”“阅读与人文”“运动与健康”。指向课程内容的丰富性。“三大课程”指的是分别由家长、学生和老师开发的三类课程，分别是家长开发的家长课程，学生自主选择、自行研究、自己形成报告的研究性课题和社团课程，教师开发的跨学科主题选修课程。“三大课程”指向课程开发的多元性。“三共教育”即共情、共育、共生，指向课程开发的深度性。

这些课程有一些共同的特质。第一个是兴趣与选择。我们的课程是根据学生的兴趣，由学生自由选择。例如我们的家长课程，一旦公布，瞬间就会被学生抢光，火爆至极。第二个是合作与探究，学校的课程是学生通过学习社群在合作中互助，在交流中不断地探究和成长。第三个特质是生成与共享。通过这些自由多元的课程，我们生成了丰硕的成果，培育出了优秀的人才。例如2023年，我们有6位毕业于重庆一中寄宿学校的学生获得6块奥赛金牌。

除了学生的成长，我们更收获了课程的共享与推广。中国教育报以“家长课程学生为何如此心仪”为题，对我们的家庭课程进行了专题的报道，广东、福建等地的教育部门纷纷前来交流与学习。

四、培育教师“面向未来”的核心素养

课程是学校最重要的平台，而实施课程的老师是未来教育的关键。未来已来，或许很多老师都充满着焦虑，但我认为每一个老师更应该有适应未来的使命感。如何培养老师面向未来的素养将变得至关重要。

首先，适应未来教育信息技术提升的素养。信息技术素养是教师应对信息化环境下的生活、学习和工作所必备的核心素养。教师的信息技术素养，直接决定了信息化与教育融合的“深度”和“广度”。大力提升教师信息技术素养已成为一中教育改革与发展的关键要素。为此，学校每个月都举办一期“书院沙龙”，我校“书院沙龙”的读书分享很多都是指向未来教育，比如“多元智能新视野”“一起重构我们的未来”“网络社会与教育变革”“用教育科学化开启未来教育的大门”等，在阅读中、在学习中提高我们老师的素养。

第二，面向未来教育数据分析的素养。在未来教育中将会从分数的评价过渡到以大数据为基础的过程评价。我们要善用大数据为我们的教学分析建构，构建属于大数据分析的教学建模。学校每年都会对寒暑假学生的居家学习情况进行逐一摸底和诊断，精准分析学情，区别不同年级、不同班级、不同学科的情况，有针对性地制定下学期的备课任务、考试安排、教学计划和德育活动，切实做好家

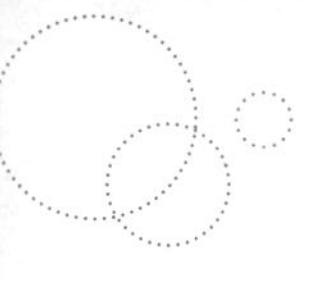

校协助与教育教学衔接。

第三，开启未来教育方式转变的素养。未来的教育、未来的课堂，我们要转换我们的教学方式，倡导开放性教育、体验性教育和艺术性的教育。我校的社团课程打破了班级和年级的界限，学生可在广阔的校园张扬个性、培养兴趣、拓展视野、书写青春。我校开展的美食烹饪、灯笼制作、盆栽种植、职业体验等特色劳动教育课程，将校内与校外、课内与课外、学科间与学科内的科学设置和资源统筹整合，逐步形成具有开放性、体验性、艺术性的特色劳动教育课程体系，从而提升一中学子担当使命拥抱未来的主动和自觉。

《大学》有云："大学之道，在明明德，在亲民，在止于至善。"近 100 年前，陶行知高呼："千教万教教人求真，千学万学学做真人。"如今，习近平总书记明确指出："培养社会主义建设者和接班人，是我们党的教育方针，是我国各级各类学校的共同使命。"未来已来，教育何为？教育不能像个网红，只为博取眼球和流量；教育不能图一阵热闹，轰轰烈烈却一无所获。教育是静悄悄的革命，于点滴处入心，于细微处育人。在新的时代，重庆一中寄宿学校一直保持着沉稳务实的态度，把心扎根在教育的本质上，努力用丰厚的精神底蕴和科学的育人方法，秉承扎根向阳、笔耕不辍的躬耕态度，明礼崇德、甘于奉献的仁爱情怀，胸怀家国、含弘广大的弘道追求，为每一个孩子的成长打下坚实的基础，培养具有中国情怀、国际视野的未来人才。

从容笃定　扎根向阳

——2024 年春季学期开学典礼致辞

时光流溢，华章日新。

生活如同一场漫漫征途，充满了风雨和阳光。在这个充满变数的旅途中，我们需要学会从容面对，笃定前行，就像一棵扎根向阳的植物，即便经历风雨，也能茁壮成长。

从容不迫，在保持定力中赢得主动

从容，是一种内心的深沉平静，是在波澜壮阔的生活海洋中保持冷静、沉着的态度和境界。生活中常常充满了各种挑战和困扰，面对这些起伏不定的波涛，我们需要像一叶扁舟一样从容地应对。

过去的一年里，全体重庆一中人在不确定的世界中积蓄自己确定的力量，向下扎根、向阳生长。

学校在五大学科竞赛中有 9 人入选国家集训队，入选人数位列全国第 8，其中有 3 人初中就读于重庆一中寄宿学校；斩获 18 枚国家级奥赛金牌，金牌总数位列全国第 11 位，其中有 6 人初中就读于重庆一中寄宿学校；有 6 名同学分别收到了牛津大学、剑桥大学的录取通知书；学校入选了北京大学博雅人才最高星级四星级共育基地、获评共青团中央小平科技创新实验室建设学校、全国科学教育实验校，被授权成为 IB 世界学校；有 34 位教师在市级以上各类赛事中获得一等奖；重庆一中学子在全国中学生田径锦标赛、中国高中篮球联赛中斩获多项大奖；学校老师同学们的身影闪耀在全国、全市各类赛事的舞台上……张元立老师荣获重庆市“最美科技志愿者”荣誉称号；徐佳丽老师荣获重庆市首届思政课程和课程思政大赛一等奖；罗晨老师、韩一嘉老师、苟瀚心老师先后荣获重庆青年教师优质课大赛一等奖；有三位老师的课被评为市级精品课。

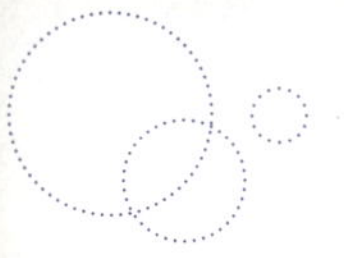

在这一年里，全体一中人昂扬进发，凭借永不动摇的信心与从容不迫的努力战胜重重困难，取得了突出的成绩。从容并非消极无为，而是一种积极应对的态度，是对自己能力的自信，对未知的勇敢面对。正如一位智者所言：“从容不迫，方显淡定。”在从容中，我们能更好地保持清醒的头脑，做出理智的选择，应对生活的百般变幻。

笃定目标，在追逐梦想中锚准航向

笃定，是一种对目标的坚定不移、不动摇的信念。在前行的道路上，我们常常会遇到各种判断与选择，唯有笃定目标，才能够在风雨中稳定航向。

甲辰龙年已至，龙年常被视为充满机遇与希望的年份，不管是国家的发展还是个人的奋斗，前进的道路未必都像“神龙入海”般开阔，也不能期待时时都能“鱼跃龙门”。当今世界，变化无常，存在各种各样纷繁复杂的信息，也充满各种各样诱惑和干扰，我们唯有笃定目标，葆有居安思危的警醒状态、坚如磐石的战略定力、勇于斗争的奋进姿态，才能保持气定神闲，做到心中有定力、脚下不停步。

从容笃定，扎根向阳，在面向未来中勇毅前行

从容笃定，扎根向阳，是一种乐观的生活态度，是一种积极向上的生命力量。培养内心的从容与笃定，保持对生活的热爱和对未来的信心；学会扎根向阳，悦纳生活中的不美好，用奋发向上的态度去面对困难和挑战。习近平总书记在春节团拜会上说，希望全国人民振奋龙马精神。新的一年，我们要以“龙”的远见，洞察大势，把握机遇，不为一时的困难所惑；同时也要有“马”的闯劲，奋蹄争先，沉稳务实，在漫漫征途中负重前行、千里奔驰。

老师们、同学们，人生路上，有一马平川的畅快，也有沟壑万千的曲折。甲辰龙年，让我们以“任凭风吹雨打，胜似闲庭信步”的从容笃定，振奋龙马精神，以龙腾虎跃、鱼跃龙门的干劲、闯劲，扎根向阳，奔赴山海。

唯有实干　才能行稳致远

——重庆一中寄宿学校 2022 年秋季学期开学典礼上的讲话

老师们、同学们：

大家好！告别了酷暑难耐的夏日，迎来了凉爽宜人的秋天，在欢声笑语中我们迎来了新的学期。

今年的暑假，对重庆人民来说是不平凡的，高温、干旱、山火、限电，都压不灭重庆人的斗志。在各个危难关头，医护人员、消防员、武警官兵、解放军、志愿者……挺身而出，来自各行各业、不同年龄的普通人，以大无畏的"英雄气"，牢牢地拧成了一股绳，齐心协力、共克时艰，用"豁"得出去的豪迈和"顶"得上来的担当，扑灭山火，筑起生命的防线，向世界展示了重庆人民独有的"爬坡上坎、向上而为"的城市精神。

"道固远，笃行可至；事虽巨，实干必成。"每一项事业，不论大小，都是靠脚踏实地、一点一滴干出来的。"唯有实干，才能行稳致远。"

新学期，我们又迎来了一批新同学，你们用自己的努力拼搏迈入了重庆一中寄宿学校，成为一名光荣的一中学子，进入了人生的新阶段。初二初三的同学们，你们也已踏上新的征程，对未来有了新的期待与憧憬。克雷洛夫说过："现实是此岸，理想是彼岸，中间隔着湍急的河流，行动则是架在河上的桥梁。"行动胜于空谈，实干才是最真的。一个人也好，一个国家也好，最可贵的就是心中有梦想，并且为实现梦想实干笃行。

希望同学们立鸿鹄志，做奋斗者——坚定实干的方向

心里有梦想，才能一路风雨兼程。同学们，在你们成长的过程中，立下的鸿鹄之志是进步和发展的根本动力。你们要永远相信梦想的力量，只要以梦想为圆心，以实干为半径，持之以恒、矢志不渝，就一定会辐射更广阔的天地。

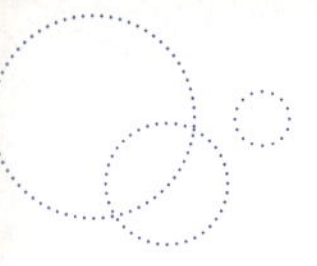

希望同学们苦练本领，增长才干——筑牢实干的底气

千淘万漉虽辛苦，吹尽黄沙始到金。学习不是一朝一夕的事情，我们要不断苦练本领，增长学识。天上不会掉馅饼，努力奋斗才能梦想成真。同学们，希望你们以榜样为镜，向标杆看齐，多一些踏实肯干，多在“里子”上下苦功，在今后的学习生活中不断锤炼过硬本领，增强实干的底气。

希望同学们勇于担当，甘于奉献——彰显实干的价值

实干是成就事业、彰显价值的必由之路。8 月的重庆，高温持续，山火频发令人揪心。但在这些风险挑战面前，学校的师生积极投入一线，争当抵抗风险挑战的排头兵。我们可以永远相信，一中师生在任何艰难险阻面前都可以成为先锋战士，都能够用自己的实干彰显一中人的初心使命和责任担当。作为新时代青年，我们理应勇于担当、甘于奉献、追求进步，用自身行动让青年在这个时代更加夺目闪耀。

同学们！浩渺行无极，扬帆但信风。希望你们珍惜广阔的人生际遇，做起而行之的行动派，把实干作为青春的靓丽底色，在火热的青春中放飞人生梦想，在实干的青春中成就人生华章，在今后的人生道路上走得更稳更远。

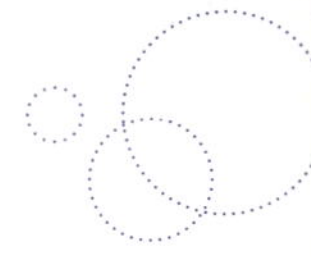

在不确定的世界中积蓄自己确定的力量

——2023 年“青春乐章焕新而至”春季开学典礼上的讲话

古希腊哲学家赫拉克利特认为：万物皆流，无物常驻。哲学认为一切东西都在流动变化着，世界上唯一不变的就是变化本身。同学们，当今时代风云变幻，百年未有之大变局，给全球发展增添了不确定性与复杂性，深刻影响着人类文明进程。无论是否愿意，我们都无可避免地处在了巨大的不确定性中。

在纷繁复杂多变的世界里，我们每个人都在为不确定的未来而努力拼搏。唯有不断提升积蓄自己的力量，在不确定性中寻找确定性，才能拥抱风云激荡的新时代。

希望同学们以静制动，保持从容的定力。

变动的是环境，不变的是心境；变动的是外界，不变的是自己。人的力量源自内心。面对未来，“以静制动”，不仅是人生的智慧与策略，也是我们应对不确定的世界当有的定力。善于理性思维，学会管理情绪，才有能力面对每一次考试、迎接每一次挑战，做好确定的自己。内心若是秩序井然，即便风波四起，你也能拥有“万水千山只等闲”的从容和气度。

希望同学们学会战略舍弃，瞄准确定的方向。

在一个充满不确定性的环境中，重要的不是我们要做什么，而是不做什么。现代社会，存在各种各样纷繁复杂的信息，也充满各种各样的诱惑和干扰，需要同学们有战略舍弃的智慧和能力，排除那些无用的、无聊的、无价值的东西，实现高度的专注，投入更接近本质的思考与活动中去。今年六月，初三的同学们即将迎来中考的重要挑战。希望大家坚定“无限风景在险峰”的信念，以愚公移山的志气、滴水穿石的毅力，全力以赴，把宏伟目标变为美好现实。

希望同学们跬步致远，赢得不确定的未来。在永恒的不确定中，需要紧紧抓住自我努力这个支点。任凭波翻浪涌，我自奋楫前行。

在过去的 2022 年，老师们坚守岗位，勤于钻研，硕果累累。我校沈清敏老师

被聘为全国名师工作室联盟常务理事，罗晨、黄林彬、苟瀚心老师获国家级教学类大赛一等奖，王伟民、杨乔屹、应琪、罗清月、冉磊、王海霞、黄元艾、高三丰、蔡欣君、张元立、杨盼盼、王爱霞等十余位老师荣获市区级荣誉，他们以高尚的师德、扎实的专业领航全校教师躬耕杏坛，谱写华章。

在过去的一年，我校学子面对困难从容笃定、乐观积极。我校足球队员，奋力拼搏，成功晋级中国青少年足球联赛全国总决赛；我校刘怿邈、赵力洁同学奋发有为，荣获重庆市“红领巾奖章”个人四星章。他们作为一中学子的优秀代表，生动地诠释着我校学生青春激昂、不负华年的奋发精神。

同学们，改变的是学习方式和环境，不变的是学习热情。同学们的成长与进步蕴藏在课堂的学习中、书本的阅读中、课外实践的活动中、运动场的跑道中；学校的发展也是如此，我们期待已久的提档升级即将拉开帷幕，希望同学们在焕新而至的全新校园谱写属于自己的青春乐章。“不积跬步，无以至千里。”

“时代各有不同，青春一脉相承。”同学们，时代纵然有太多的不确定，但可以确定的是，保持定力的从容不迫，坚定目标的踔厉奋发，砥砺前行的跬步致远，会让你们始终与祖国同频、与时代共振。新学期，新起点，新气象，新奋进，让我们一起在不确定的世界中，积蓄自己确定的力量，不负年华，不负时代！

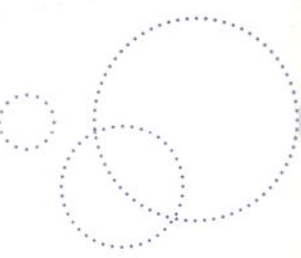

新学期让我们汇聚进步的力量

——在 2022 年春季开学典礼上的讲话

岁序常易，华章日新。

新春伊始，重庆一中寄宿学校的校园又因师生们的回归而变得生机勃勃、朝气蓬发。今天，学校全体师生带着新春的期望和憧憬，相聚在这里，隆重举行开学典礼，共同迎接新学期的到来。

在中国传统文化中，虎是百兽之王，是力量、勇敢、无畏的象征。虎，有雄视天下的气度和胸怀，更有战胜一切艰难险阻的勇气和力量。

“天下之势不盛则衰，天下之治不进则退。”事物总是不断向前发展的，我们要在历史前进的逻辑中前进、在时代进步的潮流中进步。

进步，不是一个固定的结果，而是一个增量的进程；不是一个凝固的目标，而是一个动态的趋势；不是不可能实现的梦想，而是一种每个人都可以实现的信念。进步，不只是单一的结果，而是经过量的汇集，“始于微而终于著，始于细而终于巨”，最终实现伟大的成就。

壬寅虎年，让我们如虎添翼，虎虎生威，撸起袖子加油干，风雨无阻向前进。

新学期，让我们汇聚进步的力量，时时有进步。

2 月 6 日，女足亚洲杯决赛，中国女足对战韩国队，在上半场就连丢两球的极其不利局面下，下半场仅仅用了 5 分钟就打进两球，扳平比分，最后在伤停补时阶段，中国女足再次攻入一球，绝杀对手夺冠。胜利来之不易，过程荡气回肠。不屈不挠、稳扎稳打，不到最后，绝不放弃，这就是中国女足的精神。

时时有进步，强调的是每一时、每一刻，每一分、每一秒都要有向前的勇气和力量。时时有进步，听起来好像没有冲天的气魄，没有轰动的声势，但正如程颐在《伊川易传》中所言：“自强不息，才德日进日新而积于中，辉光必发于外。”时时都能努力，险而不废其进，安而不废其进，则时有所进，日有所长，月有所变，最终凌绝顶而光芒万丈。

新学期，让我们汇聚进步的力量，处处有进步。

过去的农历辛丑牛年，是我们学习党史、回顾既往的一年，也是我们办好校庆、继往开来的一年。这一年，我们一中人发扬孺子牛、拓荒牛、老黄牛精神，初心不改、砥砺奋进。

一年来，一中学子埋首书斋，攻坚克难者有之，14 名学生，在全国中学生五大学科奥林匹克竞赛决赛中摘金夺银；络樱楼的琅琅书声，折桂楼的安静自习，含弘楼的认真笔记，都在为花样的年华书写求知求真的青春诗篇。

胜不骄败不馁，沉心静气者有之。学校体育健儿在重庆市第六届运动会上，稳扎稳打，屡创佳绩，取得 31 金 12 银 11 铜的骄人成绩；田径场的奋勇争先，篮球赛的默契配合，投掷铅球的完美曲线，立定跳远的腾空跃起，都在彰显着一中人追求卓越、永不言弃的拼搏精神。

指点江山、昂扬自信者有之，高2023届刘晏如同学在第六届“学宪法　讲宪法”全国总决赛中荣获冠军，重庆一中寄宿学校初 2023 届 8 班罗紫轩同学在“中华魂”主题教育读书活动演讲比赛中荣获特等奖，初 2023 届 9 班潘籽言同学在纪念中国共产党成立 100 周年演讲比赛中荣获一等奖。

多才多艺、全面发展者有之，艺术团在重庆市第九届中小学生艺术展演活动中获得五个一等奖。

为人师表，身正为范者有之，重庆一中寄宿学校罗晨老师荣获重庆市第八届中学语文中青年教师优质课大赛一等奖，黄林彬老师、侯云天老师分别荣获重庆市体育与健康优质课大赛一等奖，王涛老师荣获重庆市公共安全教育优质课竞赛一等奖，王海霞老师荣获重庆市第二届优秀班会课评选一等奖，吴瑞云老师荣获中小学班主任基本功评选活动一等奖，黄辉平老师荣获 2021 年重庆市优秀少先队辅导员，蔡欣君老师、况美玲老师分别荣获重庆一中第 31 届教师优质课大赛特等奖。重庆一中寄宿学校落实“双减”政策，打造高效课堂，赓续百年初心，担当育人使命。

2022 年，处处有进步，强调的不仅仅是学习，而是在德智体美劳、生活、做人等各个方面都要有进步。新学年，我们追求的进步，不仅有分数和升学，更要有丰盈的灵魂和坚定的价值追求；我们关注的重点，不仅是知识和技能堆叠的厚度，更是体质、意志、品质和涵养的高度。

重庆一中寄宿学校提档升级的宏伟蓝图徐徐拉开，目前我们的田径赛道焕然一新，接下来我们将对校园的硬件设施进行全方位的升级改造，也希望同学们提出宝贵意见，推动学校各个方面的进步，把学校办成师生喜爱的家园。

苏轼诗云：“欲结千年实，先催二月花。”我们在 2 月的校园，不仅要种下

学习的种子，还要在学校百花园中种下各色的花卉。新学年，师生共看校园“次第芳菲八百家，几方斗艳弄奇葩”，岂不美哉？

新学期，让我们汇聚进步的力量，人人有进步。

“平凡铸就伟大，英雄来自人民。每个人都了不起！”重庆一中寄宿学校始终高扬“明礼崇德，求知求真”的校训，坚守“尊重自由，激发自觉”的理念，培养自觉之人、有德之才。学校努力创造成长的机缘，让进入校园的学生能飞的飞，能跑的跑，能走的走，不能走的推上一把。

人人有进步，学校要照顾和关注每一位学生，使每一个学生都有进步的可能，都有进步的空间。此时此刻，数以千计的一中师生，正在这一方钟灵毓秀的校园内，始终坚定理想的方向，静静积蓄属于自己的微光。征途漫漫，惟有奋斗。

正如涓涓细流汇成大海，点点星光照亮银河，只要我们抱定了时时有进步、处处有进步、人人有进步的信念，将每时、每处、每个人的进步，汇聚成为庞大的力量，就可以不断携手前进，走向更高的成功。

壬寅虎年，让我们以虎虎生威的雄风、生龙活虎的干劲、气吞万里如虎的精神，汇聚进步的力量，一起向未来！

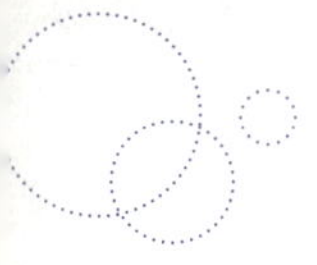

十五而志　笃定前行

——重庆一中寄宿学校初 2024 届百日誓师大会

在这个花压枝头，桃李芬芳的灿烂季节，我们相聚叠翠山下，共同奏响拥抱时代、圆梦未来的青春凯歌。在此，我向所有正值十五岁的青春少年送上诚挚的祝福和成长的期待。

首先，十五而志，笃定青春方向，青山一道同云雨。

同学们，生逢盛世当不负盛世，生逢其时当奋斗其时。当今世界，青年人的成长注定了与一场又一场的考试和比赛联系在一起，中考便是一次凭自己的实力说话的机会，真正的强者从来都不像局外人那样满腹牢骚、指手画脚，对于既定的竞争规则，他们的选择永远是勇敢地冲锋！拿破仑说过：在我的词典里没有不可能。这是强者的风范，是自信而不自负、自豪而不自大的从容气度。请同学们笃定前行的方向，勇敢地接受中考的挑战！

倒计时 100 天，这是新的起点。希望同学们怀抱对未来的坚定信心，共济同舟，勠力同心，青山一道同云雨。在和中考的同向而行中，实现个人与时代的双向奔赴，用热血青春共振时代家国，书写无悔人生。

其次，十五而志，扎根叠翠山前，咬定青山不放松。

岁月流进江河，时间见证成长。重庆一中，这个古老而年轻，厚重亦亲切的学校，在你的青春岁月里，与你并肩同行！一中人有“明礼崇德，求知求真”的品质，一中人有诚朴善良、励学敦行的胸怀。凌云少年志，百日铸华章。对于初三学子来说，学习之路漫长而又短暂——漫长到已历尽九个春秋，短暂到距中考只剩百个昼夜。

希望同学们在最后的一百天中，跬步致远、扎根向阳，咬定青山，笃定前行。所有的汗水定将在这 100 天里破茧成蝶，涅槃重生！

最后，十五而志，凝聚青春力量，会当水击三千里。

《周易》有云“天行健，君子以自强不息”，寓意君子应像天空稳健运转、日升月恒、周而复始一样，格物致知、奋发图强、日新不怠、进步不止。同学们，

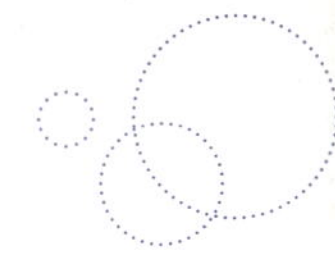

愿你拥有最为波澜壮阔的青春！会当水击三千里，自强不息，崇德求真。希望你们始终坚持追求真理，把学习作为一种基本的生活方式，探索未知的世界，追求人生的本真。

江山如有待，天地更无私，江山广阔，安纳万家灯火；点点繁星，照亮复兴征程。我相信，你们一定会传承好“爱国奋斗团结奉献”的“四二一”精神，凝聚青春力量，将个人前途与国家命运同频共振，昂首迈过雄关漫道，挺膺担当，大展宏图。

青春的一中少年，请你们抖擞精神，携九年锋芒，战百日时光，担负继往开来的使命；我亲爱的同学们，展开你们的双翅，乘六月长风，破万里巨浪，百舸争流，挥斥方遒！

十五而志，笃定前行。在奋进百日圆梦中考的青春誓言和实现中国梦的生动实践中放飞青春梦想，书写生命华章！

第三篇章：

德育在行动

重庆一中寄宿学校落实“立德树人”，践行“五育并举”。赓续红色基因，传承中华文脉，通过“阅读与人文”“运动与健康”“科技与创新”等多维途径，构建“校园八季”的德育体系。本篇章以校园四季花朵为框架，全面介绍学校的德育实践。折桂是秋实，综述深耕沃土的德育情怀；络樱是春华，描述静听花开的德育名片；采莲是夏花，讲述盛夏光年的德育故事；寻梅是冬藏，陈述青春向阳的德育案例。培根铸魂，启智润心，致力于培养具有中国情怀、国际视野的未来人才。

赓续红色基因　传承中华文脉

——重庆一中寄宿学校特色德育活动的理论与实践

张　杰　韩一嘉

百年大计，教育为本。习近平总书记强调："我们要建设的教育强国，是中国特色社会主义教育强国，必须以坚持党对教育事业的全面领导为根本保证，以立德树人为根本任务，以为党育人、为国育才为根本目标，以服务中华民族伟大复兴为重要使命，以教育理念、体系、制度、内容、方法、治理现代化为基本路径，以支撑引领中国式现代化为核心功能，最终是办好人民满意的教育。"在当今社会，随着全球化进程的加速和多元文化的交融，德育教育成为教育领域的重要议题。如何培养具有高尚道德情操、强烈社会责任感和深厚文化底蕴的未来人才，成为每所学校面临的重大挑战、重要议题。重庆一中寄宿学校作为一所历史悠久、文化底蕴深厚的名校，在德育教育方面积极探索、勇于创新，形成了以"赓续红色基因，传承中华文脉"为主题，以"涵养进取品格，厚植家国情怀"为目的，独具特色的德育活动。本文将从理论与实践两个维度，深入探讨重庆一中寄宿学校特色德育活动的内涵、实施路径及成效。

一、德育特色活动的背景与意义

教育是立国之本、强国之基。党的二十大进一步强调："全面贯彻党的教育方针，落实立德树人根本任务。"要把思想政治工作紧紧抓在手上，深入开展社会主义核心价值观教育，抓好学生德育工作，把弘扬革命传统、传承红色基因深刻融入学校教育，厚植爱党、爱国、爱人民、爱社会主义的情感，努力培养德智体美劳全面发展的社会主义建设者和接班人。重庆一中寄宿学校全面落实立德树人的根本任务，秉承"明礼崇德，求知求真"的校训和"尊重自由，激发自觉"的办学理念，通过"阅读与人文""运动与健康""科技与创新"等多维途径，致力于培养具有中国情怀、国际视野的未来人才，培养德智体美劳全面发展的社会主义

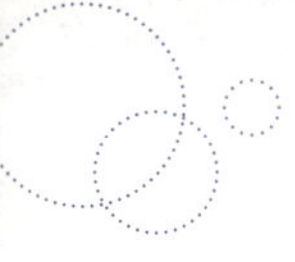

建设者和接班人。在当前社会背景下，随着文化多元性、传媒多样化以及经济原则对社会生活的侵蚀，德育工作面临着前所未有的挑战。学校认识到，激发学生的道德自觉，涵养进取品格，厚植家国情怀，必须植根于中华民族灿烂厚重的历史文化，弘扬光荣的“四二一”精神，赓续红色基因，创新德育模式，通过丰富多彩的德育活动，引导学生从内心深处认同和践行社会主义核心价值观。

二、德育特色活动的理论基础与德育指引

重庆一中寄宿学校德育特色活动的理论基础深厚而广泛，主要包括以下几个方面。

（一）党的革命精神谱系

重庆是一块英雄的土地，有着光荣的革命传统。解放战争时期，众多被关押在渣滓洞、白公馆的中国共产党人，经受住种种酷刑折磨，不折不挠、宁死不屈，为中国人民解放事业献出了宝贵生命，凝结成“红岩精神”。崇高思想境界、坚定理想信念、巨大人格力量、浩然革命正气的红岩精神是重庆的精神地标。解放战争后期，被集中关押在渣滓洞、白公馆监狱的重庆一中七名师生和许晓轩、江竹筠等革命志士，为人民解放事业献出了宝贵生命，他们坚如磐石的理想信念、纯洁清白的政治本色、百折不挠的浩然正气、丹心向阳的赤子情怀铸就了千古流芳的红岩精神。

（二）源远流长中华文脉

《大学》中的“八目”、易经中的“君子之道”、孔孟之道的“仁爱”思想、墨翟的“兼爱”情怀、老庄的“天人合一”哲学等中国传统文化精髓。这些博大精深的中华文化思想为学校的德育工作提供了丰富的思想资源和广阔的视野。中华优秀传统文化源远流长、博大精深，是中华文明的智慧结晶，蕴含着十分丰富的德育思想、德育理念、德育方法，至今仍然熠熠生辉，为学校的德育工作提供宝贵的借鉴。其中，“仁”是中国德育的基本精神。从“一日克己复礼，天下归仁焉”“刚毅木讷近仁”“能行五者（恭、宽、信、敏、惠）于天下，为仁矣”“仁者爱人”的道德规范，到“吾庐独破受冻死亦足”“不破楼兰终不还”“铁马冰河入梦来”“留取丹心照汗青”“苟利国家生死以”的家国情怀，都是中华优秀传统文化的思想精华和文化根脉，更是德育的理论基础。

（三）德智体美劳“五育”融合

党的二十大报告指出：“全面贯彻党的教育方针，落实立德树人根本任务，

培养德智体美劳全面发展的社会主义建设者和接班人。”“五育融合”是以整体性、多样性和科学性为特点的基础教育新理念，是着眼于教育可持续发展的基础教育新实践。重庆一中寄宿学校通过特色社团活动、特色综合实践、特色家长课堂、特色德育活动、特色人文选修课等学习成长资源和平台，使德育、智育、体育、美育和劳动教育“五育”相互结合、相互渗透，构建重庆一中寄宿学校完整的德育体系。

重庆一中寄宿学校深刻认识推进“五育”融合式德育活动的可行性。一是延时服务为“五育”融合提供了良好条件。通过开展德智体美劳“五育”融合融通的课程或活动，涵养进取品格，厚植家国情怀。二是家校社的协同为“五育”融合提供了社会资源。家校社的通力协作为推进“五育”融合提供了现实基础和力量源泉。三是德育的开放性为“五育”融合提供了师资保障。社团活动课、人文选修课、综合实践课等都是以综合课程活动和跨学科课程活动为主，重庆一中寄宿学校积极发挥一线教师的主观能动性，吸纳退休教师、文化名人、学生家长、实习大学生等社会力量积极参与，为推进“五育”融合提供充满活力的师资队伍。四是跨学科学习为“五育”融合提供了德育路径。重庆一中寄宿学校严格执行“双减”政策，秉承“尊重自由，激发自觉”的办学理念。引导学生将语文素养、数学概念、英语视野、历史储备、思政体系、物理知识、化学实验、音乐素养、体育精神等充分融合，开展跨学科兴趣小组，探究跨学科学习课题，开展跨学科社团活动等，这与“五育”融合的理念一脉相承。

学校坚持人的全面发展观，认为德育、智育、体育、美育、劳育是相互联系、相互促进的有机整体。在德育工作中，学校注重“德智体美劳”五育并举。培养学生的道德认知、道德情感、道德意志和道德行为，努力促进学生德智体美劳全面发展。

（四）知行合一德育原则

学校强调知与行的统一，认为德育不仅仅是知识的传授，更是行为的引导和实践的磨砺。因此，学校通过丰富多彩的德育活动，引导学生将道德认知转化为道德行为，实现德育的内化和外化。学校将《中小学德育工作指南》提出的理想信念、社会主义核心价值观、中华优秀传统文化、生态文明、心理健康五大方面的德育内容与德育课程构建互为统一，形成以“赓续红色基因，传承中华文脉”为主题，以“涵养进取品格，厚植家国情怀”为目的的德育体系，有效保证了德育工作的明确方向。每周一次的“国旗下讲话”，涵盖革命传统教育、文明礼仪宣讲、行为习惯养成等内容。

每周二和周三的社团活动，开发了民族舞蹈、传统体育、象棋、美食、影视、绘画、戏曲、书法、蜡染、武术等30余个门类的社团课程，为德育建设创造了无限可能。

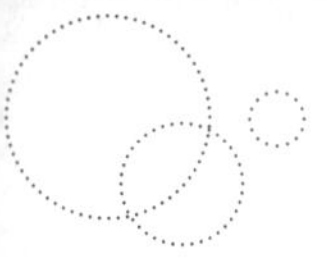

如生命科技社团带领学生们走进自然，武术社团渗透武学门派渊源、礼仪礼节等传统文化，阳光心理社团有专业的心理教师和完善的心理咨询室，制作宣传海报、开展心理健康活动、普及心理健康知识等，使德育更加生动鲜活。育人为本，德育为先。重庆一中寄宿学校已经形成丰富完善、立体常态的德育体系，形成全员育人、全程育人、全方位育人的德育格局，让每一名学生都能格物致知，知行合一。

在以上德育理论的引领之下，重庆一中寄宿学校通过“阅读与人文”“运动与健康”“科技与创新”等多维途径，开展三个方面的具体工作：

第一，明礼崇德，坚持立德树人的根本任务。

习近平总书记教导我们：“礼仪是宣示价值观、教化人民的有效方式。”“要坚持把立德树人作为中心环节，实现全程育人，全方位育人。”学校秉承“明礼崇德，求知求真”的校训，始终将“立德树人”作为我们的根本任务。

学校每次的集会活动有六个重要的要素：满满的仪式感、浓浓的参与感、突出爱国主义主题、激动人心、出人意料和限时30分钟。

在“弘扬红岩精神，蓬勃青春力量”的第三十二届体育文化节开幕式上，学校的入场式别具一格。通过百年来的重大时间节点、重大历史事件和重要时代标语，全方位展现中国共产党的辉煌历程。每个班级的方阵，都借助历史物象，从1921年至今，呈现出不同的时代特征。赓续“四二一”精神，厚植家国情怀。

学校的活动环节也都是充分为学生设计的。在“少年有梦，强国有我”国防教育素质拓展活动中，学校策划了“重走长征路”的板块，全场师生齐颂“长征”，气势恢宏，震撼人心。在“凝聚力量，扎根向阳”誓师大会上，学生代表领诵的原创诗歌《叠翠山下》，上千师生一起呼号，同频家国，共振时代。在“青春乐章，焕新而至”的开学典礼上，教师、学生和家长代表合唱的《如愿》更是引起全场的共鸣。全校师生一起放飞过梦想的纸飞机，也舞动过青春的红旗，跳跃过欢快的韵律操，也追逐过快乐的足球。形式是学生参与，内核是厚植家国。

第二，求知求真，秉承激发自觉的教育理念。

学校持续推动“双减”落地，让教育回归本真。

每年五月，我们都会组织“1314的记忆”大型文艺晚会，用青春的节目记录青春的故事，定格青春的美好。我校组织了“小篮球·大作为”班级篮球联赛，强化班级的集体认同，开展“小室界·大格局”寝室美化大赛，培养良好的修身习惯。策划六一儿童节快乐游园，追忆欢乐的多彩童年。点亮德育之灯，照亮成长之路。

求知求真，还要尊重学生的兴趣和爱好。我们根据学生的爱好和特长，组建

了羽毛球社、棋艺社、书法社、摄影社、文学社等学生社团。丰富多彩的社团活动，是学校最为亮丽的风景。老师们悉心指导，孩子们热情高涨，通过社团，学生拓展了眼界，培养了兴趣，提升了素养，诗意了校园。用热爱和青春编织出了一段美好的校园回忆。

第三，尊重自由，培养中国情怀的未来人才。

樱花盛开的季节，我们会组织“静听花开的声音”诗歌朗诵活动，用诗意的语言和唯美的画面记录青春最美的模样。一首首诗歌渗透着学子对学校的一往情深，一张张灿烂的笑脸记录着如花美眷的似水流年。学校的校本教材《诗意的韵脚》，以时间为线索，将不同时代的优美诗歌的经典韵文编辑成册，传承诗歌文脉，深受孩子们的喜爱。

教育的最大价值在于促进学生的全面发展，五月端午，学校开展“把艾带回家”端午节实践活动，举办了香囊、编五彩绳、做艾草花束等一系列动手项目。八月中秋，学校除了品月饼、诵诗歌，还教学生制作花灯。以此渗透劳动教育，激发劳动自觉，培养劳动能力，传承民族风俗，增强文化自信。

三、德育特色活动的实践探索

（一）课程体系建设：以文化人，内在自省

重庆一中寄宿学校精心设计激发学生道德自觉的德育课程体系。课程体系包括思政引领课程、阳光心理课程、德育班会课程等。

思政引领课程是德育的核心课程。

思政引领课程包括思政课程和课程思政两个板块。思政课程通过系统学习马克思主义世界观、价值观等内容，引导学生树立正确的世界观、人生观和价值观。结合时事热点和社会现象，开展专题讨论和案例分析，增强学生的社会责任感和使命感。课程思政是学校的实践探索。重庆一中寄宿学校充分挖掘各学科的德育资源，包括语文、数学、物理、化学、历史、生物、地理、音乐、英语、美术、体育等，将德育融入学科教学中。例如，在语文课程中融入中华优秀传统文化教育，在历史课程中引导学生认识历史发展规律和国家命运兴衰，在地理课程中培养学生的环保意识和可持续发展观念等。

阳光心理课程是德育的特色课程。

学校高度重视学生的心理健康教育。通过开设心理健康课程、举办心理健康讲座，举办“525 心理健康节”活动等方式，引导学生正确认识和面对自己的情感和

心理问题。同时，学校还建立了完善的心理咨询体系，为学生提供个性化的心理咨询和辅导服务。价值引领个体体验，从而实现以行为规范为目标，致力培养合格的毕业生的习惯养成；以陶冶情操为目标，致力培养成熟的毕业生的发展教育，以健全人格为目标，致力培养优秀的毕业生的理想教育。

德育班会课程是德育的激发课程。

从“知”“情”“意”“行”多方面激发学生的道德自觉。以2024年春季为例，第一阶段为“主动适应”，包括“开学适应”“融入集体”“情绪管理”三个主题，帮助学生在新学期寻找新的自我定位，树立不断超越的信心。引导学生善于与同学、老师相处，和班级同学、老师一起营造温暖和谐的集体氛围和积极向上的班级风气。

第二阶段为“热爱生命”，包括“悦纳自我”“健康生活”“珍爱生命”三个主题和“节日清明”特色班会及社会实践活动，引导学生从多维度认识自我，悦纳自我，超越自我，培养健康的生活情趣，保持乐观的心态，探寻生命的意义与人生价值。

第三阶段为“积极交往”，开展以“宽容”“合作”“信任”为主题的班会，培养学生宽以待人的气度、团队协作的能力、肝胆相照的信任。

第四阶段为“磨练意志”，开展以“我爱劳动节”为主题的特色班会和社会实践活动，紧抓“自律”“挫折”“乐观”等关键词，引导学生掌握自律的方法、应对挫折的态度，养成乐观的心态。

第五阶段为“乐于学习”，通过“会学”“善学”“乐学”四堂班会课，缓解学习、考试带来的压力；挖掘并体验自己在学习中体验到的乐趣和信心，增强对学习的自我效能感。

学校通过以上三种德育课程，具体从“理念引领”“价值体认”“躬身力行”三重途径激发学生的道德自觉。

理念引领是德育的基础。

理念引领体现在对伟大祖国的热爱、对规章制度的敬畏、对传统文化的认同、对科学真理的追求。引领学生维护民族尊严，承担社会责任。全面落实立德树人根本任务，培养有理想、有本领、有担当的时代新人。在德育工作中，理念引领就是要坚持以政治思想为引领、以健康成长为目标、以道德品质为根基。深刻领会“一切为了学生，为了学生的一切”的丰富内涵。学校精心设计了高质量德育活动，把“弘扬传统文化、赓续红色基因”深刻融入德育课程体系，厚植爱党、爱国、爱民的博大情怀，培养德智体美劳全面发展的社会主义建设者和接班人。

价值体认是德育的目的。

习近平总书记强调，“让社会主义核心价值观的种子在少年儿童心中生根发芽、真正培育起来”，并对青少年培育和践行社会主义核心价值观提出“记住要求、心有榜样、从小做起、接受帮助”的明确要求。学校在德育实践过程中将社会主义核心价值观的基本内容转化为具体、形象、可观的德育课程和育人举措，促使学生养成良好习惯、行为规范和精神品格。把价值体认深植学生心中，为培养德智体美劳全面发展的社会主义建设者和接班人夯实根基。

躬身力行是德育的成效。

躬身力行源自朱熹的《朱熹集·答程正思》，“致知力行，论其先后，固当以致知为先；然论其轻重，则当以力行为重。”躬身力行强调在人才培养中，社会实践的重要性和服务社会、成就人生的价值追求。“为者常成，行者常至”“路虽远行则将至，事虽难做则必成”。实现中华民族伟大复兴，需要一代又一代人接续奋斗。重庆一中寄宿学校提倡的躬身力行，就是引导学生扛起时代的使命担当，在学与做、知与行的统一中开拓进取、笃行不怠，用持之以恒的努力拥抱辉煌的时代，不断书写新的青春篇章。

重庆一中寄宿学校秉承“尊重自由，激发自觉”的办学理念。积极构建激发道德自觉的德育课程体系。通过“理念引领”“价值体认”“躬身力行”的三重途径，旨在引领学生“自主行动”“自省认同”“自我认知”。

中华文化是行为自主的人文根基。

中华文化蕴含的“先天下之忧而忧”“达则兼济天下”的使命担当，“一片丹心向阳开”“不破楼兰终不还”的报国情怀，“富贵不能淫，贫贱不能移，威武不能屈”的浩然正气，“留取丹心照汗青”“鞠躬尽瘁，死而后已”的奉献精神等，作为最深层的文化脉动，激扬起中华民族自信自强的精神力量和文化自信，是实现行为上自主的人文根基和深厚沃土。

红色基因是自省认同的力量源泉。

自省是中华传统文化中的精华，不管在什么时代都具有永恒的历史意义。仰望历史星空，家国情怀熠熠生辉；跨越“四二一”广场，家国情怀绵绵不断。作为一中人，重庆一中寄宿学校有着深厚的红色文化底蕴。学校依托红色资源优势，开辟“红岩思政课堂”，充分挖掘红色基因的德育意义，引导一中学子“扣好人生第一粒扣子”。提倡自省，要求每个人重视自身行为，不为外界事物所蛊惑，经得起外在诱惑的考验，保持对自主行为的清醒认知。倡导“自省认同”，形式上是对行为的自我反省，实质上体现的是对行为的一种敬畏。

同频时代自我认知的青春底色。

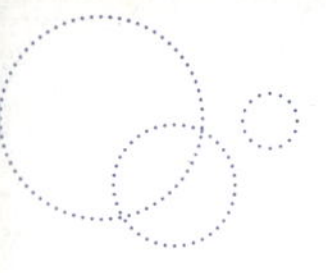

“我国广大青年要坚定理想信念，培育高尚品格，练就过硬本领，勇于创新创造，矢志艰苦奋斗，同亿万人民一道，在矢志奋斗中谱写新时代的青春之歌。”在总书记心中，踔厉奋发，共振时代是青春最鲜艳的底色。重庆一中引导学生认知自我，拥抱时代，不负韶华，不负人民，以奋斗姿态激扬青春、实现人生梦想，复兴民族梦想。

（二）多元活动系统提升：以活动为载体，丰富育人手段

重庆一中寄宿学校开展丰富多彩的德育活动，通过年级目标养成、三维育人途重庆一中寄宿学校开展丰富多彩的德育活动，通过年级目标养成、三维育人途径、“校园八季”体系、心理嘉年华等形式，聚焦德育目标，提升学生道德自觉。

年级目标养成：学校根据不同年级学生的身心特点和成长需求，制定了不同的德育目标。例如，初一年级注重培养学生的良好习惯；初二年级引导学生迈好青春第一步；初三年级是“十五而志”，扬起理想的风帆；即将开设的高中部，重点铸炼学生的社会主义核心价值观，学会自立自强担当责任，成为国家的栋梁。通过分阶段、有步骤地实施德育目标，学校有效促进了学生的全面发展。

三维育人途径：重庆一中寄宿学校通过“阅读与人文”“科技与创新”“运动与健康”等多维途径。开展一系列的德育活动。

第一是阅读与人文。重庆一中寄宿学校高度重视学生人文素养的培养和熏陶，高度重视广泛而有深度的阅读和写作。学校和重庆大学图书馆合作，建设在中学里的大学图书馆；在此基础上，学校大力推动全员全科整本书阅读，开展“静听花开的声音”“汉字听写大赛”“现场书法比赛”“演讲比赛”等活动，建构学生最核心的人文素养和关键能力，全面提升学生素质。

第二是科技与创新。走向未来的学生应该既有人文的根基，又有创新的灵魂。人文与科技双轮驱动，才是我们教育应有的特征。重庆一中寄宿学校是中国教育学会 STEAM 教育联盟学校，是“航天之父”钱学森大成智慧教育的项目学校，是全国科技创新教育十佳学校。学校为每一个有想法、有创意、有热情的创新者提供各种平台和机会，开展“智力快车”“环球自然日”“科技创新大赛”等活动，促进同学们的成长发展和科技创新。

第三是运动与健康。北大校长蔡元培说：“完全人格，首在体育。”重庆一中寄宿学校高度重视全民健身，通过丰富多彩的体育文化节、形式多样的锻炼方式、激动人心的三大球比赛，引导学生强健体魄、增强体质、养成运动习惯、凝聚运动精神、形成阳光人格。学校鼓励学生更加积极地投身到体育运动中去，在体育运动中强体、正心、修身、怡情。

学校创新性地提出了“校园八季”德育活动体系，将全年分为八个“季节”，即三月“艺术审美季”、四月“体育人格季”、五月“劳动感恩季”、六月“理想信念季”、九月“文明礼仪季”、十月“家国情怀季”、十一月“科技伦理季”和十二月“榜样示范季”。每个季节围绕不同的主题开展“跨学科项目式”德育活动。例如，春季以“传承中华文脉”为主题，融合语文、历史、美术、音乐、政治等学科，开展“静听花开的声音”诗歌吟诵活动；夏季以“赓续红色基因”为主题，融合语文、政治、历史、美术、音乐、科技等学科，开展“1314 的记忆”文艺汇演晚会。通过“校园八季”体系，学校实现了德育活动的常态化和序列化、品牌化。

学校定期举办心理“嘉年华”活动，通过心理剧表演、心理测试、心理游戏、心理讲座、心理绘画展、心理文化节等不同形式的活动，让学生在轻松愉快的氛围中了解自己的心理状况和需求。同时，学校还邀请心理专家为学生和家长提供心理咨询和辅导服务，帮助学生解决心理困扰和青春期问题。

（三）榜样引领自觉养成：以榜样为镜，见贤思齐

重庆一中寄宿学校充分发挥先进典型的示范引领作用，通过道德模范进校园、时代楷模报告会等活动，深化时代楷模、道德模范等学习宣传，引导学生见贤思齐，形成良好的道德风尚。

道德模范进校园：学校定期邀请道德模范、时代楷模等先进人物走进校园，与学生面对面交流，分享他们的感人事迹和崇高精神。这些先进人物用自己的亲身经历和生动故事感染着每一位学生，激发了他们的道德情感和向善之心。

教师德行示范：学校注重教师德行示范作用的发挥。通过评选“师德标兵”“优秀班主任”等活动，树立一批品德高尚、业务精湛的教师榜样。这些教师在日常工作中以身作则、率先垂范，用自己的实际行动诠释着师德师风的深刻内涵和时代价值。

学生榜样典范：学校还注重在学生中树立榜样典范。通过评选“三好学生”“优秀学生干部”等活动，表彰一批在品德、学习、实践等方面表现突出的学生。这些榜样学生用自己的优秀事迹和良好表现激励着其他同学不断进步和成长。

（四）拓宽场域实践真知：以实践为基，知行合一

重庆一中寄宿学校提供各种机会让学生在实践中磨砺德行，实现知信行合一。通过延伸拓展课外作业、参与大学思政教学展示等方式，拓宽学生的视野和认知。同时，学校积极开展校外课程实践活动，让学生在实践中感知社会、体验生活、磨砺意志。

延伸拓展课外作业：学校鼓励学生将所学知识应用于实践之中，通过完成课外

作业、参与社会实践等方式巩固和深化所学内容。例如，在历史课程中布置“寻访家乡红色足迹”作业，在地理课程中布置“调查家乡水资源状况”作业等。这些作业不仅锻炼了学生的实践能力和创新精神，还增强了他们的社会责任感和使命感。

参与大学思政教学展示：学校积极与重庆大学、西南大学、华东师范大学等高校合作，组织学生参与大学思政教学展示活动。

校外课程实践活动：学校积极开拓校外课程资源，建立了一批革命传统教育基地、军训基地等实践基地。通过这些实践基地的参观学习和实践活动，学生能够更加直观地了解社会现实和国家历史发展脉络；能够更加深刻地认识到自己肩负的社会责任和使命担当；能够更加坚定地走好自己的人生道路并为之努力奋斗。

四、德育特色活动的成效与启示

通过一系列特色德育活动的实践探索，重庆一中寄宿学校在德育教育方面取得了显著成效。学生的道德自觉得到有效提升，形成了良好的道德风尚和校园文化；教师的德育意识和能力得到显著增强；家校社协作机制不断完善并发挥重要作用。这些成效不仅体现了学校德育工作的创新性和实效性，也为其他学校提供了有益的借鉴和启示。

创新德育模式，激发内在动力：重庆一中寄宿学校通过构建多维德育课程体系和丰富多彩的德育活动体系，创新了德育模式和方法手段。这些创新举措有效激发了学生的内在动力、积极性、主动性和创造性，使学生在参与过程中不断获得成就感和自信心，从而更加自觉地认同和践行社会主义核心价值观和社会道德规范。

注重实践育人，实现知行合一：重庆一中寄宿学校注重将德育融入实践中，通过延伸拓展课外作业、参与大学思政教学展示等方式拓宽学生的实践渠道和平台。同时积极开展校外课程实践活动，让学生在实践中感知社会、体验生活、磨砺意志。这些实践举措不仅增强了学生的社会责任感和使命感，还促进了他们将所学知识转化为实际行动的能力和素质提升。

发挥榜样力量，营造育人氛围：重庆一中寄宿学校充分发挥先进典型的示范引领作用，通过道德模范进校园、时代楷模报告会等活动树立了一批品德高尚、事迹感人的榜样人物。这些榜样人物用自己的实际行动诠释了社会主义核心价值观的深刻内涵和时代价值，营造了良好的校园文化和道德风尚，为广大学生树立

了可学可敬的标杆和榜样。

加强家校社协作，形成德育合力：重庆一中寄宿学校注重家校社协作机制的建立和完善工作。通过加强家校沟通联系、共同参与德育活动等方式增进家长对学校德育工作的理解和支持，同时积极寻求社会资源，支持学校德育工作发展壮大。这种家校社协作机制不仅增强了学校德育工作的针对性和实效性，还促进了家校社之间的良性互动和共同发展进步。

五、结论与展望

重庆一中寄宿学校通过特色德育活动的实践探索，在德育教育方面取得了显著成效和经验积累。这些成效和经验不仅为学校自身发展提供了有力支撑和保障，也为其他学校提供了有益借鉴和启示意义。未来，重庆一中寄宿学校将继续深化德育教育改革创新工作力度，不断探索符合时代要求和学生特点的德育新思路、新方法、新途径、新模式，努力培养更多德智体美劳全面发展的社会主义建设者和接班人，为实现中华民族伟大复兴的中国梦贡献智慧和力量！

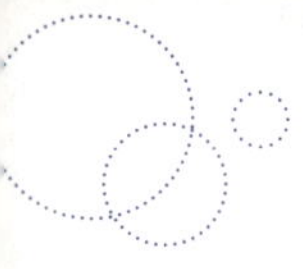

校园环境的文化育人

张　杰

校园文化是校园的基因，是一个学校的灵魂。重庆一中寄宿学校校园文化建设努力实现传统文化与校园文化的有机结合，弘扬独树一帜的“四二一”精神，赓续与生俱来的红色基因。给特色的校园文化烙上传统文化的印章，注入传统文化的血脉，让师生置身其中，自觉接受传统文化的浸染。努力挖掘并利用好传统文化与红色文化潜在的育人价值，让中华美德、“四二一”精神在学生生命中扎根向阳，在学生灵魂深处生根发芽。

重庆一中寄宿学校注重校园环境的文化育人。为此，学校主要实施以樱花广场、体育场为标志建筑的“场”文化，以图书馆、校园书吧等为标志建筑的“馆”文化，以黄桷树，樱花树，桂花树等为标志形态的“树”文化，以学校文化走廊为标志形态的“图”文化，以亭台、竹柏、池塘、叠翠山等为标志形态的“山”文化，以络樱楼、折桂楼、含弘楼等建筑为标志的“楼”文化等。

以樱花广场、体育运动场为标志建筑的“场”文化

重庆一中寄宿学校在樱花广场的花台前设置醒目的校徽和校训，樱花广场的中央设置求知求真的文化石和升旗台，两处景观大气磅礴，韵味十足。每年三月，围绕广场的樱花树绚烂绽放，是重庆一中寄宿学校最为亮丽的一道风景。学校打造阅读与人文的平台，已经组织了十七届“静听花开的声音”诗歌朗诵活动，在校园的樱花树上悬挂不同书法字体的唐诗宋词，打造吸引学生拍照的文化景观，组织学生以班级为单位开展一系列的诗词吟诵活动。樱花广场承载着一中学子的绚烂的求学记忆，那扑面而来的芬芳花瓣、声声入耳的朗朗诗词、静听花开的诗意缱绻，都见证着校园生活的诗意盎然，蕴含青春岁月的似水流年。体育运动场更是学生德育的重要场地，我校开展了36届体育文化节，有传统体育与现代体育

的对比表演，有奥林匹克历史的恢弘展示，有展现中国重大历史节点的分列式入场，有篮球足球排球扣人心弦的比赛，有寻找童趣不忘初心的六一趣味游戏，有每半学期一次的春季田径运动会和秋季趣味运动会，每年的五月底，学校也会搭建超大的舞台，开展一年一度的“1314 的记忆”大型文艺晚会。

以图书馆、校园书吧等为标志建筑的“馆”文化

铺着草地，缠着青藤，放着绿植，摆着各式各样的书籍，还有舒适的靠椅和平整的大桌子……在这里阅读，会是怎样的感受？重庆一中寄宿学校非常重视学生自主阅读的空间打造，在含弘楼最重要的位置精心部署温馨的校园图书馆，在折桂楼和络樱楼每个楼层的闲置空间精心打造了 8 个鲜活的“共享书吧”。温馨的环境、特色的布局、厚重的书籍，吸引了众多师生和家长前来阅读，在校园内营造浓郁的阅读氛围。这些书都来自师生们的自觉分享，每本书都凝结着老师们的智慧和良苦用心，秉持着重庆一中书香校园、自觉少年的育人理念，同学们可在此以书会友，实现读书心得的共享，学校也会定期组织读书分享会。图书馆和共享书吧的建立，不仅激发了同学们的读书兴趣，更是营造了书香氤氲的文化氛围。最是书香能致远，腹有诗书气自华。重庆一中寄宿学校“书香校园”建设扎实推进，就是希望一中学子在阅读中坚定理想信念，厚植家国情怀，涵养道德情操，树立文化自信。重庆一中寄宿学校打造时时可读、处处可读的校园阅读环境。含弘楼图书馆、“共享书吧”、班级图书角等在校园里随处可见、随手可触，确保孩子们可以在任何地方以自己喜欢的方式阅读，让学生爱上阅读，涵养品格。

以黄桷树，樱花树，桂花树等为标志形态的“树”文化

重庆一中寄宿学校操场边的六棵黄桷树树干合抱，枝叶繁茂。这六棵黄桷树是从重庆一中校本部移植过来了，已经有上百年的历史。黄桷树是重庆一中寄宿学校与母体学校重庆一中血脉相通、根脉相连的重要载体。六棵向下扎根、向阳生长的黄桷树，见证重庆一中的沧桑历史。学生以黄桷树为物象，创作了一大批诗词和散文，寄托浓浓的母校深情。比如学生诗作《落叶是大树写给大地的情书》：“每当我思念你一次 / 就会有一片落叶落下 / 成千上万的落叶 / 是我攒下一年的思念 / 我写下春夏冬三季的美景 / 却唯独没有秋 / 因为那是我们相逢的季节 / 没有什么能描述她的美丽 / 就像我对你的爱 / 就像我对你的思念 / 好像满校园的落叶一般”。重庆一中寄宿学校的校园绿树成荫，除了枝繁叶茂的黄桷树、小叶榕、银杏树、松柏

树，还有最具文化氛围的书香气息的樱花树和桂花树。重庆一中寄宿学校以两种标识的文化树为载体，将两座教学楼分别命名为络樱楼和折桂楼。九月的迎新季，整个校园弥漫花香，学校设置党员服务站和志愿者服务队，在桂花树下迎接新同学的到来。阳春三月，学生以樱花为题，吟诵经典，作诗酬韵，一派书香气息。学生以“安”为韵脚，酬韵诗句有：“朵朵花开叠翠山，浓情素雅三月天。书生留影樱树下，袭人花香醉心田。”“芳菲三月意阑珊，幸有樱花又染天。一样馨香铺满地，满园桃李遍山川。”“阳春三月叠翠山，花压枝头络樱前。沁人馨香铺满地，静听花开又一年。”以“爱”为韵脚，酬韵诗句有：“芳香春风小窗台，荟萃樱花次第开。含弘学子折桂去，亦道春风为我来。”“荟萃樱花盛妆开，恰似西子翩跹来。静听花开声声语，一中学子满红腮。”学校也会以学生诗句和学生拍摄的校园樱花为素材，制作文创明信片。给孩子的青春增添一抹美好的色彩。值得一提的是，重庆一中寄宿学校将传统文化和校园树文化融入德育活动，开展每年一度的“静听花开的声音”系列活动。将古文诗词、古典音乐、古代服饰、传统戏剧、传统节日、传统礼仪、传统习俗等融会贯通，通过有效的活动载体，让传统文化教育真正走进德育、走近孩子，内化学生之心，外显于学生之行，达到寓教于乐、寓教于活动的目的。在潜移默化中教育学生，在润物无声中感动学生。

以学校文化走廊为标志形态的“图”文化

重庆一中寄宿学校牢牢抓住“四二一”红色文化印记，在校园书吧积极打造红色文化宣传海报，弘扬红岩精神、“四二一”精神、雷锋精神、红船精神等爱国精神，让孩子们在潜移默化中受到红色文化的熏陶，为一中学子树立坚定的理想信念，奠定坚实的红色基石。重庆一中寄宿学校所有的楼宇外墙全部是红色元素，校园走廊墙壁、一草一木、一砖一石都浸润着红色，每间教室和每层楼的走廊都张贴了社会主义核心价值观，处处营造红色文化育人氛围，赓续红色基因，厚植爱国情怀。重庆一中寄宿学校着力打造“让每一面墙壁都会‘说话’”——教学楼过道的墙面、楼与楼之间的通道、楼梯口的转角等零散空间，张贴着学生创作的书法和字画作品。目前，校园装裱并悬挂的学生书法和字画作品已有300幅之多，书体涵盖篆、隶、楷、行、草等字体，或古朴端庄，或奔放飘逸，或险劲奇巧，或隽秀典雅。绘画作品包括国画、油画、素描等，每位有艺术特长的一中学生都能在此找到展示自己的舞台。重庆一中寄宿学校充分发挥书法教育的育人功能，积极提高全校师生的书写能力、审美情趣、文化自信和爱国情怀。

以亭台、竹柏、池塘、叠翠山为标志的“山”文化

从荷花池入口进入，有一处校园景观。那就是重庆一中寄宿师生念念不忘、梦萦魂牵的叠翠山。池塘边有幽静茂密的竹林，中间是曲径通幽的登山羊肠道，山上是古典古韵的亭台楼榭，亭台隐匿在松柏、黄桷树等高大树木的阴翳之下。

整座叠翠山景观凸显了小桥流水、诗意江南的特色，尤其是在下雨季节，雨打荷叶，山色空蒙，一派烟雨莽苍苍的温婉气象。撑一把雨伞，感受池塘的气息，倾听山涧的雨声，心情顿感宁静愉悦。深秋季节，松柏树层林尽染，学生在此倾听鸟鸣，挥舞画笔，如诗如梦，如痴如醉。

以叠翠山为物象，一中学子创作了诸多诗歌和散文。老师也会带着学生来山间认识草木，品读诗词，勾画写生，拍照摄影。“仁者乐山，智者乐水”，重庆一中寄宿学校叠翠山俨然成了师生乐山乐水的情感寄托。

以络樱楼、折桂楼、含弘楼等教学楼为标志的“班”文化

重庆一中寄宿学校非常重视班级文化建设。教学楼班级文化建设营造了和谐、优美的班级环境，增强了学生的责任心和凝聚力，形成了富有特色的班级文化。

各班教室的前后左右都贴上了醒目的班级标语和班训，在墙上设计班级奋斗目标，制定班规。经典隽永的座右铭让每一堵墙都成为“无声的导师”，有着无形的教育力量，潜移默化地影响着班级学生的一言一行。

各班教室的文化圈都悬挂班级学生的书画艺术作品，细微之处渗透着学生们的智慧和创造力。

细节展风采，一隅看情怀。除了一些成板块的班级文化墙，各班还有很多角落值得欣赏。学生自创的“班级赋”为一扇门赋予了精神，一枝独秀的小花为一扇门增添了生机，“入则静，坐即学”的门牌标语为一扇门赐予了意义。班级的窗花也各具特色，黄色的窗花让人喜悦，蓝色的吊灯贴纸陪伴学生挑灯夜习，白色的雪花点缀着孩子们的梦想。一盆绿植尽显生机盎然，一处点缀增添温馨情愫，一排书架让知识浩如烟海……

班级文化建设是学校文化建设的重要组成部分，极大地丰富了校园文化内涵。

校园树族：见证渝一历史，继承红岩精神

何　榴　曹　欢　喻其明

重庆一中寄宿学校校园占地 132 亩，建筑面积 98000 余平方米，树木品种繁多。漫步校园，虽然经历岁月洗礼，但大树葱茏茂密，挺拔坚毅，拨动人的心弦。一株株参天大树，守候了校园几个不同年代，它们身上，留有多少岁月的故事啊，它们不仅是风景，更是精神传承。

在春夏秋冬四季信步渝北一中（简称“渝一”），紫荆、白樱花、粉樱花、紫玉兰、白玉兰、三角梅、桂花等，挨个开着，校园里常年鸟语花香。而这盎然的生机里，少不了那成荫的绿树。

位于荟萃楼前环大草坪边缘，一共有 20 余棵，于 2003 年从重庆一中本部项家苑北侧搬至渝北校区，小叶榕的搬迁历程，是一段充满挑战和艰辛的记忆。当它们从重庆一中本部的项家苑北侧迁移至渝北校区时，面对的是一片荒凉的乱石地。这些乱石，如同顽固的守卫，阻挡着新生命的扎根与生长。然而，正是这样的环境，考验着小叶榕的坚韧与生命力。在搬迁过程中，每一棵小叶榕都经历了从熟悉的土壤到陌生的环境的转变。它们的根系，曾经深深扎根于旧土之中，如今却要在乱石堆中寻找新的生存空间。这是一场与自然的较量，也是一次对生命力的考验。后勤人员面对这样的挑战，展现出了无比的耐心和智慧。他们精心挑选每一块适宜的土壤，小心翼翼地清理乱石，为小叶榕创造了一个能够生根发芽的环境。他们的努力，如同春雨般滋润着这些树木，让它们在新的土地上重新焕发生机。

如今，这些小叶榕在渝北校区茁壮成长，它们的枝叶茂密、树干挺拔，成为了校园中不可或缺的一部分。它们的存在，不仅美化了校园环境，更是一种精神的象征，提醒着每一位师生，无论面对多么艰难的环境，只要有坚韧不拔的意志和不懈的努力，就能够克服困难，绽放出生命的光彩。从大校门的 108 梯走上来，第一眼见到的就是这一圈仿佛列兵卫士般的小叶榕，静静地守护着层层叠叠深处的荟萃楼，守护着每一位师生。

樱花树作为重庆一中寄宿学校的标志性植物之一，自建校之初便扎根于此，见证了学校的变迁与蓬勃发展，见证了无数学子的成长历程，它们的每一片花瓣都承载着青春的记忆和梦想的种子。这些精心种植的樱花树环绕络樱楼、荟萃楼和折桂楼这三座承载着知识与梦想的建筑，由此，中间形成的区域被赋予了一个浪漫而富有诗意的名字——樱花广场，它不仅仅是一片花海，更是一块文化的沃土。

阳春三月，樱花广场春花烂漫，菁菁校园生气勃勃，学校会举办一系列的传统活动，其中最为特别的便是“静听花开的声音”。师生们在樱花树下翩翩起舞、吟诗作对，共赴一场春天的约定，至今已举办了17届。活动聚焦传统文化的传承和弘扬，鼓励同学们创新展演形式，以全新的视角去展现中华文化的博大精深，以多种艺术手法展示传统底蕴，演绎历史故事，彰显文化风采。樱花不仅是校园中的一道美景，更是连接人与自然、传统与创新的桥梁，每年的樱花季，都是师生们共同期待的时刻，它不仅丰富了学生们的校园生活，也加深了他们对自然和文化的理解与尊重。

水杉位于叠翠山下靠运动场一侧，从建校初期就一直守护在迎霞湖边上，一直见证着学校的蓬勃发展。迎霞湖，这个名字充满了诗意，是校园内一处集自然美景与人文情怀于一体的宝地。湖中不仅有婀娜多姿的莲花，还有优雅沉睡的睡莲，更有挺拔苍劲的水杉，它们共同构成了一个和谐而又丰富的生态画卷，共同演绎着一场自然界的盛宴。水杉，作为湖边的守护者，以其高大挺拔的身姿，为这片水域带来了坚实的依靠。它们的根深深扎入土壤，枝叶伸向蓝天，无论风吹雨打，始终屹立不倒，它们的存在，为迎霞湖增添了一份稳重与庄严，也让湖边的景色更加生动与立体。师生们在这里不仅可以欣赏到大自然的鬼斧神工，更能感受到生命的多样性与和谐共处的美好，这里是工作、学习之余放松心情的好地方，也是激发创意与灵感的重要源泉。

原生于雅蕙楼旁西北侧边坡上的黄桷树，因地形因素及树木生长过大，存在滑坡风险，学校为了保护这一自然遗产，同时确保校园安全，于2005年做出了将其移植的决定。这棵被列为重庆市二级保护植物的珍贵树木，其搬迁历史是一段充满挑战与尊重的历程，它的移植并非易事，它需要精心的规划和细致的操作。后经大量的人力、物力，并雇吊车、加长车将其移栽到原教师食堂门前，这里成为了它的新家园。

位于运动场入口左右两侧，共有8棵黄桷树。于2005年从重庆一中本部项家苑北侧搬至渝北校区，初始树高约5米，历经十年已长至20多米。它们不仅仅是一棵棵树，它们如同慈祥的长者，静静地站在那里，见证着一代又一代孩子们的

成长和变化。它的枝叶在风中轻轻摇曳，仿佛在为孩子们的每一次奔跑、每一次跳跃加油鼓劲。

它们的树荫下，是孩子们嬉戏的乐园，是他们的汗水和欢笑交织的地方。黄桷树的每一道年轮，都刻录着孩子们的足迹，每一次生长，都为孩子们的进步贡献着力量。它们不仅是校园中的一抹绿意，更是孩子们心中永恒的记忆，是他们成长路上不可或缺的伙伴。在这里，黄桷树与孩子们共同成长，共同见证着每一个春夏秋冬、每一个成长的瞬间。

位于络樱楼靠含弘楼一侧，共有 10 棵黄桷树。于 2005 年从重庆一中本部项家苑北侧搬至渝北校区。这 10 棵黄桷树，就像是 10 位忠诚的守护者，从它们被移入新土的那一刻起，就默默地扎下了根，与这片土地结下了不解之缘，静静地伫立在络樱楼与含弘楼之间，它们不仅是一道亮丽的风景，更是校园文化和精神的象征。每当晨光初照，教学楼旁的黄桷树便披上一层金色的光辉，它们的枝叶在微风中轻轻摇曳，似乎在与每一位走进教学楼的师生打招呼。课堂上，学子们在知识的海洋中遨游，而窗外，黄桷树静静地站立着，仿佛也在聆听老师的讲解，与学生们一同思考。课间时分，学生们会走出教室，来到黄桷树下，或是小憩片刻，或是三五成群地讨论问题。黄桷树为他们提供了一片清凉的天地，让他们在紧张的学习之余得以放松身心。

每当中考这个重要的人生节点来临之际，络樱楼旁的黄桷树们，仿佛也被赋予了生命，它们欢快地站在通往考场的必经之路旁，听着师生们的欢呼声、激昂的敲鼓声，似乎也被这份激情所感染，它们的枝条随着鼓点的起伏而摆动，仿佛在为学子们呐喊、加油助威。树叶在风中沙沙作响，与鼓声交织成一首振奋人心的交响曲。这一刻，黄桷树不再是静态的自然景观，它们化身为舞者，随着鼓声的节奏狂舞，目睹着一届又一届的学子们紧握拳头、眼神坚定地踏上红地毯走进考场。在这里，学子们不仅接受了知识的检验，更是在黄桷树的见证下，勇往直前，不负韶华，完成了从少年向青年的蜕变。

两棵黄桷树于 2003 年由沙坪坝风华路移植而来，移栽后的黄桷树如同两位历经沧桑的老者，在岁月的长河中慢慢靠近，最终紧紧相依。它们的根系在地下交织，枝叶在空中相拥，形成了一幅和谐而美丽的画面。这两棵树，原本各自独立，但在新的环境中，它们找到了彼此，共同面对风雨，共同分享阳光。这种自然的融合，不仅是一种生物学上的现象，更是一种生命力的展现。它们的存在，成为校园中一道独特的风景线，吸引着师生们的目光。每当春夏之交，黄桷树的枝头挂满了翠绿的叶片，它们在微风中轻轻摇曳，仿佛在诉说着它们之间的故事。它

们象征着团结与合作，提醒着每一位师生，无论面对何种挑战，只要我们携手并肩，就能够共同克服困难，创造出更加美好的未来。

雪松位于校车坪旁，从建校初期就存在，一直见证着学校的发展。它的存在不仅仅是一棵树那么简单。它如同一位智者，静静地伫立在校园的一隅，见证着学校的发展和变迁。它的树干挺拔、枝叶繁茂，仿佛在诉说着过去的故事，也预示着未来的希望。

然而，岁月无情，风雪更是考验。在2006年的那场大雪中，雪松面临着倾倒的风险，它的生命似乎岌岌可危。但是，学校的后勤人员没有放弃它，他们采取了各种措施，小心翼翼地将这棵老树扶正，给予了它新的生机。他们的努力和坚持，不仅挽救了一棵树，更是一种对历史的尊重和对未来的承诺。如今，雪松依然屹立不倒，它的每一片针叶都闪耀着坚韧和生命力。它不仅是校园中的一道风景，更是学校精神的象征。它的存在提醒着每一位师生，无论遇到多大的困难和挑战，只要有坚持和努力，就一定能够克服，继续前行。

在雅蕙楼前，共有桂树25棵、蒲葵树8棵，2005年从重庆一中本部迁移至渝北校区。蒲葵和桂花各自以其独特的方式点缀着这片知识的殿堂。蒲葵的叶片在风中摇曳，发出沙沙的响声，仿佛在低语，讲述着校园里的点点滴滴。而桂花，则以其馥郁的香气和娇小的花朵，成为秋天的信使。每当金秋时节，桂花便悄然开放，散发出沁人心脾的芳香，弥漫在宿舍周围。桂花的香味，让人不禁驻足，深呼吸，感受那份来自自然的馈赠。蒲葵与桂花，一静一动，一刚一柔，它们在校园中各展风采，却又和谐共存。它们的存在，不仅美化了校园环境，更为师生们提供了心灵的慰藉。

在重庆一中寄宿学校的校园里，那些古老的黄桷树、小叶榕、雪松、水杉等，不仅仅是绿色的守护者，是时间的见证者，也是历史的承载者，更是文化的传承者。它们以自己的方式，讲述着关于坚韧、关于生命、关于和谐的故事。这些故事，如同树下的根脉，深深扎入每一位师生的心田，成为他们成长道路上不可或缺的一部分。它们将与校园中的每一个人一起成长，一起迎接每一个清晨的第一缕阳光，一起送别每一个夜晚的最后一抹余晖。在未来的日子里，愿每一位走过这片绿荫的人，都能从中汲取力量，怀揣梦想，勇往直前。这就是重庆一中寄宿学校树的故事，一首永不落幕的生命赞歌。

行走的思政课：一中学子研学旅途中的“家国情怀”

李　萌

携一人同行，游一座古城，揽一段历史，咏一腔情怀，做一个中国人。5000多年的风雨跋涉，新中国成立75年的岁月洗礼，在这古老又年轻的中华大地上，家与国始终是每一个人心中最坚强的后盾。而“家国情怀”就像一种深层次的文化密码，一条川流不息的江河，奔涌在中华民族的精神河道，滋润着每个人的精神家园。

重庆一中自诞生之日起，就与国家、民族的命运相始终。如今，重庆一中寄宿学校将这份精神财富继承、发展，形成以红岩精神和“四二一”精神为主线的革命传统教育，将这段历史、这种精神浸润到每一个一中学子的血脉之中。2018年盛夏，重庆一中初2020级的莘莘学子，带着梦想与希冀，游历祖国大好河山，激扬文字，写下自己的家国情怀。字字皆真言，拳拳爱国心！

苍茫西北，豪迈圣洁

昆仑山巍巍耸立，直入云霄，似威武战士，山巅之雪又似精灵般干净纯粹；呼伦贝尔茫茫草原，牛羊成群，悠闲自在，伴有牧童狡黠的笑脸；青海湖波光粼粼，是一颗明珠闪耀在祖国的西北方……西北，这个神奇的地方，以其广阔的地域、巍峨的高山孕育出豪迈粗犷的西北儿郎，面对强权暴政，宁折不弯；又以其雪山、绿洲，洗涤人们的灵魂，成为一代又一代人心中的圣灵之地。刚强而又坚韧，粗犷而又圣洁，西北人民正是用这种刚柔并济的品质为祖国建设唱响一首又一首英雄赞歌。

研学日记（节选）：习近平总书记指出，“敦煌文化延续近两千年，是世界现存规模最大、延续时间最长、内容最丰富、保存最完整的艺术宝库，是世界文明长河中的一颗璀璨明珠，也是研究我国古代各民族政治、经济、军事、文化、

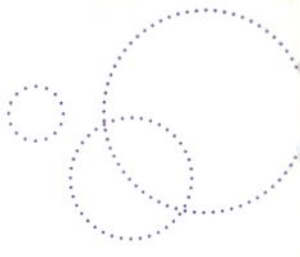

艺术的珍贵史料。”敦煌莫高窟里，我看到了佛的包容、无私、慈爱。他们或躺或卧，或眯眼沉思，或闭眼打坐；或孤身一人，禅悟佛法的“空”；或弟子围坐，解读着如何“脱俗”。这是一份灿烂的文化瑰宝，是无可比拟的国家宝藏。在莫高窟中，民族的交融得以完美体现，每个朝代的风格都展现得淋漓尽致。文明因交流而多彩，文明因互鉴而丰富，敦煌为东西方不同文明的交流与对话提供了历史借鉴。可文明的瑰宝总容易被人虎视眈眈，敦煌藏经洞文献发现于清末这个积贫积弱的年代，经历过屡遭破坏偷盗的历史。那些拿走敦煌经书、画卷的人，终有一天会明白，偷来的文化终究不是自己的。而我也明白，保护传承敦煌文化，增强中华文化自信，是我们这一代中华儿女需要肩负的责任。

研学总结：加强文化遗产保护传承，弘扬中华优秀传统文化。一中学子或从敦煌遗迹中，感受当时的壮烈与智慧；或从汉藏文化的交融中，品味传承千年的图腾……少年用细腻的文笔，写下自己对家与国的深思，不失为一个优秀的观察者、记录者、思考者！

时代少年，相约北国

对于北方，很多人都曾经用“苍凉”来形容，这份凉意不仅来自纷纷扬扬的雪花，更是因为千百年来，在这片土地上，无数生命为了抵御外侮而凋零。这片土地记录着他们的故事，浓缩着中华儿女对祖国的贡献。有国才有家，有家才能天涯任行，才有回首即心安处！

研学日记（节选）：万里长城是中国历史乃至世界历史上一颗璀璨的明珠。它是中国古代人民智慧的结晶，反映了我国古代建筑技术的伟大成就。长城作为曾经的军事防御工事，在我国古代农业社会发挥着重要作用。历史的风轻轻拂过，在千百年后的今天，长城的价值又有了哪些新的扩展？长城不仅仅是古时用来抵御外来敌害的工具，更是今天中华民族不可分割的一部分。万里长城也见证着中国古代民族关系的发展变化。在历史的发展过程中，长城带的古代民族，有些消失了，一些新的民族又融合生成，他们都与今天分布在长城带的多个民族有着密切联系，都对中国的历史发展作出过重要的贡献。在此后千百年，长城被赋予更多文化内涵，成为民族精神的象征。看着长城，不禁惊叹于它的艺术建筑，更惊叹于它忠心不悔地守卫了中华国土数千年的坚强毅力。万里长城，相信它不止能在中华国土上绵延万里，还可以在每一位华夏儿女的心中绵延万里！

研学总结：充满传奇色彩的北京，凝结智慧结晶的长城，这些美景都在学生们

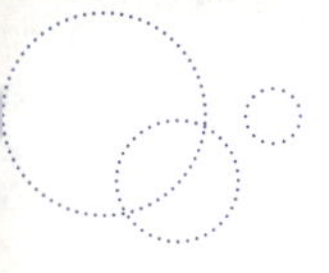

的文字里跳跃。“倚天照海花无数，流水高山心自如”，学生在游历中体会一份内心的坚守、一种超然的追求、一种对国家的忠诚；旅途中的所见所闻，让学生对“修身齐家治国平天下”的宏志有了更深刻的了解，对家与国的认同感，在他们的行走中和心中，赋予了更深刻的意义。

雄起西南，凯歌壮志

幽幽西南，史海浩荡。先贤举止，化作底蕴，静待今人缅怀。遵义会议，改写命运，引导我们披荆斩棘。赤水四渡，主动出击。吴起会宁，终胜利会师，谱写长征精神。一个村落，一本著作，谱写红岩春秋，传递红岩精神。流年今夕，看我一中学子，重踏烈士足迹，抒家国之情！

研学日记（节选）：从重庆主城出发，我们行驶了三小时后，终于到了赤水的丙安古镇。铁索桥下的江水声势浩大，远远地，涛声如雷滚滚而来，巨大的浪头像一条巨龙高高立起，撞到山头上，卷起一阵阵沙，翻滚着，咆哮着舞向远处。这里是丙安红军渡口，在那桥头上有一颗鲜艳的红星和长江二字，让人不禁十分好奇几十年前这里发生的红军故事——四渡赤水战役。此战役是遵义会议之后，中央红军在长征途中，处于国民党重兵围追堵截的艰险条件下，进行的一次运动战战役。中央红军采取高度机动的运动战方针，纵横驰骋于川黔滇边境广大地区，积极寻找战机，有效地调动和歼灭敌人，彻底粉碎了蒋介石企图围歼红军于川黔滇边境的狂妄计划。四渡赤水战役，是红军长征途中以毛泽东为代表的中国共产党人和红军指战员军事指挥艺术的“得意之笔”、精彩华章。在新的历史起点上，四渡赤水精神依然是民族精神教育、公民道德教育和社会主义核心价值观教育的宝贵财富。

研学总结：一段抗争史，一颗中国心。传承四渡赤水精神，走好新时代长征路。红色文化是中国共产党领导中国人民在革命、建设和改革的伟大实践中创造积累的先进文化。四渡赤水精神哺育着大西南的孩子成长，孕育不畏强敌、不惧风险的意志品质；先辈的英勇事迹定能激励他们不忘初心，砥砺前行。

烟雨江南，盈秀人文

连绵丘陵，肥袤平原，水乡泽国，孕育出柔情细腻的江南文化。“杏花春雨江南”，白墙青瓦小桥，一派恬静悠然；秀山丽水瑰壁，古镇楼台庙宇，尽显景情人文。十年一觉江南梦，多少楼台烟雨中，娟秀俊丽的江南承载出“家国情怀”

的柔婉细思。

研学日记（节选）：游岳王庙，悟忠国情。在这个暑假，我来到了这美丽的苏杭。旅行中，我印象最深的是岳王庙。岳王庙位于杭州西湖西北角，是历代纪念民族英雄岳飞的场所，它始建于公元1221年（南宋嘉定十四年），明景泰年间改称“忠烈庙”，代代相传，一直保存到现在。岳王庙是对一代爱国英雄的追思之地，是全国重点文物保护单位，后来被授予全国中小学生爱国主义教育基地。它是一组规模宏大的建筑群，主要由墓区和庙区两部分组成。在岳飞的庙前，写着“心昭天日”四个大字，里面有一尊岳飞的塑像端坐在正中，一双丹凤眼，两条倒八眉，英气逼人，他直望着窗外，左手拔剑，右手撑腿，随时准备去冲锋陷阵，英勇杀敌。他所统率的“岳家军”，十多年来没有遭受一场败仗。我站在岳飞的墓前，一阵默哀，默默地献上一朵白菊。虽然岳飞已不在人世，但他的名字、他的功劳、他的传奇人生已深深地留在我心中，激励我们永远向前。

研学总结：庐山，山雄奇、水壮丽、花多娇，钟灵毓秀孕育华章；凤凰古镇，吊脚楼、小木屋，风雨楼中演绎千年传奇；精忠岳王庙，御外辱，收失地，满腔热血为人民。徜徉其间，自然与人文交汇，柔情与刚烈融合。江南儿女以柔情传承家国，以刚烈树立民族风貌，屹立在世界东方。

结语

一座古城，一段故事，一缕情思；万千古城，无数历史，家国天下。

习近平总书记在党的二十大报告中寄语广大青年，要立志做有理想、敢担当、能吃苦、肯奋斗的新时代好青年，让青春在全面建设社会主义现代化国家的火热实践中绽放绚丽之花。身为一中学子，我们将继续用心灵去感受时代的点滴变化，用脚步去丈量时代的飞速发展。心怀一份执着与坚定，与时代同频共振，不忘初心，牢记使命！

赓续文化血脉　厚植家国情怀

——“静听花开的声音”跨学科学习项目成果展案例

罗　晨　张　杰

在全球化浪潮与信息技术革命的双重冲击下，21 世纪的青少年正置身于一个文化多元与价值碰撞的时代。这一时代背景下，如何有效传承与弘扬中华优秀传统文化，培养青少年的文化自信与家国情怀，成为教育领域亟待解决的重大课题。

重庆一中寄宿学校以“赓续文化血脉，厚植家国情怀”为主题，以“跨学科主题学习”为载体，精心打造“静听花开的声音”德育品牌。作为重庆一中寄宿学校的德育名片，我们将深入剖析其项目背景、实施过程、成效及影响，旨在为同类教育实践活动提供理论支持与实践借鉴。

一、案例背景与意义

（一）时代背景

中华优秀传统文化是中华文明的智慧结晶和精华所在，是中华民族的根和魂，是我们在世界文化激荡中站稳脚跟的根基。随着全球化的不断深入，各国文化交流日益频繁，青少年在享受文化多样性的同时，也面临着文化认同的困惑与价值选择的挑战。加之信息技术的飞速发展，网络文化的兴起进一步加剧了这一趋势。因此，如何在多元文化的冲击下保持中华文化的独特性和连续性，成为教育领域的重要使命。

（二）教育需求

习近平总书记教导我们：“泱泱中华，历史何其悠久，文明何其博大，这是我们的自信之基、力量之源。”青春的身影、灿烂的文明、深厚的底蕴，共同构成了薪火相传、生生不息的文化脉络。传统教育模式往往侧重于知识的灌输与记忆，忽视了文化的体验与情感的共鸣，难以有效激发青少年对中华文化的热爱与认同。跨学科学习项目则通过整合多学科资源，创新教学方式，使学生在实践中感受文

化的魅力，培养家国情怀，成为教育改革的重要方向。赓续历史文脉，以时代精神增强中华优秀传统文化的生命力，做中华优秀传统文化的传承者和弘扬者，是重庆一中寄宿学校的不懈追求和德育方向。

（三）项目意义

重庆一中寄宿学校“静听花开的声音”跨学科学习项目，正是基于上述背景与需求而诞生的。

青少年的价值取向决定了未来社会的价值取向。育人的根本在于立德。中华优秀传统文化蕴含丰富的“立德”思想：“大学之道，在明明德，在亲民，在止于至善”“戎马关山北，凭轩涕泗流”“先天下之忧而忧，后天下之乐而乐”。重庆一中寄宿学校“静听花开的声音”跨学科学习项目成果展以“赓续文化血脉，厚植家国情怀”为核心主题，通过一系列创新的教学活动与实践探索，将中华优秀传统文化融入立德树人根本任务的主战场。三月樱花绚烂的季节，学校引导并组织学生开展跨学科项目式学习，以班级为单位，在樱花树下吟唱经典，传颂诗歌，多维度、全方位地展示中华优秀传统文化的丰富内涵，引领中学生用中华优秀传统文化正心明德，明确“明礼崇德、求知求真、志存高远、德才并重”的价值取向，强化中华优秀传统文化的育人功效，增进学生对中华优秀传统文化的情感认同，沉浸式感受中华优秀传统文化的时代魅力。让中华优秀传统文化立德树人的时代价值得以充分彰显，不断激发一中青年坚定文化自信的主动追求与实践自觉，赓续中华文化的血脉，厚植学生的家国情怀。

二、项目描述与实施

（一）项目缘起与策划

近年来，社会各界对青少年文化自信与家国情怀培养的关注度日益提升。为响应这一需求，重庆一中寄宿学校策划并启动了“静听花开的声音”跨学科学习项目。该项目由学校牵头，联合语文、历史、艺术、科学等多个学科的教师共同参与，经过多次研讨与论证，最终确定了以“赓续文化血脉，厚植家国情怀”为核心主题，融合多学科资源的实施方案。

（二）项目目标设定

1. 文化传承与创新：通过深入学习中华文化的历史渊源、精神内涵与独特魅力，引导学生成为文化传承的使者与创新者，促进中华文化的繁荣发展。

2. 家国情怀培育：通过实践活动，增强学生的国家认同感和民族自豪感，培养其作为中华儿女的责任感和使命感，为构建和谐社会贡献力量。

3. 跨学科综合能力提升：在跨学科学习中，提升学生的知识整合能力、创新思维能力和实践操作能力，为其全面发展奠定坚实基础。

4. 情感共鸣与价值观塑造：激发学生对传统文化的情感共鸣，树立正确的世界观、人生观和价值观，形成积极向上的精神风貌。

（三）项目内容与实施

2024年第十七届“静听花开的声音”以经典诗词的吟唱和演绎为载体，以传统文化的传承与创新为核心，共分为三个篇章。

第一篇章：跨越千年，追寻文脉。

本篇章以《诗经》《楚辞》为纲，通过诵读经典、角色扮演、情景再现等形式，让学生穿越时空，亲身体验中华传统礼仪之精髓。教师引导学生深入解读《诗经》《论语》的篇章，感受古代文人的家国情怀与人生哲理。

第二篇章：唐诗宋词，共赏雅集。

本篇章以唐诗宋词为本，通过诗词朗诵、书法展示、音乐演奏等多种艺术形式，传承诗意里的家国情怀。学生前期分组选择自己喜欢的诗人或词人，深入研究其生平事迹与创作背景，创作主题鲜明、情感真挚的诗词朗诵作品。同时，邀请校内外艺术家进行现场指导与点评，提升学生的艺术修养与审美能力。此外，还举办诗词音乐会，让学生在音乐与诗词的交融中感受文化的魅力与力量。

第三篇章：继往开来，诵读华章。

本篇章以现代诗歌为轴，传承红岩精神等革命文化，激发学生的爱国情怀与奋斗精神。学生自主选择或创作现代诗歌作品，围绕“少年中国”等主题进行朗诵与表演。通过诗歌朗诵比赛、诗歌创作大赛等形式，激发学生的创作热情与参与热情。同时，邀请知名诗人与学者进行讲座与交流活动，拓宽学生的视野与思路，引导学生树立正确的世界观、人生观和价值观。

第四篇章：教师文心，春风化雨。

本篇章由班主任团队领衔，以“不负韶华，守望一中”为主题进行文艺表演。班主任们通过朗诵、合唱、舞蹈等多种形式展现自己的才华与风采，同时传递出对学生成长的关心与期望。这一篇章不仅是对学生成果的肯定与鼓励，也是教师团队凝聚力与向心力的展现。通过教师的言传身教与情感投入，进一步加深学生对学校的归属感与对教师的敬爱之情。

三、项目成效与影响

（一）文化传承效果显著

通过“静听花开的声音”跨学科学习项目的实施，学生对中华文化的认识与理解得到了显著提升。他们不仅掌握了丰富的历史文化知识，更在实践中感受到了中华文化的博大精深、独特魅力与深远影响。学生们开始自觉地将传统文化元素融入日常生活与学习中，展现出对中华文化传承的积极态度与行动。

（二）家国情怀深入人心

项目通过一系列情感共鸣的实践活动，成功激发了学生对国家、民族和文化的深厚情感。学生们在参与过程中，深刻体会到了中华文化的精神内涵与价值追求，增强了国家认同感和民族自豪感。他们开始更加关注国家大事，积极参与社会公益活动，用实际行动践行家国情怀。

（三）跨学科综合能力显著提升

“静听花开的声音”项目打破了传统学科界限，实现了多学科知识的有机融合与交叉渗透。学生在跨学科学习中，不仅拓宽了知识面，还提升了知识整合能力、创新思维能力和实践操作能力。他们学会了从不同角度思考问题，运用多种方法解决问题，为未来的学习与发展奠定了坚实基础。

（四）教师团队素质与专业水平提高

项目的成功实施离不开教师团队的辛勤付出与努力。在项目策划与实施过程中，教师们不断学习新知识、新技能，提升自己的专业素养与教学能力。他们通过团队合作与资源共享，共同攻克难关，推动项目顺利进行。同时，项目也为教师们提供了一个展示自我、交流经验的平台，促进了教师团队的整体素质与专业水平的提升。

（五）社会反响热烈，示范效应显著

“静听花开的声音”跨学科学习项目自实施以来，得到了社会各界的广泛关注和高度评价。家长们纷纷表示，项目不仅丰富了孩子的课余生活，还让他们在快乐中学习了知识、培养了情感。教育部门也对项目给予了充分肯定，认为其具有重要的教育意义和社会价值。此外，项目还吸引了众多媒体的关注与报道，产生了良好的社会示范效应，为其他学校和教育机构提供了宝贵的借鉴经验。

四、结论与展望

“静听花开的声音”跨学科学习项目以其独特的魅力与成效，成功地在青少

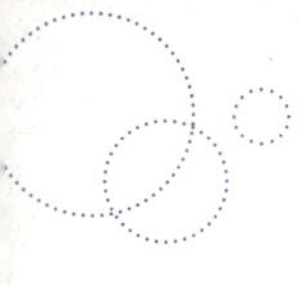

年心中种下了文化自信的种子，厚植了家国情怀的根基。然而，教育是一项长期而艰巨的任务，需要我们不断探索与创新。未来，我们将继续深化教育改革，优化教育资源配置，推动跨学科学习项目的普及与发展。同时，重庆一中寄宿学校也将积极借鉴国内外先进教育经验，不断完善项目内容与形式，努力培养更多具有文化自信与家国情怀的新时代青少年。

青春作伴　担当少年

——重庆一中寄宿学校国防教育实践活动案例

张　杰

一、案例背景

国防教育是建设巩固国防的基础性工程，是赓续红色基因的重要组成部分，是弘扬爱国主义精神、传承红岩精神的有效途径。重庆一中寄宿学校坚持以习近平新时代中国特色社会主义思想为指导，深入贯彻落实党的二十大精神，全面贯彻习近平强军思想，发挥学校德育优势，积极构建新时代全民国防教育体系，为实现中国梦、强军梦贡献更大力量。

（一）重视国防教育是中华民族弥足珍贵的历史经验和优良传统

《孙子兵法》："道者，令民与上同意也。"《曹刿论战》："忠之属也，可以一战，战则请从。"个人与国家同心同德，这是决定战争胜利的关键。传统文化有"居安思危""防范未然""富国强兵""爱国教战"等军事思想。重视国防教育是应对世界百年未有之大变局的战略之举，是做好军事斗争准备的题中之义，是把爱国主义精神熔铸于学生血脉的德育之机，旨在增强全校师生的国防意识，凝聚起强国兴军的青春力量。

（二）重视国防教育是红色基因血脉相连的青春担当和价值引领

重庆一中寄宿学校有着与生俱来的红色基因，是英雄辈出的摇篮。革命斗争年代，重庆一中的胡作霖、黄细亚、李承林、韦延鸿、陈以文、易仲康、聂晶七名师生血染红岩，谱写了可歌可泣的英雄篇章。中华人民共和国成立后，一中校友何世槐、周铮、黄玲、李小咪、杨雪峰等烈士不忘初心，书写英雄本色。红梅花开，浩气长存。

二、案例描述

秋风扬劲草，步履震军魂。每年九月，重庆一中寄宿学校都会组织学生开展为期四天的国防教育实践活动。学校按照“自律”“自觉”“自信”“自强”四个板块渗透德育理念。一中学子在队列训练中树立了自律的意识，在整理内务中养成了自觉的习惯，在阳光笑容中展示了自信的风采，在汇操演练中领悟了自强的精神。练就孩子不畏艰苦、克服磨难的坚韧意志，引导学生做“明礼崇德”的一中学子，做敢于担当的中国少年。

第一天：自律少年，培养自律意识。

九月的操场，一片迷人的军绿。军训的第一天，学校着重树立孩子的自律意识，开展列队表演的基础课程，包括向左转、向右转的转体动作，立正稍息的基础动作。一中学子整齐划一，热情洋溢，青涩的脸庞写满的是期待，明亮的双眼流露的是坚毅。

风雨中挺拔的军姿、汗水浸湿的衣衫是养成自律的第一步。军姿是对自我的约束，更是对卓越的追求。少年们认真自律的样子，是一中校园最美的风景。

第二天：自觉少年，养成自觉习惯。

清晨的号角吹响了青春的步伐。少年们双手紧贴裤缝，双眼目光坚定，那是阔步前行时无需提醒的自觉。军训的第二天，学校重在激发学生的自觉，养成学生良好的生活习惯。教官深入学生宿舍，手把手教会学生如何整理内务；教官和学生共进午餐，教会学生吃饭的礼仪和餐盘的收纳。齐步走、正步走的每一次踏步，左看齐、右看齐的每一个回眸，是对国防实践活动的认真对待，是对军姿军容力求完美的不懈追求，更是对强健体魄保家卫国的高度重视。操场上自觉排列整齐的衣物，寝室里自觉摆放整齐的物品，教室里自觉对齐的桌椅，更是将军训的整齐与规范拓展到生活的方方面面。

第三天：自信少年，树立自信态度。

叠翠山下的铮铮少年，在日影与汗水之中绽放青春。坚毅的眼神闪耀出清澈的希望，红晕的脸庞透不出一丝的彷徨。军训第三天，每一个动作都在昭示着他们生性坚韧、意志坚强。作训时毫不懈怠、斗志昂扬。休息时，含弘楼前笑声朗朗、活力四射。国防教育实践活动为一中学子的青春添上道道光泽。一中少年洋溢着的每一份自信，都是从骨子里迸发出的一股日益强劲的青春力量。

“中华少年，顶天立地当自强。”作为中国少年，不仅要有强健的体魄，更要有自强的精神。第四天的军训安排是成果汇报展示，包括分列式操练和团体操表演。一中学子意气风发的分列式步伐、神采飞扬的手语操表演、铿锵有力的军体拳会演、气壮山河的《少年中国说》齐诵，呈现了一中少年的挺膺担当的精神。

三、案例总结

“青春作伴，担当少年”，重庆一中寄宿学校国防教育实践活动自 2006 年第一届举办以来，如今已经走到第 18 个年头，已然成为重庆一中寄宿学校的一张“闪亮的名片”。该活动始终以培育和践行社会主义核心价值观为核心引领，以增强重庆一中寄宿学校青少年学生拥军爱国的深厚情感、居安思危的忧患意识、尚武崇军的思想观念、严以律己的价值理念、富国强军的责任担当。然而，学校的活动在形式上有待创新，可以通过深入军营、革命烈士陵园与爱国主义基地等形式，沉浸式体验学习，引导一中学子真情体会革命先烈们舍生取义、无私奉献的英雄主义精神和爱国主义情怀，切身感受中国军人的光荣传统、优良作风、钢铁意志及奉献情怀。

静听花开　诗韵流长

——重庆一中寄宿学校“静听花开的声音”系列活动全记录

罗　晨　张　杰

重庆一中寄宿学校的春天，总是被一片绚烂的樱花所笼罩，而在这片花海中，最引人注目的莫过于每年三月如期举行的“静听花开的声音”系列活动。十七年来，这项活动不仅成为了学校的一项传统，更在近年来成为学生们展示才华、感悟文化、传承精神的重要平台。

一、原创诗歌朗诵：青春与诗意的碰撞

第十五届“静听花开的声音”以“惊艳了时光”为主题，在樱花广场上拉开帷幕，近千名学生汇聚一堂，用原创诗歌朗诵的方式，表达对春天的热爱和对青春的憧憬。

活动分为三个乐章：一中情缘、山城情愫与家国情怀。每个篇章都由老师和家长领头吟诵，既有初一年级所有语文老师朗诵的《就是那一只蟋蟀》，也有全体班主任老师饱含深情的《错过》，还有家长们带来的《山雀子噪醒的江南》。学生们的表演形式丰富多样，既有婉转动听的古筝，也有挥毫泼墨的书法，更有优美蹁跹的舞步，将诗歌朗诵与才艺展示完美结合，为观众带来了一场场视听盛宴。

这一届活动不仅展示了学生们的创作才华，更激发了他们对诗歌的热爱和对生活的感悟。学校倡导“我们可以不当诗人，但我们要过上诗意的生活”，学生们在诗歌中找到了情感的寄托，也在朗诵中感受到了青春的力量。

二、跨学科主题展演：打破壁垒，融合创新

第十六届“静听花开的声音”则打破了诗朗诵的形式限制，以“浅唱春日序曲”为主题，引导初一、初二全体学生在老师的指导下自主参与活动策划、组织、编

排等，融合音乐、美术、国学、历史等跨学科学习经验，最终呈现出精彩多样的诗歌文化综合展演。

活动中，老师们以《这世界有那么多人》开场，用真挚的情感朗诵着自己与学生的“羁绊”；学生们则以《咏青春之志，舞动青春色彩》等作品，展示了心中的高远志向。家长代表带来的《愿你慢慢长大》更是触动了每一个人的心弦，表达了父母对子女最朴实的爱与期待。

这一届活动不仅促进了学生对课本知识的深刻理解，更锻炼了学生的协作表达能力和创新能力。跨学科的主题展演让学生们在实践中体验到了知识的融合与碰撞，也让他们更加深刻地理解了“尊重自由，激发自觉”的办学理念。

三、项目式学习新章：厚植家国情怀，赓续文化血脉

第十七届“静听花开的声音”则以“厚植家国情怀，赓续文化血脉”为主题，围绕跨学科学习项目成果展展开。活动分为“含英待采·草木蔓发”“芳樱初吐·灼灼其华”“华樱正盛·万物生长”三个篇章，分别展示了先秦文化溯源、唐宋诗词吟唱和现代原创诗词朗诵及情景剧改编等节目。

在第一篇章中，学生们通过《九歌·悼屈原》《呦呦鹿鸣》等作品，向历史的尽头望去，追寻着中华传统文化的根源；在第二篇章中，他们以《声声慢》《将进酒》等经典诗词为本，传承诗意里的家国情怀；在第三篇章中，则以《少年中国说》《山河鼎沸》等现代诗歌为轴，弘扬红岩精神，呐喊出“少年中国”的壮志。

这一届活动不仅是一次文化的盛宴，更是一次精神的洗礼。学生们在参与中感受到了中华文化的博大精深，也增强了自身的文化自信和家国情怀。

重庆一中寄宿学校校长王伟民表示，学校希望通过这样的活动，给学生们提供感受传统文化魅力的平台和载体，让他们走进传统文化、理解传统文化、演绎传统文化、传承传统文化。

四、系列回响：文化的盛宴与心灵的洗礼

“静听花开的声音”系列活动不仅是一场场文化的盛宴，更是一次次精神的洗礼和成长的见证。从原创诗歌朗诵到跨学科主题展演，再到厚植家国情怀的文化传承，每一届活动都以其独特的主题和形式，为学生们提供了展示才华、感悟文化、传承精神的舞台。

这些活动不仅促进了学生们对知识的理解和掌握，更激发了他们的创新思维和

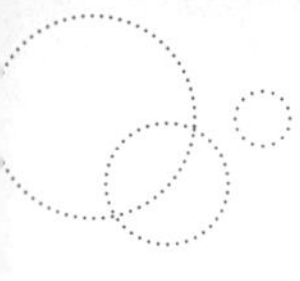

团队协作能力。在参与中，学生们学会了如何将自己的想法和创意转化为现实作品，如何在团队中发挥自己的优势并相互协作，如何在挑战中不断成长和进步。同时，“静听花开的声音”系列活动也成了学校文化建设的重要组成部分。

它体现了学校“尊重自由，激发自觉”的办学理念，展示了学校对传统文化的尊重和传承，也彰显了学校对学生全面发展的重视和培养。通过这些活动，学校不仅为学生们提供了丰富的课外实践机会和平台，也为他们未来的成长和发展奠定了坚实的基础。

总之，“静听花开的声音”系列活动已经成为重庆一中寄宿学校的一张亮丽名片，它不仅展示了学生们的才华和风采，更传递了学校对教育的热爱和执着。在未来的日子里，相信这项活动将会继续绽放出更加绚烂的光彩，为更多的学生带来成长和收获。

聚光向未来　奋进新时代

重庆一中寄宿学校“1314 的记忆”文艺晚会德育纪实

张　杰

习近平总书记寄语青年：“明天的中国，希望寄予青年。青年兴则国家兴，中国发展要靠广大青年挺膺担当。年轻充满朝气，青春孕育希望。广大青年要厚植家国情怀、涵养进取品格，以奋斗姿态激扬青春，不负时代，不负华年。”汉语里的“青春”一词，最早见于屈原的《楚辞·大招》：“青春受谢，白日昭只。春气奋发，万物遽只。”亘古至今，从生机盎然的春天，到破浪乘风的生命，再到血浓于水的家国，青春被赋予了太多意涵，寄托了无限遐想。重庆一中寄宿学校“1314 的记忆”以青春的名义，开启的是一场文脉传承的青春巡礼，让传统文化和红色基因发挥出以文化人、以文育人的作用，让一中学子凝聚更为深厚的文化自信的力量。

一三一四的时光里，有一生一世的承诺。为彰显一中学子风采，传承红色基因，厚植家国情怀，“聚光向未来奋进新时代”，一年一度的重庆一中寄宿学校“1314 的记忆”文艺晚会是属于一中学子的青春盛典文艺盛宴，是 13、14 岁的年纪一生一世的牵挂与羁绊，求索与方向，是一所学校的文化传承积淀下来的德育名片，是每一位学子青春成长的仪式和永恒的里程碑。

青春，是成长的蜕变，是探索未知的勇气。背起书包踏上 108 梯，朝阳迎面。深吸一口气跑向操场远方，碧绿无垠。13、14 岁的年龄，无论是拾级而上，还是向前奔跑，都是人生中每一种生活姿态的预演。

“1314 的记忆”文艺晚会的节目，充分做到了艺术创造和中华传统文化的完美融合，重庆红岩精神和红色文化传承相辅相成，彰显了中华文明历久弥新的青春活力和初心如磐的价值追求。一中学子用一生一世的追寻，将自我的成长与家国的蓬勃相连，用一生一世的记忆，为稚嫩的青春画上浓墨重彩的一笔。“1314 的记忆”德育活动主要体现三大特点。

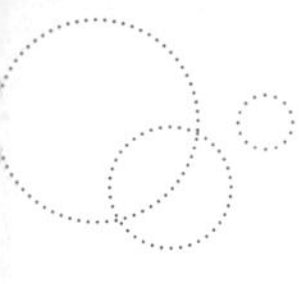

首先，守正创新激活红色基因青春风貌。

千百年来，青春的力量、青春的涌动、青春的创造，始终是推动中华民族勇毅前行、屹立于世界民族之林的磅礴力量。青春的可贵，在于不断开拓创新，积极进取，奋发有为。13、14 岁的一中青少年正在守护和传承宝贵的红色文化和革命精神，以创新精神演绎那些沉淀着历史烟云、凝结着先贤智慧的典故或往事。

赓续红色基因，弘扬奉献情怀。学生自主编排的话剧《邓稼先》讲述以邓稼先为代表的前辈们用短短数十载的生命，在中国历史上留下光辉的一页。通过邓稼先的成长经历、学术探索、生活日常以及伟大贡献等许多感人至深的故事，体现了邓稼先的爱国奋斗、无私奉献的人格魅力和博大情怀。

传承红色记忆，演绎英勇少年。学生自主创作的情景剧《小英雄王二小》《少年英雄王二小》，将活泼灵动、充满童趣的表现手法镶嵌在厚重的革命题材当中，结合情景剧的审美表现优势，形象化、艺术化地再塑了英雄王二小的形象。在面对敌人入侵时，乡邻与王二小团结一致、共同御敌，更为全剧增添了几许革命的浪漫主义色彩。

演绎红色故事，厚植家国情怀。学生自主创作的历史剧《四二一风云》彰显“四二一”运动的风云跌宕和大无畏精神。这既是一幕别开生面的历史剧，也是一堂激动人心的思政课。一中师生通过沉浸式的视听感受，与革命年代的一中先辈进行了一场跨越时空的心灵对话。一中师生继承革命先烈的精神与斗志，践行共产党员的初心与使命。

其次，与时俱进彰显中华文化独特魅力。

优秀传统文化是中华民族的“根”与“魂”，也是重庆一中寄宿学校德育工作的文化沃土和思想源泉。“中华文明如同万古江河，奔流不息。诗笔与画笔，共同记录着发展历程，传承着精神血脉，共同描绘了历史之美、山河之美、文化之美。”根植在中华文明血脉中的民族精神和家国情怀，经学生表演的各种文化类节目生发穿越时空、直抵人心的文化力量。

戏剧是国粹，也是“1314 的记忆”保留的节目样式。一张张美轮美奂的脸谱上演过太多生动的故事。《说唱脸谱》《戏剧串烧》《游园惊梦》等节目充分彰显戏曲的美丽，不仅让我们感受到中华文明的博大精深，感动于戏曲文化的弦歌不辍，更帮我们找寻到契合时代要求的文化认同和精神家园。

相声《我为一中点赞》也是学校多年来一直延续演出的经典节目。幽默诙谐的台词，笑料连连的演绎，情感共鸣的欢笑，师生一起点赞一中。笑声如清泉，眼神似星辰，流转在校园的每一个角落。

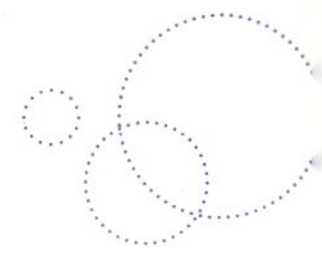

古典舞蹈《风筝》，演绎暮春时节，散学的孩童纷至沓来，为我们上演了一场风筝争夺战。音乐在跳动，青春在飞扬，舞起花球，展青春之精神，扬少年之风采。青春就是一棵茁壮成长的树，我们一边褪去稚嫩，一边迎来成长，告别青涩的童年，迎来青少年时代。

首先，百花齐放激发一中学子创作潜能。

搭建青少年积极参与的表演舞台，激发学生的创造潜能，让一中学子对中华优秀传统文化产生审美情趣和情感共鸣，让中华优秀传统文化焕发无限的青春魅力。

六月的校园里，栀子花香肆意。五光十色的舞台上，同学们拿出十八般武艺：器乐、舞蹈、话剧、歌曲、小品、诗朗诵……一个个节目精彩纷呈；吉他、钢琴、架子鼓、古筝……中外乐器齐上舞台。一双双眼睛灵动地诉说着青春的故事，一中学子用律动的音符谱写华丽的乐章，用热情的火苗点燃青春的梦想。

乐器串烧《青春之我　时代之音》作为开场。以古筝、琵琶和其他西洋乐器联袂演出的形式展现，丰富了艺术表现力。重庆一中寄宿学校音乐教师杨峤艺用二胡重奏《新赛马》，旋律激昂。学生的古筝表演，指尖在琴弦上轻轻跳动，悠扬的乐音在场内渐渐荡漾开来。而后，钢琴乐音轻快明朗如波浪起伏，与古筝碰撞与交融，产生令人意想不到的艺术绚烂色彩。融合中西音韵，奏响青春乐章。

玩偶秀，秀出童年的美好印记，同学们回顾童年时看的动画片，美好的玩偶一直铭记在学子心中。孩子们用歌声讲述有趣的故事，用歌声传递向上的能量。以身体为笔，为青春作画，绘成了一帧帧灵动优美的时光印记。

“1314 的记忆”文艺晚会，起源于 2013 届和 2014 届，展现的是 13、14 岁的青春画卷，铭记的是孩子一生一世的记忆。青春，就是这份简单而纯粹的快乐，是童年的尾巴，是成长的序曲。一中学子以青春之我，创建青春之国家、青春之民族，续写时代的辉煌。

炙热的激情，点燃浩瀚的夜空；真挚的情怀，照亮动人的岁月。回首过往，我们立德树人，在旗帜上写下壮丽诗行；展望未来，我们踔厉奋发，在征途上成就光荣梦想。我们信仰着、践行着，聚光向未来，奋进新时代！

重庆一中寄宿学校深挖红色资源，拓宽德育外延，以“1314 的记忆”为平台，张扬青春，润泽心灵，赓续红色基因，厚植家国情怀。打造重庆一中寄宿学校德育工作的品牌化、特色化、创新化。

培养拔尖创新人才　发展新质生产力

重庆一中寄宿学校“科技创新月”活动案例

张　杰

“科技与创新”是重庆一中寄宿学校重要的育人途径。习近平总书记强调：“坚持推动教育科技人才良性循环，统筹实施科教兴国战略、人才强国战略、创新驱动发展战略，一体推进教育发展、科技创新、人才培养。”“要进一步增强科教兴国强国的抱负，担当起科技创新的重任，加强基础研究和应用基础研究，打好关键核心技术攻坚战，培育发展新质生产力的新动能。要务实建言献策，助力深化科技体制改革和人才发展体制机制改革，健全科技评价体系和激励机制，进一步激发各类人才创新活力和潜力。”少年强则国强，青少年时期是科技创新人才成长的关键期，基础教育阶段是创新思维开发训练的黄金时期。重庆一中寄宿学校聚焦落实立德树人为根本任务，聚焦促进学生身心健康全面发展，聚焦发展新质生产力创新改革，坚持以学生为中心，回应家长的教育关切。

“科技与创新”是促进教育发展的有力支撑。教育事关国家和民族的未来。新时代新征程，发展新质生产力是建设现代化强国的时代要求。学校要深化科技与教育体制改革，构建人才自主培养体系，探索拔尖创新人才培养机制，推进并发展新质生产力。重庆一中寄宿学校不负重托，不断增强创新能力，为全面建设社会主义现代化国家，为实现中华民族伟大复兴的中国梦提供坚实的科技与人才支撑！

一、案例背景与意义

（一）案例背景

推动教育科技创新内涵式发展，加快建设教育强国、科技强国、人才强国，深入实施科教兴国战略、人才强国战略和创新驱动发展战略是教育的迫切要求。如今，信息更迭和技术革新正以前所未有的速度加速前进。学校要与时俱进，拓宽学生知识视野，更迭教学知识结构，研究真问题，真研究问题，以高水平科学

研究培养高质量创新人才。

重庆一中寄宿学校积极响应《关于进一步减轻义务教育阶段学生作业负担和校外培训负担的意见》，优化课后服务形式，增加探究性及实践性作业，开设了科学社、信息社等社团活动。策划并组织了“环球自然日”“智力快车”“科创进校园”等德育活动，极大丰富了学生的课余生活。

（二）项目意义

习近平总书记明确指出：“深化科技体制、教育体制、人才体制等改革，打通束缚新质生产力发展的堵点卡点。”发展新质生产力要求教育、科技、人才“三位一体”协调发展。兼济天下、以文化人是教育的弘道追求。重庆一中寄宿学校把握时代脉搏，以科技为支撑，以学生为核心，以创新为动力，掌握学生成长成才规律，用数字时代的思维和方法立德树人、铸魂育人，为加快发展新质生产力提供有力人才支撑。

二、案例描述与实施

（一）环球自然打开科技视野

重庆一中寄宿学校多次组织学生参加由重庆科技馆主办的“环球自然日”系列活动。一中学子充分发挥奇思妙想，向自然发问，向科学进军。上探浩瀚宇宙，下探地心内核。追踪热点事件中的自然奥秘，审视经典话题中的存疑问题。充分践行重庆一中寄宿学校“明礼崇德，求知求真”的校训。

参赛同学介绍，得知有“环球自然日”这个活动起，她就开始积极组队、积极筹备。首先确定选题，搜集查阅网上资料，周末则去图书馆翻阅纸质书籍，做好记录。返校则请教生物和地理老师，不断调整思路，最终写成科技论文，并以这篇论文为依托做成参赛展品。

该活动充分调动孩子们的思索和实践能力。大多展品都是手工拼接而成，巧妙运用各种动植物、微生物模型，采用清晰的结构示意图，无不体现了一中学子的巧妙构思和别具匠心。学生不仅在筹备阶段细致用心，对于现场的讲解也是准备充分。积极与评委老师互动，以一种相互探讨的方式和评委交流。

（二）智力快车引领创新驱动

智能创造，智慧创新。重庆一中寄宿学校“智力快车”系列活动体现了“习于乐、智于运、力于动”的特点，包括“智力运动会”“程序设计大赛”“智力快车问答”三个活动。“智力运动会”比赛共分为两个大赛项：飞叠杯和三阶魔方速拧。

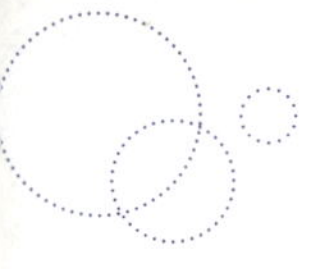

"程序设计大赛"为信息学奥赛班选手，大赛借鉴全国青少年信息学奥林匹克联赛（NOIP）复赛方式，参赛选手们需要在规定时间内编程解决问题，获得得分。"智力快车问答"活动是我校综合实践课程的传统版块，已有多年历史，比赛试题的内容涉及文史艺哲科技等多个方面。随着时代的变化，其活动项目也在不断更新。除了传统的"快速判断""猜猜看""英语平台""风险提速"四个环节，近两年还新增了"动手动脑"一项。

三、案例成效与影响

重庆一中寄宿学校秉承科技与创新的育人途径。科技教育一直伴随着学校发展的整个历程，学校紧密围绕《全民科学素质行动规划纲要》，深入落实全民科学素质培养提升工作的具体部署，面向全体学生，课内与课外相结合，人文与自然相结合，科技与创新相结合，坚持开展形式多样、主题鲜明的科技活动，使科技课程、科技活动更具有系统性、递进性与整体性，努力为每一个有想法、有创意、有热情的学生提供各种平台和机会，着力提升学生科学文化素养，助力拔尖创新人才的培养。

重庆一中寄宿学校硕果累累，张元立老师荣列重庆市"最美科技志愿者"名单。重庆市科学技术协会以"当好青少年科技梦想的引路人"为题，详尽报道了张元立老师作为市科技志愿者的先进事迹，展现了一中教师的魅力与风采。张元立老师一直从事机器人、创客、人工智能教育，辅导了一中学生上百人次获奖，面对社会科教普及人数上万人次。"现在技术发展、更新很快，只有不断精进自我，不断提升自我，把握好每一次机会，积极投身科教事业，才能更好地引领学生发展！"张元立老师的感言，正是他投身科教一线、积极为青少年科技活动贡献力量的誓言。

2024 年重庆市教育科学研究院公示了重庆市教育科研实验基地评选结果，重庆一中寄宿学校"指向核心素养的中学跨学科教育科研实验基地"经评审获得立项。在新课标、新课程的背景下，重庆一中寄宿学校致力于培养拔尖创新人才、综合强基人才，开展教育教学研究，创建并初步形成新的人才培养体系。学校以"教育教学方式变革与组织形式改革"为建设方向，通过跨学科的方式，深入探索指向核心素养的教育科研，成功打造了具有鲜明特色的教育科研实验基地。目前，基地主持人和主要成员共 10 人，其中有 5 名硕士、5 名学士、2 名中学正高级教师、4 名中学高级教师、3 名中学一级教师、1 名特级教师、1 名苏步青奖获得者，还有多名市级学科带头人、名师、骨干教师。

未来，重庆一中寄宿学校将紧密围绕新时代教育的核心要求，积极探索教育教学方式的变革与组织形式改革，继续完善拔尖创新人才培养机制，加强科研团队建设和科技活动开展，进一步提升科研水平和创新能力，为发展新质生产力培养更多人才，贡献更多力量。

多彩社团　缤纷校园

重庆一中寄宿学校社团综合实践课程德育案例

罗　荃

社团活动是学校课堂教学的延伸性活动，是进一步深化教育教学改革，全面实施、推进素质教育的一个重要体现。社团活动的正常开展，既可丰富学生的课余生活，也可为学生提供一个自主发展的时间与空间。组织丰富多彩的文化、艺术、体育等活动，符合广大学生和家长的意愿。学生通过活动，能获得许多在课堂中学不到的知识和技能，有利于激发学生学习兴趣，发展个性特长，促进学生身心健康发展。重庆一中寄宿学校社团联合会成立于 2019 年 2 月 25 日，经过较长时间的调查、实践，把学生乐于接受、普遍受欢迎的一些科目进行选择优化，确立为社团的活动项目，逐渐使其成为学校的校本课程 (选修课) 的一部分，并且与研究性学习、跨学科学习有机结合起来。学生社团综合实践课程作为学生综合素质培养的一个重要载体，在繁荣校园文化、推进学校精神文明建设中发挥着重要的作用。

一、指导思想

以社团活动为平台，充分发挥教师优势，通过组织丰富多彩的社团活动，不断丰富学生校园文化生活，发展学生兴趣与特长，着眼于促进学生当前与未来生活质量的提高，着眼于促进社会的进步和可持续发展，结合学校的具体特点和传统优势，努力实现“尊重自由，激发自觉”的教育理念。通过学生社团活动，陶冶道德情操，培养艺术情趣，提高科学素养，锻炼强健体魄，充实课余生活，促进学生身心全面发展。

二、基本目标

重庆一中寄宿学校学生社团综合实践课程着眼于促进学生兴趣和特长的个性化发展，丰富学生校园文化生活。充分发挥教师优势，培养教师社团组织与研究

实践能力，不断提高自身专业素质。不断探索校园生活和校园文化，充分发掘校园可用资源，逐步形成具有特色的社团活动。对于学生而言，该课程旨在发挥好奇心及观察力，善于从实际生活中发现和主动探索问题，培养与他人合作学习的能力，形成团队精神，在学习活动中有自律意识和关心他人的情感与品德。培养学生自主管理的意识和领导能力，建立新型的师生关系。通过社团活动，构建健康和谐的校园文化氛围。

三、具体措施

（一）严格制度，加强管理

社团活动坚持做到定时间、定内容、定地点、定人员。学校成立社团活动领导小组，组织检查指导社团活动的开展，以保证活动正常开展。

（二）尊重主体，实行双选

活动前，学校根据每个教师的特点选择好辅导项目，同时根据课程的开设情况鼓励学生依据自身特长，特别是兴趣所向，选择合适的社团活动。

（三）认真准备，精心辅导

各社团负责人要提前制定活动计划，认真组织活动，并整理好活动资料。

（四）关心学生，保障安全

各方要保证活动场地、设施、器材的安全性，防止意外事故的发生。专用活动室要做好活动室内物品保管、门窗关锁和使用后的清洁卫生工作。

（五）加强研究，注重实效

各社团要加强对活动内容和形式的研究，并借助节日、运动会等平台定期或不定期举行各种形式的展示评比活动，以展示各社团活动成果。

（六）建立机制，规范评价

建立相应规范的内部评价与激励改进机制，把各自辅导（包括展示比赛等成果）的情况作为指导老师的考核与评价的主要依据。

四、社员管理

服从教师管理，不迟到、不早退；对于无故不参加社团活动，不服从纪律者，取消其社员资格；实行签到制与积分制并行。在社团活动开始前与结束前，分别在社团负责人处签到和签退。在社团活动期间，社长与副社长对社团成员进行积分制考评，学期结束时评选优秀社团成员。

五、社团管理

1. 各社团需拟定本学期可能开展的活动列表和经费申请报告，并交年级组审核通过后方可开展。各社团都要按照规定的时间、地点，高质量开展活动。社长与副社长经协商一致选出本社团核心负责人2~3名，几人共同负责社团活动的开展与管理。负责人应负起责任，保障活动的安全性。社团管理人定期对场地、器材安全进行检查，确保社团活动的安全性。

2. 活动过程中，老师必须认真辅导，充分调动学生的积极性，并保障活动的安全性，老师不能随意离开活动室，无特殊情况不得提前或延迟活动时间，确保活动安全、扎实、有效。各社团对无故不参加活动的学生，及时查明原因，并和班主任、指导教师取得联系并做好记录。

3. 指导老师如有外出学习等特殊情况，应提前报年级组批准并通知学生暂停活动。

各社团要建立健全组织机构，充分发挥学生干部作用，促使本社团活动有条不紊地开展。每次活动前后，要及时做好活动室卫生工作，做到教室地面清洁、台凳整齐、物品完好，并及时关锁门窗。

六、社团评价

（一）“明星社团”的评选

社团章程完善，机构设置合理；拥有较大规模的成员数量（会员数量排名前五的社团有资格竞选），且成员活跃度高；活动丰富多样，具有创新性和特色；注重活动质量，活动效果显著；能够提升成员的综合素质和能力，促进校园文化建设，得到师生的广泛认可和好评；在校园内具有较高的知名度和美誉度，成为学校社团的标杆和榜样；通过各种渠道积极宣传社团活动和成果，扩大社团的影响力，此外网络投票数量也是明星社团评选的参考标准之一。

（二）“优秀社团”的评选

社团活动记载本记录认真完整，活动方案制定规范细致，可操作性强；活动过程较详细；学期结束每个社团都有活动反思或小结；教师充分履行指导的职责，在社团活动过程中，教师能进行有效的指导，帮助学生发展特长；能加强社团管理，社团活动文明有序；注重社团文化建设，体现社团主题的特色；学期结束时，社团能以个性开放的方式在社团文化节闭幕式上展示社团活动成果；每学期按照各项检查指标累计总分，总分排名前20名的社团，在公示期结束前无异议的，可

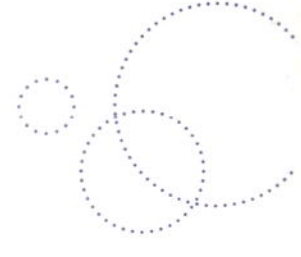

评选为“优秀社团”。

（三）“十佳社团”的评选

每学期按照各项检查指标累计总分，总分排名前 10 名的社团，在公示期结束前无异议的，可评选为“十佳社团”。

（四）“优秀社团指导教师”的评选

被评为“优秀社团”的社团指导老师获“优秀社团指导教师”。

（五）“明星社团指导老师”的评选

被评为“明星社团”的社团指导老师获“明星社团指导教师”。

（六）“优秀社团干部”的评选

被评为“优秀社团”的社团干部，由该社团的社团指导老师针对该学期社团干部的表现择优评选，每次限五名。

（七）“优秀社员”的评选

被评为“优秀社团”的社员，由该社团的社团指导老师和社团干部针对该学期社员的表现择优评选，每次限五名。

七、社团活动的效果与影响

重庆一中寄宿学校立足于立德树人的根本任务，秉承“尊重自由，激发自觉”的办学理念，通过“阅读与人文”“科技与创新”“运动与健康”等多维路径，致力于培养具有中国情怀、国际视野的未来人才。重庆一中寄宿学校高度重视社团活动的开展，将其纳入学校的整体教育教学计划中。学校成立了专门的社团管理部门，负责统筹规划、组织实施和评估反馈工作。据校方统计，目前共有 26 个不同类型的社团，涵盖了科技、艺术、体育、学术等多个领域，每个社团都配备了专业指导老师。据统计，在 2022 学年，全校约有 90% 的学生至少参加了一个社团。学生们积极参与各类社团活动，表现出极大的热情和兴趣。例如，科学大爆炸社吸引了大量热爱实验探究的同学，墨染文学社则成为文学爱好者们的聚集地。各社团定期举办丰富多彩的活动，如科技创新大赛、戏剧表演、篮球联赛等，极大地丰富了学生的校园生活。

研究表明，参与社团活动能够显著提升学生的综合素养。教育心理学家布鲁纳指出：“参与课外活动有助于学生认知、情感和社会技能的发展。”重庆一中寄宿学校的调查显示，超过 90% 的社团成员表示，他们在团队合作、沟通表达和领导力等方面得到了明显提高。为了更直观地反映社团活动的效果，以下是部分

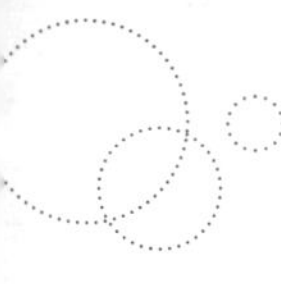

统计数据：参加社团活动的学生中有 85% 以上的人认为自己的社交能力和自信心有所增强；在各类竞赛中获奖的比例高达 40%，远高于未参加社团的学生；超过半数的学生家长表示，孩子在家的表现也有了明显的改善，变得更加独立自主，愿意分享和帮助他人。著名教育学家霍华德·加德纳提出的多元智能理论强调，教育应关注学生的多种智力表现形式。他指出，“社团活动提供了一种有效的途径，使学生能够在不同的领域展现和发展自己的才能。”这与重庆一中寄宿学校的理念不谋而合，充分体现了社团活动在学校教育中的重要地位。

通过本次案例分析，我们可以清晰地看到，社团活动对于促进中学生的全面成长具有不可替代的作用。它不仅是课堂教学的有效补充，更是培养学生综合素质的重要平台。未来，我们建议更多的学校借鉴重庆一中寄宿学校的经验，加大对社团活动的支持力度，鼓励更多学生参与到社团活动中来，从而实现真正的全人教育。总之，学生社团综合实践课程作为一种重要的教育资源，应当得到全社会的关注和支持。让我们共同努力，为孩子们创造一个更为多彩和充实的学习环境。

弘扬红岩精神　蓬勃青春力量

——重庆一中寄宿学校体育文化节开幕式案例

张　杰

一、案例背景

（一）精神谱系的重要组成

红色血脉是中国共产党政治本色的集中体现，是新时代中国共产党人的精神力量源泉。回望中国共产党的百年壮阔历程，在红船精神、井冈山精神、长征精神、遵义会议精神、延安精神、西柏坡精神、红岩精神、抗美援朝精神、“两弹一星”精神、特区精神、抗洪精神、抗震救灾精神、抗疫精神等党的精神谱系中，红岩精神是中国革命精神谱系的重要组成。落实立德树人的根本任务，就是要赓续红色基因，汲取奋进力量。让红色基因渗进一中学子的血液，厚植家国情怀。

（二）山城重庆的文化名片

文化是城市的灵魂。城市历史文化遗存是前人智慧的积淀，是城市内涵、品质、特色的重要标志。要妥善处理好保护和发展的关系，注重延续城市历史文脉，像对待“老人”一样尊重和善待城市中的老建筑，保留城市历史文化记忆，让人们记得住历史、记得住乡愁，坚定文化自信，增强家国情怀。红岩精神就是重庆的灵魂。红岩精神不仅是重庆这座英雄的城市不朽的丰碑，也是重庆这座魅力城市最为鲜艳的文化名片，是重庆这座英雄的城市能够成为历史名城驰名中外的灵魂。

（三）重庆一中的思想火炬

重庆一中立足于立德树人的根本任务。1931 年由共产党人创建的重庆一中有着与生俱来的红色基因。1949 年 4 月 21 日，整个重庆弥漫阴云。为了争取民主和自由，重庆一中的师生走向街头，举行声势浩大的爱国运动。为了纪念这次爱国运动，重庆一中将 4 月 21 日定为校庆日。在白公馆、渣滓洞，重庆一中有七名师生血染红岩，谱写了可歌可泣的英雄诗篇。“四二一精神”是红岩精神的重要组成部分。这种“爱国、奋斗、团结、奉献”的红岩精神就是重庆一中的思想火炬，

应该在每一位师生的心中熊熊燃烧，代代相传。

二、案例描述

2023 年 4 月 28 日，“弘扬红岩精神　蓬勃青春力量”重庆一中寄宿学校第三十二届体育文化节暨春季田径运动会盛大开幕。此次开幕式，我校将赓续红岩精神作为此次德育活动的立足点，做了一系列的改革。

（一）回顾历史事件　展现光辉历程

首先，13 个班级的运动员入场，班级的呼号不再是班级的班训，或者自己班级的口号。而通过重大时间节点、重大历史事件和重要时代标语全方位展现中国共产党百年来的辉煌历程。

1. 突出历史节点恢宏时代气象

初 2024 届 13 个班级依次呈现不同的主题，高举时间的节点，高呼时代的口号。13 个班级依次呈现的方阵是：1921 年中国共产党成立，呼号为“开天辟地，焕然一新”；1931 年重庆一中建校，呼号为重庆一中校训“明礼崇德，求知求真”；1945 年抗战胜利，呼号为“中流砥柱，统一战线”；1949 年“四二一运动”，呼号为“千秋红岩，万世流芳”；1949 年 10 月 1 日开国大典，呼号为“大国屹立，世界东方”；1978 年改革开放，呼号为“改革开放，繁荣富强”；1997 年重庆直辖、香港回归，呼号为“重庆直辖，香港回归”；2008 年北京奥运会，呼号为“同一个世界，同一个梦想”；2012 年神舟飞天蛟龙下海，呼号为“拥抱新时代，共圆中国梦”；2020 年抗击疫情，呼号为“众志成城，齐心抗疫”；2021 年中国共产党成立 100 周年。呼号为“百年初心，历久弥坚”；2022 年北京冬奥会，呼号为“北京冬奥会，一起向未来”；2022 年共青团成立 100 周年，呼号为“建团百年，青春力量”。13 个班级充分展现了百年中国的辉煌画卷。学生倍受鼓舞，与家国一起共振。

2. 借助历史物象厚植家国情怀

每个班级的方阵，借助历史物象，呈现不同的时代特征。有 1921 年的红旗、1931 年的校旗、1949 年的国旗、2022 年的团旗，也有 1949 年重庆的红梅、1997 年香港的紫荆花、2008 年北京的五环，还有 2012 年的“蛟龙号”和神舟飞船、2022 年的冰墩墩、雪容融等不同的物象。入场的串词也突出了时代的特征。比如“1921 年，十三名热血青年相聚在浙江嘉兴南湖的那艘红船上，激荡着新思想的涟漪，满载着新中国的曙光，宣告了中国共产党的诞生，百年征程由此扬帆起航。

自从有了中国共产党，中国革命的面貌就焕然一新，深刻改变了中国人民和中华民族的前途和命运。”“1949 年 10 月 1 日，一个洪亮的声音在天安门城楼响起：中华人民共和国中央人民政府成立了。这个古老的、饱经战争沧桑与落后苦难的中华民族，自此站起来了。和平鸽飞翔在神州大陆，越过七大洲，横过四大洋，日出东方，中华之光。从此中国改天换地，屹立于世界民族之林；人民当家做主，谱写社会主义华章。”“2022 年，奥运圣火再次点亮古都北京，点亮奥林匹克历史上首个“双奥之城”！历经 7 年筹办，中国向世界交出了令人欣喜的奥运答卷。北京冬奥会以体育的力量将世界各地的人们团结在五环旗下，向世界发出命运与共、和衷共济的热切呼唤。弘扬奥林匹克精神，举奋斗之旗、聚团结之火、燃未来之灯，让我们一起向未来！”介绍历史事件，突出历史意义，厚植家国情怀。

（二）讴歌红岩精神蓬勃青春力量

此次开幕式上，除了传统的升旗仪式和足球表演，我校还策划了精彩的诗歌朗诵《红岩精神　青春力量》。“东方的地平线，透出一派红光，闪烁在嘉陵江上，湛蓝天空，万里无云，绚丽朝霞，放射万道光芒。”这是红岩精神最为诗意的赞美。在全校征集师生的作品中，重庆一中寄宿学校初 2023 届 9 班学生潘籽言的诗歌《红岩精神　青春力量》高票当选。诗歌中有“加快建设体育强国，就要弘扬中华体育精神”，也有“胸怀大局，自信开放，迎难而上，追求卓越，共创未来，凝聚一起向未来的冬奥会力量”，包含“9 秒 83，苏炳添在世界的舞台上展翅飞翔”等奥运事件的概括，以及“爱国、奋斗、团结、奉献，传承“四二一”精神，共铸新时代梦想”的青春呐喊。

全体同学跟着领读的同学一起高呼：“弘扬红岩精神，蓬勃青春力量”“一中少年，顶天立地当自强”“请党放心，强国有我！”振奋人心，蓬勃青春的力量。

三、案例总结

（一）赓续红色基因润泽学生心灵

重庆一中寄宿学校坚持立德树人的根本任务，在德育活动和课堂教学中渗透同学们对学校的热爱，对重庆的热爱，对国家的热爱。德育活动就应该渗透爱国爱校的情怀，让学生了解厚重的文化积淀、淳朴的民俗风情、不朽的红岩精神、“四二一”精神。

如何让重庆的地域文化焕发生机？让民族的、地域的、独特的文化成为教育的资源？如何厚植红色基因，弘扬红岩精神，让重庆的红岩精神润泽学生的心灵？

（二）如何丰富活动形式弘扬红岩精神

希望红岩魂陈列馆、红岩革命纪念馆能够加强与中小学的联系，深入学校开展红岩讲座，在红岩魂陈列馆、红岩革命纪念馆开设德育课堂，通过实物呈现，让学生切身感受革命先烈崇高的思想境界、坚定的理想信念、巨大的人格力量和浩然革命正气。

此次开幕式，原本策划了与红岩魂陈列馆的互动活动。邀请专业的人员讲述重庆的故事，讲述小萝卜头的故事，但最后没能落实，只能期待下次的合作。同时，除了诗歌朗诵，还可以通过歌唱《红梅赞》、编排《红岩》话剧、编排《烈火中永生》舞蹈等形式，丰富活动的内容。

用心发现美“fun”肆来欢乐

——重庆一中寄宿学校“525 心理健康月”活动案例

张　杰

学生心理健康教育是全社会共同关注的话题。需要构建一个由心理专家专业领航、教师队伍悉心指导、学生家长热情参与的“家校社”全面护航体系，共同呵护每一名学生的心理健康。需要专家为教育实践提供科学依据，理论支持和专业指导；需要教师将心理健康教育融入日常教育教学，引导学生保持健康的心态；需要家长与孩子的日常互动，传递积极向上的价值引领领。

一、案例背景

2024 年，教育部印发《关于开展首个全国学生心理健康宣传教育月活动的通知》，要求以“全社会都行动起来，共促学生心理健康”为主题开展宣传教育月活动。旨在通过形式多样的宣传教育活动，营造积极关心关注、支持参与学生心理健康教育的良好社会氛围，推动学生心理健康工作提质增效，促进学生身心健康发展。

教育部明确提出要全面落实“五育”并举促进心理健康理念，面向全体师生开展富有针对性的心理健康教育，要组织动员专业力量广泛深入开展心理健康科学普及、引导家长关注孩子心理健康。

重庆一中寄宿学校全面落实“五育”并举的德育理念，将学生心理健康教育贯穿于教育教学全过程。在“立德树人”工程中塑造健全人格，通过“阅读与人文”滋润求知心灵，通过“运动与健康”释放内心压力，通过“科技与创新”激发探索兴趣。通过美育浸润表达丰富情感，通过劳动教育培养耐心毅力。“五育”并举，体现教育的人本关怀和学生全面健康发展的德育要求。

二、案例实施

2024 年 5 月 20 日—21 日，重庆一中寄宿学校 2024 年心理健康节系列活动在学校樱花广场盛大举行，活动包含现场游园和心理观影两部分，吸引了大量学子前来参与，同学们在生活点滴的“美”中收获心灵的浸润。

活动一：花样曼陀罗

笔尖翩跹，勾勒斑斓色彩；心绪流转，沉浸美好瞬间。

活动提供卡片和彩笔，学生画出心灵的“曼陀罗”图案。色彩缤纷的曼陀罗，是心灵的花园，每一幅花朵，都诉说着独特的情感。曼陀罗象征着能量与意志的无限运转，学生在曼陀罗的圆圈中挥洒色彩，感受心灵与世界的连接，体验自我与宇宙的和谐。

活动二：香囊工坊

馨香萦绕，细品芬芳之韵；情意绵延，长存真情之心。

活动提供香草和香袋，学生制作喜爱的香囊。精心制作的香囊，是希望的载体，每一个细节，都凝聚着深沉的思绪。一缕清香，一份安宁，在芳馨弥漫中，寻觅内心的平和，品味生活的温情。

活动三：漂流瓶里的“小天地”

瓶中拾趣，绿叶花瓣筑乐园；创意无限，小天地里藏乾坤。

活动提供漂流瓶、圆珠笔、信笺纸、树叶和花瓣，学生在信笺纸写上自己的心愿，和树叶花瓣装进漂流瓶。漂流瓶中的小天地，是心灵的避风港，每一次创造，都是对世界的探索。漂流瓶里，是大自然的馈赠。我们用叶子、花瓣，编织专属于自己的小世界。与万物对话，感受生命的力量。

活动四：三行诗笺

笔墨轻舞，三行诗笺诉衷肠；文字流淌，诗意凝结情思扬。

活动提供书签和中性笔，学生在书签上写下三行小诗。三行诗笺，是心灵的日记，每一首诗歌，都记录着生活的点滴与感悟。自然的花草枝叶、生活的柴米油盐，让每一处风光把心灵洗礼，将每一种生活定格为诗篇。

活动五：笑容定格

光影交错，凝固时光的印记；笑靥灿烂，绽放青春的绚丽。

活动准备照相机和拍立得，用镜头记录学生的笑容。笑容定格的瞬间，是幸福的见证，每一张笑脸，都洋溢着生活的美好与温暖。仔细捕捉每一个值得纪念的笑容，让快乐成为永恒，让回忆充满温馨。

活动六：舞动韶光

随心律动，舞动青春之韵律；释放激情，诠释生命之活力。

活动准备一台电脑和欢快舞蹈视频，学生跟着视频一起舞蹈。跳动的身体，是青春的旋律，每一个动作的演绎，都是心灵的释放。让内啡肽、多巴胺等“快

乐激素”疯狂分泌，让青春挥洒欢乐和激情的汗水。

活动七：心理展播台

思绪纷飞，汇聚思绪的繁星；凝聚共鸣，共筑心灵的桥梁。

完成以上六个活动的学生会收到观看电影的门票。学校组织学生观看阳光心态的经典电影。观影是艺术向心灵递交的一封邀请函，一起来聆听更多有关“心”的声音。在光影的交织中，学生自由地穿梭于心灵的天空，争取活出心花怒放的人生！

三、案例总结

用心发现美，“fun”肆来欢乐——重庆一中寄宿学校“525心理健康月”活动，以积极心理学理念为指引，结合心理健康、美育浸润和艺术表达，通过知识宣传、活动体验的多种方式，让学生更加关注心理健康与心灵成长，体验并获得情绪调节、心理释放的方式方法，以阳光乐观的心态对待学习和生活。

重庆一中寄宿学校特别重视心理健康教育和心理咨询中心建设。学校充分调动各方面力量，已经构建全方位、多渠道、分工明确又互相配合的心理健康教育服务体系。制定了心理辅导管理制度、心理危机预防及干预制度、心理咨询队伍督导制度等完善的制度。建立了在校长直接领导下，以安稳办和学生处为职能部门，以心理老师为核心，以班主任和心理教师为骨干，全体教职员工共同参与的全员、全程心理健康工作机制。学校将心理健康课程与其他相关学科有机融合，要求所有老师在每节课开展至少五分钟的心理健康教育，并创造性地开设心理健康课程、阳光心理社团。

学校建立“学校主导、部门合作、社会参与”的危机干预工作机制和三级预防的实践机制，家校社协同联动、融合育人机制。组织开展“用心发现美，‘fun’肆来欢乐”——重庆一中寄宿学校“525心理健康月”活动，有益于学生身心健康和心理素质拓展。每一次参与，都有心灵的触动；每一次体验，都是成长的蜕变。通过此次活动，鼓励一中学子在未来的学习生活中，以饱满的热情，书写生命的精彩。也希望通过活动引起家长和社会对学生心理健康的关注。希望学校家长与社会优势互补，有效融合，共同发力，守护学生的心理健康，向阳生长，沐光而行。

浓情端午携“艾”回家

——重庆一中寄宿学校端午节系列活动案例

王茹昕

在中华民族悠久的历史长河中，端午节作为传统节日之一，承载着深厚的文化底蕴与民族情感。重庆一中寄宿学校积极响应文化传承的号召，组织开展“把艾带回家”实践活动。本文将以“把艾带回家”实践活动为例，深入剖析其活动背景、实施过程、成效及影响，以期为同类教育实践活动提供理论支持与实践借鉴，共同为中华优秀传统文化的传承与发展贡献力量。

一、案例背景

（一）文化传承的紧迫需要

在全球化日益加深的今天，青少年作为未来社会的中坚力量，其文化认同感和传统文化的传承显得尤为重要。端午节，作为中华民族历史悠久的传统节日之一，蕴含着丰富的文化内涵和民族情感。然而，随着现代生活节奏的加快，许多传统节日的习俗逐渐被淡化甚至遗忘，青少年对传统文化的了解和体验变得日益匮乏。因此，如何在新的时代背景下有效传承和弘扬端午节等传统节日文化，成为教育领域亟待解决的问题。

（二）教育实践的创新需求

传统教育模式在文化传承方面往往侧重于知识的讲授，缺乏实践和体验的环节，难以激发学生的兴趣和共鸣。而“把艾带回家”实践活动则是一种创新的教育实践方式，通过让学生亲手制作香囊、五彩绳和艾草花束，亲身体验端午节的传统习俗，使他们在实践中感受传统文化的魅力，增强文化自信和家国情怀。

二、案例描述及实施

（一）案例描述

淡淡艾草叶，浓浓世间情。“把艾带回家”实践活动是重庆一中寄宿学校在端午节期间特别为学生设计的一项文化传承与创新教育项目。该项目旨在通过手工制作香囊、五彩绳和艾草花束等传统端午节物品，让学生亲身体验并深入了解端午节的丰富文化内涵，挖掘民族传统节日所蕴含的丰富教育资源，将民族精神、传统美德教育、劳动教育、节气文化和学校特色紧密结合在一起，深化同学们对于“端午节”中华民族传统节日的认识，增强学生对中华优秀传统文化的民族自信心和自豪感，渗透爱国主义精神。

项目围绕做香囊、编五彩绳和做艾草花束三个部分展开，注重培养学生的动手实践能力、创新思维和劳动习惯，促进其全面发展。

1. 赓续传统，弘扬优秀文化

时至今日，屈原等历史先贤的精魂仍传承于故乡的江河大地，其“哀民生之多艰、吾将上下而求索的”精神仍赓续于我们的血脉胸间，做香囊一方面象征屈原的品德节操将馨香溢世、流芳千古，另一方面又能起到驱瘟避疫、强身健体的作用。香囊的材料源自中药中的有益成分陈皮、薄荷、艾草、茉莉等，学生们从中亦收获了中医药学知识。

五彩绳则由我国古代的五行观念演变而来。端午节天地纯阳正气极盛，可借助天地纯阳正气祈福纳吉，表达古往今来人们共同的美好愿景。

“清明插柳，端午挂艾”，采艾草制成花束悬挂门楣之上是端午节的重要习俗，宗懔的《荆楚岁时记》中记载：“鸡未鸣时，采艾似人形者，揽而取之，收以灸病，甚验。是日采艾为人形，悬于户上，可禳毒气。”艾草和菖蒲等药材不仅蕴含独特的幽香，还具有驱蚊抑菌的功用，一把艾草花束凝聚着古人的智慧，也洋溢着学生的爱意。千载悠悠成端午习俗，传统文化脉脉相传。

2. 善于创造，落实劳动教育

为贯彻落实习近平总书记在全国教育大会上的讲话精神和《中共中央、国务院关于全面加强新时代大中小学劳动教育的意见》文件精神，进一步筑牢学校劳动育人特色，重庆一中寄宿学校举办“把‘艾’带回家”实践活动，帮助学生增强劳动意识、激发劳动情感、锤炼劳动意志、培养劳动能力。

艾草一颗一粒，收获一点一滴；碧叶裹紧团圆，彩线缠成思念。同学们在活动中奇思妙想、动手实践、学以致用、知行合一，在劳动教育中树立正确的劳动观念，

锻炼娴熟的劳动技能，培育积极的劳动精神，养成良好的劳动习惯和品质。

3. 浓郁艾草，传递心中温情

五色新丝编制彩绳，指向五个方位，迎吉纳福求安康，智慧与福气不断；碧艾香蒲制作花束，祝愿一家人身体健康，福气常伴身边；浓浓情谊缝进香囊，把艾带回家，让爱常相伴！

做一中人，做有心人。同学们精心制作，在端午佳节挂花束、赠香囊，在艾草清香中共话家常、共享温情！

一年一端午，一岁一安康。在手工制作五彩手绳、艾草花束和传统香囊的过程中，同学们既体验到了动手创造的快乐，更完成了传统文化的传承。

盛夏滋养深情，不负时光清甜。别样过端午，丰富同学们的文化生活，体现积极向上的精神风貌，展现奋发乐观的生活态度。一中学子以饱满的热情、辛勤的劳动、有爱的情怀追逐青春梦想，实现人生价值！

（二）案例实施

1. 前期准备

资料收集与课程设计：项目团队提前收集端午节相关资料，包括传统习俗、香囊制作技巧、五彩绳编织方法等，并设计出一套适合初中生的教学方案。

材料准备：根据教学方案，采购香囊制作所需的中药材料（如陈皮、薄荷、艾草、茉莉等）、五色新丝、针线、流苏以及艾草花束的包装材料等。

场地布置：选择适合开展手工活动的教室或活动室，进行场地布置，营造浓厚的端午节氛围。

2. 教学实施

知识讲解：在课堂上，老师们首先向同学们介绍端午节的由来、传统习俗以及香囊、五彩绳和艾草花束的文化意义，同时详细讲解香囊制作的相关知识，包括材料的选择、配伍原理及制作步骤等。

示范操作：老师们进行香囊、五彩绳和艾草花束的示范制作，展示关键步骤和技巧，确保同学们能够清晰理解并模仿操作。

动手实践：同学们在老师的指导下，分组进行香囊、五彩绳和艾草花束的制作。他们兴奋地拿出材料包，屏气凝神地穿针引线，灵巧的手指上下翻飞，装艾叶、编织彩绳、制作花束，整个教室充满了欢声笑语和创造的气息。

3. 成果展示与分享

作品展示：制作完成后，同学们展示自己的作品，并进行相互欣赏和评价。学校还组织了作品展览，让全校师生共同感受端午节的传统文化氛围。

经验分享：邀请部分同学分享制作过程中的心得体会和遇到的困难及解决方法，增进彼此之间的交流与学习。

4. 总结反思

项目总结：项目结束后，项目团队对整个活动进行总结，包括活动亮点、存在的问题以及改进措施等，为后续类似活动提供参考。

学生反馈：收集同学们的反馈意见，了解他们对活动的满意度及建议，以便不断优化项目设计。

三、案例成效及意义

（一）弘扬传统文化，增强文化自信

“把‘艾’带回家”实践活动通过让学生亲手制作香囊、五彩绳和艾草花束，不仅让他们了解了端午节的传统习俗和中医药学知识，更在动手创造的过程中深刻感受到了传统文化的独特魅力和深远影响。这种亲身体验的方式，有助于激发学生对传统文化的兴趣和热爱，增强他们的文化自信，为中华文化的传承与发展贡献力量。

（二）培养家国情怀，增强民族认同感

端午节作为中华民族的传统节日，承载着深厚的家国情怀和民族情感。通过参与“把‘艾’带回家”实践活动，学生们在制作香囊、五彩绳和艾草花束的过程中，不仅感受到了传统文化的魅力，更在无形中增强了对国家和民族的认同感和自豪感。这种家国情怀的培养，有助于引导学生树立正确的世界观、人生观和价值观，为构建和谐社会贡献力量。

（三）促进劳动教育，培养良好品质

“把‘艾’带回家”实践活动还融入了劳动教育的元素。通过让学生亲手制作香囊等手工艺品，锻炼了他们的动手能力和实践操作能力，培养了他们的耐心、细致和责任感等良好品质。这种劳动教育的方式，有助于学生在实践中学会珍惜劳动成果、尊重他人劳动，为他们的全面发展奠定坚实基础。

综上所述，“把‘艾’带回家”实践活动是一次富有创意和成效的教育实践探索。它不仅弘扬了中华民族的优秀传统文化，增强了青少年的文化自信和家国情怀；还促进了劳动教育的发展，培养了学生们的良好品质。这一案例的成功实施，为同类教育实践活动提供了有益的借鉴和启示。

四、结论与展望

“把‘艾’带回家”实践活动在重庆一中寄宿学校的成功举办，不仅是一次对端午节传统文化的生动再现，更是一次对青少年文化传承与创新能力的有效培养。通过亲手制作香囊、五彩绳和艾草花束，同学们不仅深入了解了端午节的传统习俗和中医药学知识，还亲身体验了动手创造的乐趣，增强了对传统文化的认同感和自豪感。这些宝贵的经历将成为他们成长道路上重要的财富，激励他们在未来的学习和生活中继续传承和弘扬中华优秀传统文化。

“把‘艾’带回家”实践活动所取得的成效和影响，将为我们进一步开展类似的文化传承活动提供宝贵的经验和启示。我们将继续深入挖掘和整合传统文化资源，创新活动形式和内容，吸引更多学生参与其中，让传统文化在青少年心中生根发芽、开花结果。

我们也期待通过此类活动，能够进一步推动校园文化建设，营造更加浓厚的文化氛围，提升学校的文化软实力和影响力。我们相信，在全校师生的共同努力下，重庆一中寄宿学校将成为传承和弘扬中华优秀传统文化的重要阵地，为培养具有深厚文化底蕴和高度文化自信的时代新人贡献力量。

乘风破浪　扬帆起航

——重庆一中寄宿学校学生成长仪式之初三启动仪式案例

吴　维

一、仪式是普遍存在的文化现象

王小波说："一个人只拥有此生此世是不够的，他还应该拥有诗意的世界。"仪式感让生活成为生活，而不是简单的生存。《小王子》里也有这样一段类似意蕴的对话：

"你每天最好在相同的时间来，"狐狸说，"比如说，你下午四点钟来，那么从三点钟起，我就开始感到幸福。时间越临近，我就越感到幸福。到了四点钟的时候，我就会坐立不安；我就会发现幸福的代价。但是，如果你随便什么时候来，我就不知道在什么时候该准备好我的心情……应当有一定的仪式。"

"仪式是什么？"小王子问道。

"这也是经常被遗忘的事情。"狐狸说，"它就是使某一天与其他日子不同，使某一时刻与其他时刻不同。"

仪式是人类社会普遍存在且流传至今的文化现象。仪式作为一种非物质的文化传播载体，强调仪式的象征符号和背后的文化内涵。而仪式之于生活的要义，在于使生活得以五彩斑斓，是生活情境中的价值表达与生成。

二、成长仪式是重要的教育方式

成长仪式，是一个人从童年、少年至成年需接受的不可缺少教育方式，也是自古以来育人的重要一环。《礼记》对此有较为详细的记载："人生十年曰幼，学""成童，舞象，学射御""十有三年，学乐，诵诗，舞勺"等。对现代教育而言，成长仪式诠释了生命演变的意义，体现了教育的人性化。学校通过举行成长仪式，一则让学生见证自己的成长，留下美好深刻且难忘的回忆；二则引导孩子感谢父

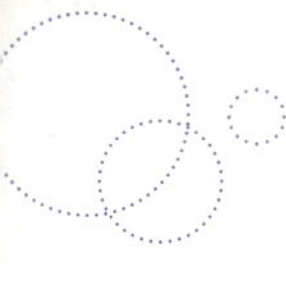

母的养育之恩、老师的教导之恩，引导学生在成长过程中磨炼心智、明礼知爱、求知求真；三则为未来的自己插上了理想的翅膀，树立报效国家的大志。

三、初三启动仪式为学生成长赋能

（一）初三启动仪式的特点

仪式教育往往具有一定可重复的、规范的程序性内容，如约定的时间、地点、动作，以及程序性内容所承载的深层次象征意义。每年六月，重庆一中寄宿学校初三年级会举行初三启动仪式，教学地点从络樱楼搬至含弘楼。六月，距初中毕业刚好还有一年，启动初三正当时；含弘楼是历届初三年级的教学楼，含弘远大，立意高远；教师在含弘楼大门口列队欢迎，并在天井表演节目等，寄寓着教师对学生成长的祝福，学生宣誓、呼号宣告着成长的雄心壮志。

（二）初三启动仪式的作用

通常情况下，成长仪式动作区别于常规动作，并不具备直接的功能性，却在更为深层、深远处给学生影响。

1. 积极情绪

研究表明，仪式对积极情绪体验有促进作用，同时还可以抑制消极情绪。初二升初三，学生面对考试、毕业、升学，容易陷入成长的焦虑。在温情与轻松氛围中，学生与教师击掌、拥抱，教师表演幽默有爱的节目，学生开展初三启动仪式，一方面激发了更多的快乐情绪，另一方面减轻学生的焦虑情绪。

2. 促进关系

从互动仪式链理论角度而言，在仪式活动中，人们通过语言、姿态、表情、动作等符号进行沟通，并传递情感。从教育的角度而言，仪式活动是一个教育场，是教育情境，初三启动仪式创造了一个共同体验和情感共鸣，促使师生、生生之间深化联系，拉近师生、生生距离，促进了人际关系的融洽。

3. 激发品性

具有象征意义的仪式行为是传播文化价值观念的重要载体。例如初三启动仪式中通过设计一系列具有特定意义的仪式行为，比如通过击鼓、“喊楼”、宣誓、签名、留影等，向学生传递感恩、拼搏、竞争、责任的成长观，从而让初三年级的各个班级更具凝聚力，学生更有学习的动力。

4. 塑造文化

重庆一中寄宿学校学生的特点是厚积薄发，在一中的沃土上再塑自我，创造

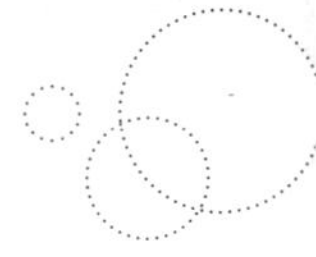

传奇。初三一年更是学生蝶变的关键时期。在初三启动仪式中，如教师、家长的成长寄语、学生的誓言，都能帮助学生锲而不舍、锐意进取。这种文化一届届传承，构成了一中寄宿校的文化特色。

重庆一中寄宿学校关注仪式的育人价值，初三启动以学生为主体，学生在情境氛围中自主参与到每一个充满感染力的程序与仪式动作中，启迪心智，震撼心灵，对学生产生长远影响。

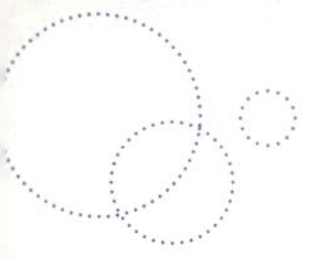

青春未央　不诉离殇

——重庆一中寄宿学校毕业季系列活动案例

张玉菱

理想信念是一种重要的精神现象，是学生世界观、人生观、价值观的具体体现。随着社会环境的多元化，初中生对树立理想信念的意义缺少正确的认知，学校德育在这方面就体现了重要的引领作用。本文以“毕业季系列活动”为案例，通过剖析案例背景、实施过程、实施成效，为初中生理想信念教育提供案例参考。

一、案例背景

毕业是每个孩子读书生涯的青春符号，是初中学段的结尾亦是高中学段的开始，学校德育应该为这个符号赋予浓墨重彩的仪式感。在校的三年，孩子们经历了一系列用心用情的德育活动。但一所好学校，不止重视孩子们在校的进步，也会惦记他们离校后的发展，更要注重学生树立正确理想。借助毕业季的契机，用一系列用心策划的活动，激发他们对理想的坚持，对母校的热爱，对老师的感恩，对同学的惦念，帮助他们以更自信、更温情、更勇敢的状态迎接人生下一个阶段的挑战。

二、案例目标设定

通过毕业季一系列活动，达成以下德育目标。

1. 从认知层面认识理想信念：明确理想信念的意义，知道理想与现实的联系，明白理想对社会具有的特殊价值。

2. 从情感层面认同理想信念：认同个人理想与社会发展的关系，树立坚定正确的理想信念。

3. 从实践层面树立理想信念：主动应对并解决学业和生活中的困难，以实际行动逐步实现自己的理想信念。

三、案例实施过程

（一）铭记青葱岁月　师生以歌寄情

初中三年，孩子们在学校经历的点点滴滴都记录了他们成长的痕迹。每年毕业季，重庆一中寄宿学校会为应届毕业生定制一首专属 MV（音乐短片）。毕业季的 MV，或感人、或励志，已然成为孩子们印象深刻的青春记忆。重庆一中寄宿学校先后推出《明天你好》《叠翠山下的日子》等官方毕业歌曲，在追忆三年时光中，学生再次回顾初中的奋斗历程，学生感受到了付出与收获的正相关，体会到了师长的谆谆教诲。以歌寄情，进一步坚定了自己的理想信念。

（二）财商逆商齐抓　旧物寄托希望

学校在毕业季为孩子们提供实践创新平台，特地举办了“旧物传递希望，青春永不散场”的跳蚤市场。各班带上班旗、班徽，每个班一个摊位，在由 12 张桌子拼凑而成的摊位上，各班将不便携带回家且不影响使用的物品，如小台灯、小风扇、小桌板、小玩具等生活用品，以及教科书、学习笔记、课外读物、文具等学习用品进行摆设售卖。根据商品实际使用价值，定价在 1 元至 10 元之间，买卖双方礼貌交易。买卖的是旧物，传递的是精神。一中人，聚是一团火，散是满天星。学校引导初三毕业生对学弟学妹正面引导，多为学弟学妹答疑解惑。

通过二手物品交易，弘扬了勤俭节约精神，提升学生对资源利用的意识，践行环保理念。同时，增强了人际交往能力和团队合作意识。另外，还培养了学生创新创业精神，培养了孩子们的财商和逆商。

（三）举办毕业典礼　坚定理想信念

初三毕业季，学校会组织全体毕业生召开了以“青春未央，不诉离殇”的毕业典礼。学校精心筹备，为毕业生准备青春纪念册、毕业文创纪念品，带领学生回顾三年的青春，表达美好的祝愿，深度交流理想信念的重要，展望美好的明天。毕业典礼一般分为“青春格子”“恩情难忘”“不诉离殇”三个板块。回忆三年的青春过往，感念师者和家长的恩情，展望未来的灿烂前程。每年的毕业典礼也会弘扬“四二一精神”，通过回顾学校风云激荡的“四二一运动”和沧桑的办学历史，感受前辈们艰苦卓绝的奋斗精神，求知求真的求学精神。毕业典礼的最后，是班主任以班级为单位，为每一位学生颁发毕业证书，佩戴校徽，合影留念，定格学生的青春瞬间，激励学生立志求学、积极上进，坚定学生理想信念。

四、案例总结

毕业季活动是孩子们在校期间学校能够给予的最后一次大型德育活动。通过丰富多彩的德育活动，培养了毕业生的爱校情怀，增强了毕业生的自信心和归属感。同时也传递了学校向上向善的育人观，激励着毕业生奋发图强，为校争光，为国努力，树立正确理想信念。另外，毕业季也是向社会展示学校育人成果的重要窗口。重庆一中寄宿学校将继续用充满的智慧和爱的方式，传承和创新毕业季活动，以此帮助学生树立并坚定正确的理想信念，以昂扬的姿态拥抱新时代，书写一中人的青春故事。

第四篇章：

带班有方略

在这个篇章里，我们集思广益，各显神通，呈现精彩纷呈的育人理念。我们将展示在班级文化建设、制度建设、活动开展、家校共育等方面所实施的具体方案。我们凝心聚力、树人以德，做学生人生的引路人；以爱筑梦、育人以情，做学生心灵的守望者；激活潜力、启人以智，做学生理想的唤醒师。学生的成长是跌宕起伏、旋律独特的乐章演奏；班级的发展是点点滴滴、细水长流的等待与前行。作为“最小的主任”，我们用治大国若烹小鲜的方法引领班级可持续发展。道阻且长，我们的故事未完待续。

凝心聚力　扎根向阳

——“三维三向三引”带班育人方略

唐昌润

“千教万教教人求真，千学万学学做真人”，基于这一理念，我们采用“三维目标、三向发展、三引实践”的带班方略，构建“家·校·生”共同发展“共同体”，致力于培育时代新人。如图1所示，从时间维度、空间维度、活动维度，“三维”立体打造育人目标；通过向下扎根、向上生长、向阳而生，“三向”综合凝聚师生发展；并以思想引领、制度引导、协同引路，“三引”系统涵育班级实践育人方略。

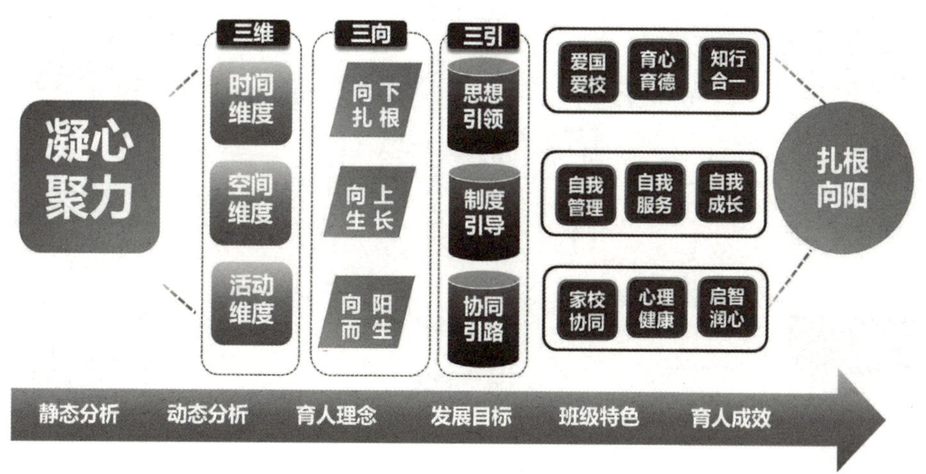

图1　凝心聚力扎根向阳——“三维三向三引”带班育人方略

一、班情分析

系统化、过程化、精准化的班情分析是班主任基本技能中的重中之重。通过采用基础数据的静态分析和六大指数的动态分析，可以全面介绍班级情况。

从静态分析角度来看，班级总人数为 48 人，其中男生 27 人，女生 21 人；全住读女生 3 人，全住读男生 7 人，全走读学生 4 人（包括 1 名男生和 3 名女生），其余学生均为半走读。此外，班级中有 3 名同学需要特别关注他们的心理健康。

从动态分析角度来看，结合学生成长规律与综合培养目标（如表 1 和图 2 所示），凝练形成了百分制的班级认同指数、德育指数、智育指数、体育指数、美育指数及劳育指数。每学期通过这六大指数绘制出一套动态分析图，辅助动态评估带班效果，并形成闭环反馈机制，以便及时调整带班策略。

表 1　班级动态评估六大指数注释表

指数	指数项目	指数含义（百分制）
指数 1	班级认同指数	每学期末，问卷统计学生认同度
指数 2	班级德育指数	每学期末，班级教师、班级同学互评
指数 3	班级智育指数	每学期末，加权计算班级平均分和中位数
指数 4	班级体育指数	每学期末，班级体育成绩平均分
指数 5	班级美育指数	每学期末，板报设计得分和美术书法教师打分
指数 6	班级劳育指数	全学期，教室、宿舍清洁评分和流动红旗计分

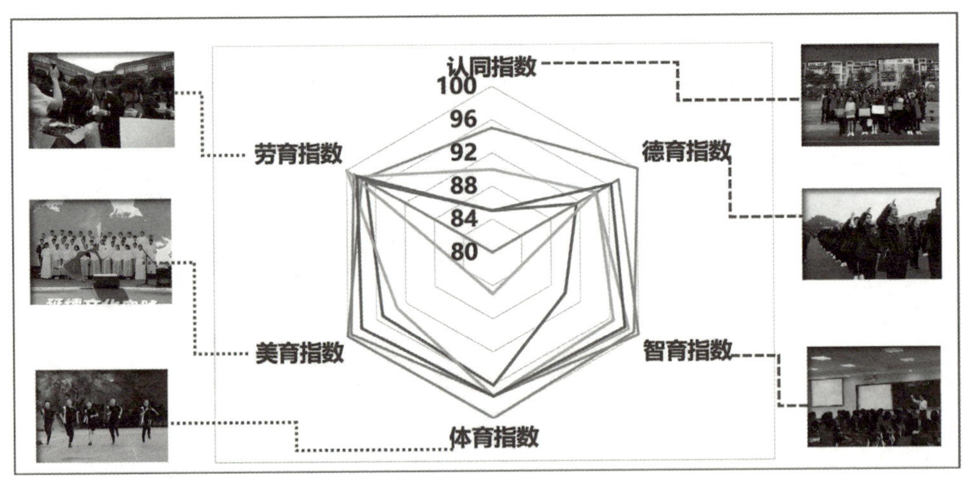

图 2　班情动态分析雷达图

二、育人理念

古语有云：“千人同心，则得千人之力。”班集体正是由许多人组成的有组织的整体，它是学生教育和管理的基本单元，是班级制度建设、文化建设、学生成才的具体载体，也是学生健全人格、增长才干的重要阵地，更是立德树人和五

育并举的实践基础。

我班紧紧依托时间、空间、活动三个维度进行建设。在时间维度上，从第一学期贯穿至第六学期，做到全周期覆盖；在空间维度上，融入教室、寝室、操场及家庭等不同场域，确保育人理念全方位覆盖；在活动维度上，注重校本活动的固本培元，突出班级活动的特色亮点，开展如“每日一享、每周一讲、半月一谈、学期一结”等活动，以实现活动全员覆盖。通过以上措施，形成班级向下扎根、向上生长、向阳而生的“三向”育人格局，构建“家·校·生”发展共同体。

三、发展目标

习近平总书记说：“中国的未来属于青年，中华民族的未来也属于青年。青年一代的理想信念、精神状态、综合素质，是一个国家发展活力的重要体现，也是一个国家核心竞争力的重要因素。”我班通过“家·校·生”共同努力，致力于实现“向下扎根，向上生长，向阳而生”的育人目标，如图 3 所示。

初一阶段向下扎根，建校爱校，建班强班，建章立章，激发自觉，为他们未来的学习和生活打下坚实的基础并提供保障。

初二阶段向上生长，育心育德，荣班兴班，形成体系，三自教育，以心聚力，启智润心，不断激发学生的潜能，同时，为他们适应青春期变化提供必要的支持和帮助。

初三阶段向阳而生，知行合一，全面发展，有章可循，运行高效，自信自洽，健全人格，帮助他们树立远大的人生目标并勇敢逐梦。

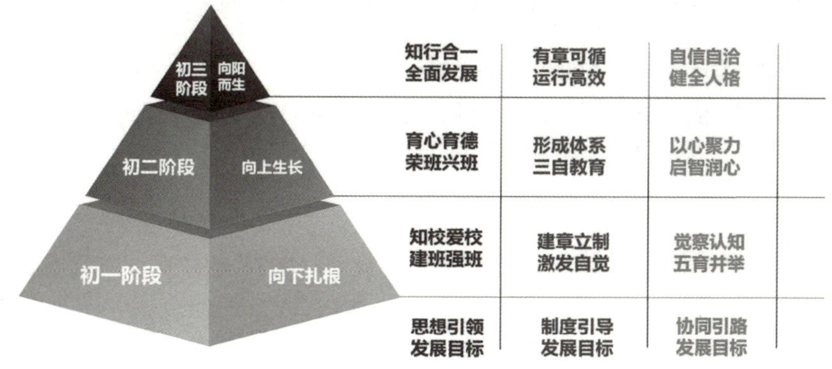

图 3 “分阶段、分层次、网格化”班级发展目标

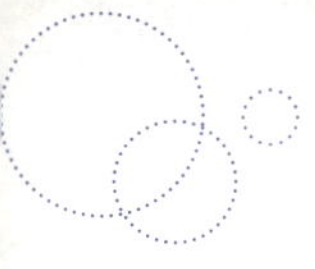

四、实践做法

（一）思想引领：注重思想品德教育，引领学生扣好理想信念“扣子”

回顾历史，20 世纪 50 年代邓小平的胞弟邓垦担任学校校长，明确了教育应服务于工农子弟的办学宗旨。要回答好“为谁培养人、培养什么样的人、怎样培养人”这一时代之问，家庭、学校、社会都责无旁贷，帮助学生扣好人生的第一粒“扣子”至关重要。

1. 爱国爱校：弘扬红岩精神，厚植家国情怀

基于我校“四二一精神”是红岩精神的重要组成部分。这种“爱国、奋斗、团结、奉献”的红岩精神正是我校的思想火炬。在建班之初，开展“百年红色征程·九秩母校风华”主题班会，引导大家知校爱校。通过了解校史和中国共产党发展的历程，同时聚焦于 1931 年、1949 年、改革开放时期和新时代四个重要时间节点，了解中国的巨大变迁及我校优秀学子投身革命的故事。积极参与“厚植家国情怀·延续文化血脉”诗歌朗诵会，让同学们带着樱花树下的文化血脉奔赴祖国大好河山，厚植家国情怀，激励挺膺担当。

2. 育心育德：契合时代需求，讲好开学第一课

与每学期初央视“开学第一课”相对标，分层次、分专题打造本班的“开学第一课”。利用好三堂课，在新学期开始之际，种下家国希望，讲述“以学立身”“智向未来”“爱国爱家”的开学第一课。切实激励引导学生成为中华传统美德的传承者、社会主义道德规范的实践者以及良好社会风尚的创造者。

3. 知行合一：注重榜样教育，激发进取精神

榜样是看得见的哲理，是生动鲜活的价值引领。通过挖掘并讲述“师生榜样、校友榜样、家长榜样、朋辈榜样”的故事。依托每周一升旗仪式中的“师说”，用熟悉的故事和案例讲述身边的人和事，鼓励同学们在平凡中追求卓越，在奋斗中成长。

4.“典”亮家风：响应时代号召，传承家风家训

“家庭是人生的第一个课堂”“家风是一个家庭的精神内核”，家是最小国，国是千万家，每个人来到这个世界，都是以家作为起点。班会课以语文课文《诫子书》为例，通过书写名字的来历，讲家风故事，传家训影响，汇集而成举办“书信中国·情系担当”主题班会。引领学生以班级为家、以大家为家、以国家为家，认识在校、在家、在社会的责任与担当。

（二）制度引导：注重健全班规班纪，激发学生勇担主人翁“担子”

依托“自我管理、自我服务、自我成长”的“三自”制度建设，唤醒主人翁意识，主要分为以下三方面。

1. 自我管理

教室场域：围绕行为养成和学业发展两大目标，选拔和培养“班级运行 + 班级发展”两个序列的班委。一是选拔和培养综合管理、清洁后勤、文化氛围方面的骨干班委，二是组建“课代表 + 学习委员”队伍，实现横到边、纵到底的网格化管理模式。

寝室场域：采用“2+N”的管理模式，即在男女生寝室各设一名生活委员，并由 N 名寝室长分别负责清洁卫生、环境美化、纪律监督和舆论监管工作。通力合作，在初一举办班级寝室文化节，邀请学科老师共同参观评分。实施班级和寝室网格化管理，拓展班级育人的时间和空间。

操场场域：倡导班级“爱运动，爱生活，爱拼搏”的运动理念，鼓励学生在运动中锤炼坚毅品格、锻炼强健体魄、养成团队精神。体育干部牵头，根据学生的体育锻炼情况及锻炼项目，制定阶段性目标表，有针对性地提高上下肢力量、腰腹力量等核心力量。

家庭场域：建立家校桥梁，增强联系纽带。利用家长会集中讲解，结合学生阶段特点和学业阶段要求，布置“爱心家庭作业”，如将做饭、整理房间等日常小事作为体验项目，以提升学生自我管理能力。

2. 自我服务

“教育的最终目的不是传授已有的东西，而是要把人的创造力量诱导出来，将生命感、价值感唤醒。”注重引导学生的自我服务意识，培养其持续发展能力。

（1）建立自主服务体系，以岗位明责任。打造融合“学风建设、制度建设、文体建设、纪律建设、文化建设”为一体的自主服务体系。引导学生在自主服务中，明确成长目标和责任，如每日班级卫生清单、每周早晚自习纪律打分等，来引导学生。

（2）开展项目化管理，以任务提升能力。将岗位角色与能力素养进行分级分类，开展项目化和目标化培育，以实际体验增强学生的参与感和认同度，例如以项目化开展每月板报制作，不同小组围绕不同主题展现“艺”彩纷呈，并在学校板报大赛中荣获奖项。

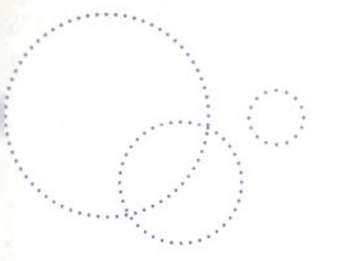

3. 自我成长

自我成长有三把钥匙：向外看，向内求，向前走。当学生不断打破固有思维，不断自省，并勇敢迈出挑战的每一步时，成功的希望就会降临。

（1）职业生涯初探。作为一名拥有全球职业生涯规划师资格证的班主任，我深知学生生涯启蒙的重要性在于引导他们认识自己、了解目标、找出差距并付诸行动。为此，我创新性地开展了家长职业讲堂、高校规划师进课堂、科创微展览等活动，帮助学生从兴趣、性格、价值观、技能等方面进行职业生涯探索。

（2）角色多重体验。在实践中培养“主人翁”意识。每位学生拥有一张角色体验卡，根据班级需要，自主选择角色进行体验，并履行相应职责。学生可以根据自我需要进行轮换角色，通过多种岗位的体验和身份的转换，在实践中培养出强烈的主人翁意识，使孩子们感受到激励、授权与赋能。

（3）成长思维四步法。采用“觉察—计划—行动—总结”的思考模式，班内同学比学赶帮、同楼层班级交流互鉴、跨年级同学朋辈帮扶。不断在实践中打破固有思维，不断创新育人方法。随着时间的推移，渐渐地便展现出了干净整洁的班级风貌、整齐划一的课间操以及安静自主的自习课。

（三）协同引路：注重身心健康成长，服务家校搭稳共育共进“梯子”

浇花浇根，育心育德。探索大中小学心理健康一体化研究实践，引导学生关注自身的心理健康和心灵成长，提高心理素质。家校合作，共同关注青少年的身心健康，这对他们的认识具有重要意义。作为一名心理咨询师兼班主任，我注重启智与润心相结合，围绕以下三个方面开展心理育人工作。

1. 实施“学生积极心理品质培育计划”

坚持“五育”并举，以德育心、以智慧心、以体强心、以美润心、以劳健心，全方位促进学生心理健康与发展。家校重视美术、音乐、园艺等艺术形式在积极心理品质培养中的浸润作用。例如，在每年三、四月校园樱花广场的樱花盛开之际，班级组织赏樱活动，并邀请家长一同参与合影纪念，留存班级和谐美好的记忆，增进家校与同学间的情谊，以美润心。

2. 推动心理健康教育场地建设

在班级内设置“心灵驿站”，设计绘制心理板报，布置种植有助于心灵放松的绿植。发挥环境育人功能，抓好以心理委员为重点、其他班干部及家长全覆盖的心理健康教育工作能力培育，同时关注学生的日常心理监测和危机心理的发现与疏导。例如，在班级正门口设置以心理为主题的小型木制板报区，分享美图美句，采用“每日一句”的形式，吸引学生驻足思考，达到启智润心的效果。

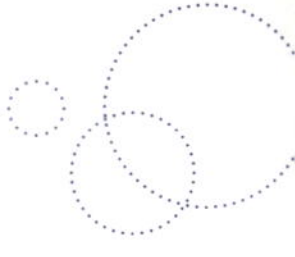

3. 将心理健康教育融入班会活动开展

将心理健康教育与班级的思想、组织、学风、纪律、文化建设相融合，实施“多元心理咨询服务暖心计划”。举办“为情绪上色，为青春添彩”的主题班会，方法赋能，引领学生有意识察觉情绪，有能力分析情绪，有方法调节情绪。推行“慢生活”理念，鼓励学生每天下午五点半走出教室，享受校园风光；每个周末走出房间，与家人一起欣赏自然美景。

五、班级特色

在班级育人过程中，将理论资源与实践经验相整合；常规教育教学、德育活动、项目式学习相整合；学校、家庭、社会教育资源相整合，逐步落实立德树人。形成向下扎根，向上生长，向阳而生新模式。

特色一：四场域贯通，实现“教室、寝室、操场、家庭”全覆盖，以学生的学习生活空间赋能学生综合发展空间，打造立体式带班场域。

特色二：三主体协同，全面汇集“家·校·生”三力协同，学校和老师充分发挥教育教学功能，学生积极调动自主管理能力，家庭充分发挥课后充电蓄能和家风涵育的作用。

特色三：三资源融合，以家国情怀、生涯规划、心理呵护为导向，探索开辟聚力“家·校·生”多元育人资源模式，做到“向上接天线·爱国”“向内触心灵·温暖”“向后做规划·力行”。

六、育人成效

充满青春和梦想的孩子们，如同追光者一般，在家国情怀的滋养下，更加注重自我修养和品质的养成，在自我管理、自我服务、自我成长中不断“内省”，更加懂得责任与担当。在协同共育中，孩子们聚力而行，更加悦纳自己、关爱他人。正如梁启超在《最苦与最乐》中所说：“尽得大的责任，就得大快乐，尽得小的责任，就得小快乐。”在集体的成长中，孩子们获得了直面人生的勇气，学会了勇担责任，渐渐明白了爱国、爱己、爱人是一场从追寻光、成为光到散发光的成长之旅。我们在实践中感受并赋予光芒以意义。

“六育并举”润泽身心“三维驱动”赋能成长

李　萌

一、育人理念

袁隆平先生曾说：“人就像一粒种子。要做一粒好种子，身体、精神、情感都要健康。种子健康了，我们每个人的事业才能根深叶茂，枝粗果硕。”

德智体美劳传统“五育”对学生的全面发展依然具有重大意义，但随着现实生活压力的增加，人们越来越意识到心理健康是构成一个人整体素质的重要组成部分，培养健康的心理与健全的人格，可以为学生的综合发展提供长期的支持。因此，在带班育人的实践中，我总结了“六育并举，三维驱动”的治班策略。“德、智、体、美、劳、心”这六个层面相辅相成、相互促进，合力赋能学生成长。

二、班情分析

（一）学生基本情况

青春期是青少年从儿童发育到成人的过渡时期，是人生发展中最为活跃的阶段，是人一生中最关键的时期，也是发展的可塑性极强的时期。这一时期的学生在性格、情绪、心理状态等方面常如“暴风骤雨般”变化。我所带的班级共有48名学生，我将利用SWOT分析法从优势、劣势、机会、挑战四个方面来分析班级学生情况。从优势方面来看，班级中的学生有着不同的成长环境，兼具差异性与包容性。整体而言，学生们思维活跃，热情善良。然而，从劣势上看，班级中学生的学习习惯普遍较差，基础相对薄弱，文化素养有待提高。从成长机会上看，一中校园内处处充满了促进学生成长的机会——阅读与人文、科技与创新、运动与健康等育人体系为学生提供了平等的发展机会与条件。从现实挑战上看，这一时期的学生不仅要应对较大的升学压力与激烈的竞争，同时随着自我意识的逐步增强，人际关系上容易出现矛盾与冲突。

（二）班级教师结构

班级教师的年龄结构分布合理，有“60后”“70后”的教师，也有“80后”“90后”的教师。老中青三代共育的局面，能给班级提供各具特色的教育教学活动。这些教师教学经验丰富，教学管理方式灵活多样，亲和力强且能力突出，在班级统一管理方面，他们能够汇集力量，形成合力。

（三）家庭教育情况

家长们普遍重视孩子的教育，并特别关注孩子的考试成绩，但不太重视孩子的世界观、人生观、价值观（即“三观”）的引导。有些家长时常“贩卖焦虑”，但往往缺乏与孩子进行亲子间“有效陪伴”的意识和实践。此外，还有一些家长过于溺爱孩子，在培养孩子良好习惯方面缺乏有效的方法，感到束手无策。“二孩家庭”“三孩家庭”在班级中较为普遍，这使得家长在与青春期的孩子进行沟通时面临更大的挑战，导致家庭亲子关系较为紧张。

三、实践做法

（一）以德立人，坚定理想信念

习近平总书记在党的二十大报告中寄语广大青年，号召他们立志做有理想、敢担当、能吃苦、肯奋斗的新时代好青年，让青春在全面建设社会主义现代化国家的火热实践中绽放绚丽之花。因此，我认真学习党的教育方针，积极落实立德树人的根本任务，开展序列化、层进式的德育活动。

1. 班级德育课程的开发

我格外重视班级主题团课学习对学生价值观形成的重要作用。通过组织“五四青年节”班级表彰大会，评选年度德育榜样，有效地增强了学生的主人翁意识与责任意识。

2. 学校德育资源的挖掘

我引导学生深入学习学校“四二一精神”的发展历史，充分发挥中学思政课的育人作用，帮助学生在“知”中建立对“四二一精神”的正确认知；在“情”中向真向善，厚植爱国情怀；在“意”中坚守信念，唤起学生积极的价值认同；在“行”中提升素养，彰显社会责任与担当。

3. 乡土德育资源的利用

为了让同学们充分了解重庆红岩文化的深厚底蕴，我利用重庆红色资源，在节假日期间让学生积极参与“漫游山城计划”，充当漫游山城推荐官。许多学生

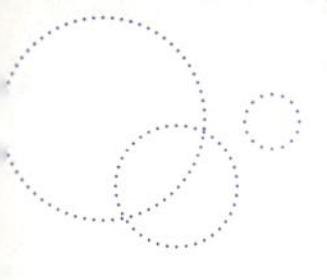

通过实地考察，设计出富有特色的“红色记忆”旅游路线，为推进红岩文化的传播贡献了自己的力量。

（二）以智育人，培育创新思维

在当前的人工智能时代，创新思维是学生应该重点培养的核心素养，具备综合性和跨学科的特点。

1. 认识思维层级

布鲁姆的认知层级理论为我们提供了一个有序的框架，教师可以据此逐步引导学生从记忆和理解阶段发展到应用、分析、评估和创造阶段，带领学生从浅层次学习迈向深层次学习。在日常的班级教学与管理活动中，我经常设计具有连贯性、层次性且指向性明确的问题链，以促进学生在不同认知层级上的思维能力和学习技能的提升。

2. 提升关键能力

随着 ChatGPT 逐渐融入日常生活，班级也借此热点开展了以“人工智能与社会发展”为主题的研讨活动。部分学生通过查找资料和报告撰写，辩证地分析了人工智能带来的机遇与挑战；还有学生采用小组合作学习的方式，总结出了在人工智能时代下中学生应具备的关键能力。

3. 激活创造潜力

依托社会资源，一些学生积极参与社会实践，走进赛力斯智慧工厂，“零距离”体验科技前沿，领略创新智慧；同时，还有一些学生在数学、物理、化学等学科中开展跨学科学习，并实施旨在培养创新思维的“微项目”学习实践活动。

（三）以体健人，锤炼意志品质

班级以“文明其精神，野蛮其体魄”的理念作为班级发展的核心内容。野蛮体魄是为了强健身体、磨练意志，文明精神是为了清醒头脑、开智明德。教育应促进头脑与身体、意志与思想的全面发展。

1. 亲子体育小课堂

我会在家长群中定期发布“强体魄、提素养”的亲子健身计划。大家热情高涨，积极参与，并分享了亲子运动的照片，营造了良好的家庭氛围。令我印象深刻的是一位患有中度脂肪肝的男孩，在暑假期间，在妈妈的带领下坚持长跑计划，成功实现了科学减重的励志故事。

2. 学校体育中课堂

学校体育是提升学生综合素质的基础性工程。老师们秉持“运动与健康”的育人理念，举办各种体育活动，促进体教融合，充分激发学生的潜能。例如，学

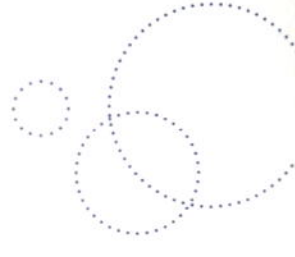

生在“小篮球，大作为”篮球赛中挥洒汗水，在啦啦操、韵律操等比赛中展现青春力量。学校科学合理的课程体系与先进的教学模式也在为学生体育素养的发展保驾护航。

3. 全民体育大课堂

班级积极响应国务院印发的《全民健身计划（2021—2025 年）》号召，学生们在周末尝试户外骑行、飞盘等趣味体育项目；有的学生利用“北京冬奥会”“杭州亚运会”等大型赛事的契机，了解不同的体育文化；还有学生聚焦于传统体育文化，通过学校和社区平台，积极宣传如武术、龙舟、围棋等传统项目。

（四）以美化人，陶冶审美趣味

一花一鸟总关情，一墙一景皆育人。弘扬中华美育精神，坚定文化自信，将美育融入学校教育各环节，能进一步提升学生审美情操。

1. 建设班级文化

我充分利用班级文化墙的作用，营造“润物细无声”的育人环境，构建“精神家园型”班级空间。学生们根据传统节气与节日主题，自主设计并用心装扮不同风格的教室空间，赢得了重庆一中“文化教室”的荣誉。他们还积极打造班级文化周边，如定制班级学习文具、设计班级文化衫与帆布袋、制作班级日历等。

2. 挖掘校园文化

文以载道，物以达情。荟萃楼旁盛开的樱花树、108 梯见证的汗水与成长、含弘楼里的拼搏与激情、叠翠山上的清幽……校园景色是历史的沉淀、文化的结晶。依托于这些校园美景，班级积极开展“春日校园游园活动”，学生通过打卡集章、户外写生、吟诗作画等活动，对校园文化有了更深刻的理解。

3. 弘扬传统文化

文化自信，是更基础、广泛、深厚的自信，是更基本、深沉、持久的力量。通过开展优秀传统文化传承活动，让学生从传统文化中汲取向阳生长的力量。在学校“迎新年”龙年美术作品展中，学生用彩色铅笔勾勒出龙的形象，用龙鳞传达对未来的期盼。此外，班级学生还自主开发了“漆扇制作”传统文化体验课并生动演绎了《如果国宝会说话》历史情景剧等。

（五）以劳塑人，服务集体社会

劳动教育是国民教育体系的重要组成部分，是学生成长的必要途径，具有树德、增智、强体、育美、润心等多方面的综合育人价值。因此，我按照“家庭—学校—社会”三个层次来提升学生的劳动素养。

1. 重视亲子劳动实践

在家庭教育中，父母应当树立爱劳动的良好家风，为劳动教育创造良好的家庭氛围与机会。班级通过钉钉群、微信群发布“多彩田园”亲子劳作课程，以学期为单位，班级共同开展了茶文化研学之旅、“植此青绿”植树节活动、“守护种子”成长计划等特色家庭劳动实践。学生们在亲近田园、回归自然的过程中感受耕耘劳作的价值。

2. 强化校园劳动实践

劳动不仅可以锻炼人的体质，更能培养人的品德。班级根据不同学科的特色，设计了“为校园服务、为社会添彩”的公益系列活动。学生们在“爱心义卖”中担当售卖员，从前期的摊位策划，到中期的英文义卖，再到后期的物资对接，为社会贡献了一份自己的善意。在五一劳动节前夕，班级还会举办“让旧物焕发新生”的集市活动，体验劳动创造的价值，充分激发学生的创造潜力。

3. 扩展社会劳动实践

课本是平面的，而实践立体生动；文字是无声的，而生活五彩斑斓。在书本中涵养品格的同时，更需要我们在实践中砥砺意志，在知行合一中历练成长。为了让学生更好地感悟中国发展的速度与温度，在暑期的社会实践调研任务中，我们为学生提供了多样化的社会实践考察路线。例如，有的学生实地调研了重庆国际物流枢纽园区，了解数字化建设如何更好地为城市治理赋能。还有学生走访了谢家湾街道民主村社区，从一个社区的变化感受到了城市的变迁与提质升级。

（六）以心育人，促进健全人格

当前，“内卷”和“焦虑”等现象在中学阶段较为普遍，中学生迫切需要进行心理压力的调节，以便更好地学会爱自己、爱他人、爱社会。因此，我积极构建“班级心育—学校心育—家庭心育”一体化综合大讲堂，多措并举润泽学生的心灵。

1. 丰富班级心育活动

针对初中阶段较为突出的情绪管理问题，我多次利用主题班会开展相关活动。学生们通过释放自己的“情绪气球”，初步感受到了情绪的释放；通过小组设计情绪疗愈类的应用软件，掌握了情绪调节的基本方法。

2. 体验学校心育活动

学校坚持以积极心理学理念为指引，结合心理健康教育、美育浸润和艺术表达，让学生更加关注心理健康与心灵成长。在“525 心理健康活动周”期间，学生参与了心理游园活动。通过知识科普、活动体验等多种方式，帮助学生以积极的心态应对学习与生活中的压力与挑战。

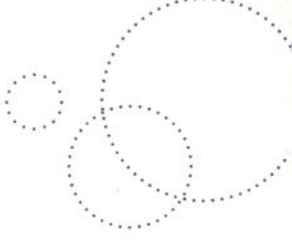

3. 开展家庭心育活动

家庭是保护未成年人的第一道防线，家庭心育是家庭教育的重要组成部分。在家长会期间，我充分利用班级家长资源，邀请了一名担任高级心理咨询师的学生家长进班讲解亲子关系疗愈技巧，并举办了一系列与心理学相关的家庭教育读书沙龙活动。

四、育人成效与展望

“我是一粒叠翠山下的种子，向下扎根、向阳生长。无论把我埋得多深，我终将穿越泥土，奔赴光明的未来。”这是班级一位学生毕业时写下的留言。

相信种子，相信岁月，静水流深，自然而然。或许学生中考成功的背后，正是那些非功利、非智力的“底层”品质在支撑着他们。或许班级良性发展的背后，正是那点点滴滴、细水长流的耐心等待与稳步前行。“六育并举”润泽身心，“三维驱动”赋能成长。作为一名班主任，我将继续以守望者的精神守护每一个叠翠山下的梦想，用烹小鲜般的细腻与耐心引领班级可持续发展。尽管道路可能曲折，但前途依然充满光明。

基于生命力涵养的带班育人策略探索

解亚伟

带班育人是班主任的主要工作，旨在塑造学生世界观、人生观和价值观，同时也是促进学生德智体美劳全面发展、实现学生内涵式成长的重要抓手。科学高效的带班育人策略，不仅能营造积极的班级氛围、激发学生的潜能，更能为学生的终身发展奠定奠基，引导学生成为优雅的学生、负责任的公民和未来的卓越人才。

紧扣新时代“培养德智体美劳全面发展的社会主义建设者和接班人”这一目标，结合我校“明礼崇德、求知求真”的校训，我制定并践行了一套使学生在思想、生活、学习三方面富有生命力的带班育人方略。

一、育人理念

作为学生成长的引路人，班主任在培根铸魂、启智增慧方面发挥着关键作用。初中阶段是学生价值观形成和确立的关键时期，班主任对学生的引导与教育，对于涵养其生命力、实现其内涵式发展具有重要意义。

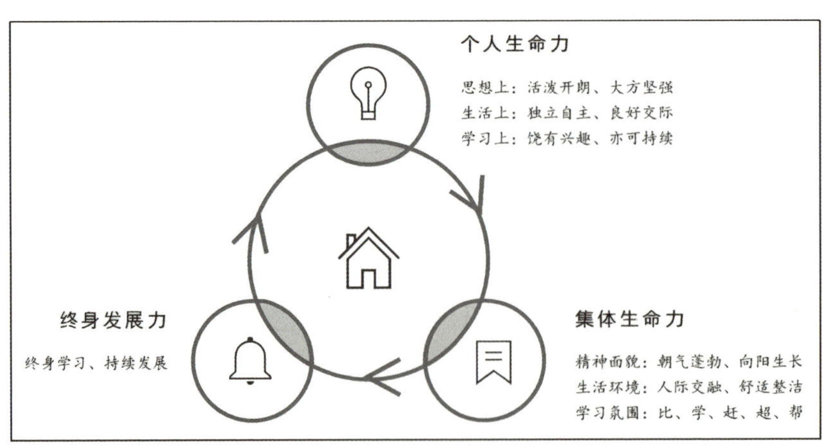

受叶圣陶先生“为人生”的教育本质观启发，基于初中阶段学生的实际情况，结合这一阶段学生素养的培养以及“扣好人生第一粒扣子”等国家指导方针，我将“致心于学生的终生发展”确立为我的教育理念的精魂。围绕学生在初一“扎根成苗”、初二“拔节成长”、初三“葱郁成材”的“三段”衔接式的发展阶段，以思想上具备支撑力、生活上拥有适应力、学习上激发内驱力等“多维度”进阶为目标，五育并举、循序渐进、螺旋上升，系统而全面地涵养学生生命力。

二、班情分析

我班共有 48 名学生，其中男生 25 名、女生 23 名，男女比例接近 1:1。学生主要来自渝北、忠县、云阳、垫江、万盛等地，各自拥有不同的家庭背景和生长环境。学生的年龄主要集中在 13 至 14 岁，正处于青春期的关键阶段，生理和心理都在快速发展变化中。

经过一段时间的观察与交流，我发现班上的学生普遍善良纯朴、身体健康，家长们亲和力、沟通力较强，这些都为班级管理、学生的全面发展奠定了良好的前提与基础。然而，也存在一些值得注意的问题，具体如下。

思想方面：学生性格内向、脆弱敏感，自控力较差，部分学生偶表现出自卑情结；

生活方面：学生依赖长辈心理较强，人际沟通能力较弱，对新事物适应能力较差；

学习方面：学生学习目标模糊、内驱力不足、学习兴趣不强、学习主动性欠缺等。

三、班级发展目标

基于我的育人理念，结合班级实际情况，我对班级发展目标进行了细化，形成了“金字塔三层次成长目标”。

最终生命力目标

终身学习　持续发展

集体生命力成长目标

形成朝气蓬勃、向阳成长的集体精神面貌
形成人际交融、舒适整洁的集体生活环境
形成“比学赶帮超”的集体学习氛围

个人生命力成长目标

思想上——养成活泼开朗、大方坚强的支撑力
生活上——养成交际能力强、生活能独立的适应力
学习上——养成学习有兴趣、学习可持续的内驱力

四、具体实践做法

（一）初一：扎根成苗期——精心呵护，培育学生内在生命力

教育学家昆体良曾说：“除非很好地、真正地打好基础，否则，上层建筑就会倒塌。”在初一这个关键的基础阶段，学生的思想支撑力、环境适应力以及学习内驱力的培养至关重要，这不仅关系到学生整个初中生涯是否稳健以及成长过程是否自然平顺，还影响着他们未来能否拥有终身发展的底气与能力。

1. 以教师主导为抓手，培育学生思想支撑力

初一学生的思想既充满活力和潜力，也面临一些问题和挑战。作为教育者，我们需要深入了解学生的思想状态，采取有针对性的措施进行引导和教育，从而帮助学生形成积极向上、阳光开朗的性格。

（1）普遍关注——《个性化成长记录：愿君多采撷》

为了全面且持续地了解学生的思想动态，并及时影响学生的思想认识，我班制定了《个性化成长记录：愿君多采撷》。每位学生每天都需撰写“心情录、责任录、运动录、感恩录”等方面内容。作为班主任，我会通过在与学生的书面交流中确保“每天与每个孩子都说上一句话”，以便发挥班主任思想引领的作用，从而更好地掌握、调整并引导学生的思想认识。

（2）精准影响——导师制

为了更深入地与学生交流，并更有效地引领学生的思想建设，在班级中深化了“全员育人”的理念，建立了“导师制”。我联合了班级所有科任教师，将他们设置为学生导师，并通过师生双向选择的方式进行配对。例如，语文、数学、英语科任教师每人负责 6 至 8 名学生，政治、历史、地理、生物、体育科任老师每人负责约 4 名学生，班主任则负责兜底工作。每个导师的学生构成为“科代表 + 学科潜力生”，学生们可以根据自己的兴趣爱好和发展方向等选择导师。遵循“亲其师，信其道”的理念，导师与学生在日常接触中深入交流，从而更有效地发挥教师的思想引导作用。

2. 以人际关系为切入，培育学生环境适应力

初一学生刚步入中学阶段，他们进入了一个全新的环境，需要认识新的同学和老师，此时大多数学生会感到一些拘束和紧张。面对这种情况，我选择从改善人际关系入手，培育学生对新环境的适应能力。

（1）破冰活动，打破拘束

为了帮助学生克服初相识的拘束与陌生感，我会在初一上学期的九月份组织

一系列团辅活动和破冰游戏，让学生在游戏活动中敞开心扉，结识新朋友。

通过“串名字”“速度配对”“人类进化史”“翻树叶”“意大利面搭高塔”和“盲人旅行”等活动，帮助学生在活动营造的轻松愉快氛围中快速熟悉彼此，为构建积极健康的人际交流氛围奠定基础。

（2）融合小组，形成归属

为了确保每位学生在日常学习生活中感受到归属感，我将每位学生都编入一个融合小组。融合小组基于学生的性格、能力、特长等进行综合考量和安排，最终形成外向带内向、学优带后进、艺体特长股带艺体潜力股的融合发展小组格局，让每位学生在小组内都能找到自己的闪光点，增强他们的成就感和集体归属感。

（3）“四大节日”，拉近关系

为了促进学生间深入沟通交流，进一步增进学生间的人际关系，班级设立“四大节日”：分享日、夸夸日、道歉日和感恩日。在分享日，学生通过交换礼物和美食等深入了解彼此的兴趣爱好；在夸夸日，学生们真诚地赞美彼此的优点，让学生体验到来自同伴的鼓励和支持；在道歉日，学生们诚恳地向彼此道歉，为解决日常摩擦、矛盾等提供机会；在感恩日，学生们以信件为载体，相互感恩，从而深化彼此间的情感联系。

3. 以学习兴趣为基点，培育学生学习内驱力

正如人们常说的，“兴趣是最好的老师”。初一阶段正是培养学生学习兴趣的最佳时机。为此，我通过组织各学科活动的方式激发学生的学习热情，让学生在轻松愉快的氛围中爱上学习。

具体来说，我通过举办《西游记》等经典名著的阅读与课本剧比赛，提升学生语文学习兴趣；通过让学生自主设计试卷，并进行解题竞赛，提升学生数学学习的积极性；通过组织英语配音和英文歌曲比赛等活动，提升学生英语学习的意愿。

（二）初二：拔节成长期——量体裁衣，挖掘学生潜在生命力

根据皮亚杰的理论，初二的学生正处于形式运算阶段，具备了进行抽象思维和逻辑推理的能力。在初二这一拔节成长期，学生们一方面展现出富有活力、蓬勃向上的姿态，另一方面，他们也可能经历思想上的叛逆，生活上的依赖以及学习上缺乏后劲的问题。因此，在这个时期，应结合学生的实际情况，不断发掘学生的潜在生命力。

1. 巧用自主“三本”，挖掘学生思想支撑力

在初二阶段，学生正处于抽象思维和自律意识形成的关键时期，需要着重培养学生的自律能力，我巧妙地运用了自主“三本”——计划、总结、反思，为学生提

供了提升自律性的思想支撑力。

巧用日常计划本。通过日常计划本帮助学生自主安排学习与生活的时间，明确每日的目标和任务，从而培养他们良好的时间管理能力和自律意识。巧用自主总结本。在学习过程中，学生需要定期回顾自己的学习进度和生活状态，总结经验和教训。这有助于学生更好地理解自己的学习特点和优势，发现存在的问题和不足，进而调整学习策略和生活方式。巧用反思成长本。学生每日一反思，列出存在的问题，再对症下药想办法，激励自己不断前进，让学生从总结反思中获得突破。

2. 妙用生活实际，挖掘学生生活适应力

在初二阶段，学生的生活技能与适应能力的培养尤为重要，因为这是他们成长的关键时期。作为教育者，我巧妙地利用生活实际开展活动，挖掘学生的生活适应力。

（1）厨神争霸赛

班级开展厨神争霸赛。组织全班同学在父母的指导下“下厨房”，每个同学都要学会制作一道菜肴，并评选“最佳创意奖”“最佳味道奖”“最佳搭配奖”“元培厨神奖”等奖项。这一活动不仅提升了学生的烹饪技能，还增强了学生的生活自理能力。

（2）生活小技巧

班级开展生活技巧小讲堂。让学生学习或总结生活中的实用小技巧进行分享，例如快速叠衣法、如何处理衣服上的油渍以及刷鞋方法等。这些活动让学生们学习到更多实用的生活技能，提高生活质量。

（3）旧物大改造

班级开展旧物改造活动。引导学生了解家庭中旧物的特征，并思考这些旧物的功能与生活的联系，举办班级旧物改造大赛，让学生动手将旧物改造成有用的生活用品，以适应新的生活需要，进一步提升学生的生活能力。

3. 利用理想教育，挖掘学生学习内驱力

初二阶段的学习不仅学科增加，而且难度增大，学生学习后劲欠缺，容易出现“高原反应”。此时，利用理想教育引领学生，能够为学生指明前进的方向，并激发学生学习内驱力。

重庆这片土地是红色的土地，我校又有着“四二一精神”等深厚红色文化积淀。因此，红色文化成为最好的社会教育资源。我带领学生参观红岩魂陈列馆，了解“小萝卜头”的革命故事，并将“四二一精神”与初二学生“离队入团”教育相结合。

通过这些活动，用坚定的理想信念激发学生的爱国情感和民族自豪感，让他们更加珍惜当下的学习环境，更加努力地学习科学文化知识。

（三）初三：葱郁成材期——全面拓展，延伸学生外在生命力

教育家陶行知认为“生活即教育”。在初三这个学生生命力涵养至关重要的节点，同时也是迎接挑战前的关键准备期，我带领学生通过爬山来感知思想坚韧，通过亲身体验促进社会适应能力，并通过目标教育实现学习驱动。让学生在这些生活体验中全面发展，从而延伸学生的外在生命力。

1. 用挫折教育学生，延伸学生思想支撑力

挫折，是成长道路上不可或缺的一部分。初三学生即将面临中考，培养他们的抗挫折能力显得尤为重要。我定期带领学生去歌乐山徒步，在一次又一次征服大自然中，学生们不仅放松了身心，体验到了征服和成就的感觉，还学会了积极应对困难。他们的思想支撑力在这个过程中得以不断拓展，变得更加坚韧和成熟。

2. 用体验触动学生，延伸学生社会适应力

人的成长是从自然人到社会人的转变过程。因此，在初三阶段，我继续组织各种实践活动，让学生们从校内走向校外，通过亲身体验来提升社会适应力。

（1）班级——拍卖会

为了锻炼学生的口才和展示能力，我开展了班级“拍卖会”活动，让每个学生都有机会担任拍卖师的角色。在班级拍卖会中，学生们自行准备拍卖物品，并轮流上台对这些物品的价值、用途和优点等方面进行介绍，以吸引同学们的购买兴趣并达成交易。通过这一过程，成功售出物品可以增强学生的成就感和自信心，即使未能售出，也能提升学生的演讲和销售技能。

（2）社会——生意经

为了让学生们体验社会生活，利用学生们的日常生活经验教育引导他们，从而增强学生的社会适应能力，我发起了“街头销售”活动。学生们自行准备销售物品（如鲜花、气球或自制糕点等），自行制定销售策略，自行执行销售任务。销售活动结束后，在班级中分享心得与体会，让学生真实感受到生活的触动。

3. 用目标引领学生，延伸学生学习内驱力

目标教育不仅能够为学生提供明确的学习方向，还能激发学生的挑战精神和进取心，帮助学生建立自信心和成就感。因此，我引导学生设定学习目标，以激发他们的学习内驱力，促进其全面发展。

（1）生涯规划

为了让学生对自己的人生有更加清晰的目标规划，我会在初三上学期开展职业

生涯规划系列班会。例如，通过“识自己”主题班会，帮助学生了解自己的特长，并规划自己的职业目标；通过“招聘会”主题班会，使学生认识到自身的不足，制定实现职业目标的具体步骤；通过“找方向”主题班会，鼓励学生行动起来，将生涯规划转化为学习动力。

（2）师徒结对

为了形成相互帮助、相互鼓励的良好氛围，我在班级中创建了“师徒结对”模式。全班同学分别扮演师傅和徒弟两种角色，每个人既可以成为师父也可以成为徒弟，但至少承担其中一种角色，并根据个人意愿自由组合。在学生表达初步意愿后，全班将举行一个仪式，师徒之间交换信物，正式确立师徒关系。之后，师徒二人既需设置个人目标，也需设置小队目标，无论是在何种情况下达成目标，二人皆获奖励，以此来激发学生内驱力。

五、取得的成效

（一）涵养出朝气蓬勃、内在强大的思想生命力

在长期持续的精心呵护下，学生们培养出活泼开朗、大方坚强、自信谦虚等性格品质，慢慢地形成了自觉自律、抗压能力强等优秀的精神品质。在整个班级生活与集体活动中，班级逐渐孕育出了“小强”精神、实干精神、拼搏精神等一系列“元培精神”。这种强大的班级精神不断反哺每一位班级成员，增强了班级内部的修养水平，影响了每位班级成员的思考方式和认知模式，为学生的成长提供了持久的精神支撑。

（二）涵养出人际交融、环境适应的生活生命力

通过一系列的人际交往活动，学生们学会了如何友好地与他人相处，发展了理解、包容、支持、信任等宝贵的个人品质，极大地提升了自身的人际交往能力。班级生活中摩擦少了，温暖多了，集体间的联系变得更加紧密。同时，学生从学校到家庭再到社会，从不同环境中的亲身体验中去学习适应，提升了独立自主的生活能力。学生生活能力的提升，也极大地反作用于班级，教室因此变得干净整洁、舒适美观，营造了一个良好的学习氛围。

（三）涵养出追求进步、内驱驱动的学习生命力

学习中，我通过培养学生的兴趣、激发学生内驱力的方式来增强学生的学习生命力。在三年学习中，我们班的课堂氛围从最初的“沉默寡言”转变为“踊跃参与”，学科兴趣也由“毫无兴趣”提升至“兴趣浓厚”。学生们从被动接受到主动学习，

真正成为学习的主人。班级整体的学习风貌得到了极大提升，形成了积极向上的“比学赶帮超”学习氛围，学生们追求进步，班级发展稳中有进，学习成绩蒸蒸日上。

展望未来，我将继续探索更有效的教育方法和策略，以进一步提高学生的生活能力和学习内驱力。同时，我也将更加关注学生的全面发展和个性化需求，尊重他们的主体地位和个性差异，为他们提供更加多样化的教育资源和平台。相信在全体师生的共同努力下，我们的班级将会变得更加和谐、积极向上，我们将能够培养出更多优秀的人才，为社会的进步和发展作出更大的贡献。

点点星光　熠熠生辉

吉昕洋

您还记得与您的第一届学生的第一次对话内容吗？

我还清楚地记得自己作为班主任的第一天，满怀期待地在教室准备迎接我的第一届学生。这时，走进来一名高大的男孩，上下打量了我一番后问道："老师，你多高呀？"也许是因为他们知道我是数学老师，那天被问了好几次关于数字的问题。

至今仍记得当时的局促窘迫，忐忑不安：我即将面对的，是怎样一群学生呢？

通过对我班上48名学生的调查了解，我总结出了以下数据：这些孩子在家庭结构、成长经历、爱好特长、行为习惯、个性特征等方面呈现出这样的特点：超过30%来自二胎家庭、42%来自离异家庭；80%的学生认为父母陪伴自己的时间太少；90%以上的学生的娱乐方式是玩游戏、看抖音或浏览B站，而只有不到5人有阅读的习惯；85%以上的孩子在家从来不做家务；39个孩子从未在正式场合发言过，自信心不足。

面对这样的情况，我不免深吸一口气，思考着我能做些什么？

如果每个孩子都是天空中的一颗星星，我深知三年的教育可能无法彻底改变他们航行的轨迹，但我坚信通过这三年的守护，我可以帮助他们找到人生的方向。

结合班级实际情况，我确立了"守护每一颗星，赏识每一缕光"的带班理念。既强调尊重每个学生作为独立个体的存在，又要用发展的眼光看待每一位学生。班级发展目标从点、线、面三个层次出发，发掘每个孩子成长的内驱力、创建集体共生的影响力、涵育可持续发展的自觉力。

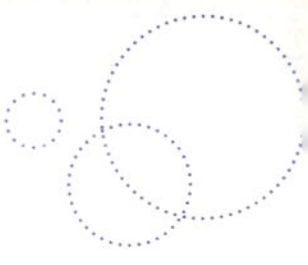

层级一：点点星光——发掘个体成长的内驱力

1. 尊重个体，自主担当

以“事事有人做，人人有事做”为指导原则，设立自律委员会，鼓励全班学生参与班级管理，那个曾经问我年龄的高大男孩现已成为班级中兢兢业业的医务委员。

2. 倾听有道，沟通无碍

通过“我想夸夸你”这样的活动引导学生们发现美、欣赏美、传递美；心情信箱是我们每周的共同期待，那些不善言辞的孩子会给我写下长长的信，在一来一回、字里行间建立起情感的桥梁。

3. 搭建平台，适性扬才

每晚六点半的“今日分享”，学生根据兴趣特长自选分享主题。平时在作业上有困难的学生也能准备出一份精美的演示文稿，在他们感兴趣的航天话题上侃侃而谈。无论是校学生会还是各类社团，处处能看到我们班的学生活跃其中……通过这些大小活动，学生们找到了适合自己发展的方向，获得了认同感，自我价值的实现增强了他们成长的自信心。

层级二：连点成线——创建集体共生的影响力

对于班级而言，如何连点成线，汇聚每颗星星的光去创建集体共生的影响力呢？

1. 深化德育引导

立足于学生不同年龄段的成长规律和发展需求，确立班级每年每月不同的德育主题，分阶段贯彻。通过系统化的育人体系，让学生在多样化的德育体验中涵养健全的人格。

	9月	10月	11月	12月	1月	2月	3月	4月	5月	6月
初一	规则制定	家国情怀	习惯教育	安全教育	文明礼仪	理想教育	雷锋精神	爱校教育	劳动教育	责任担当
初二	感谢师恩	传承家风	励志教育	生命教育	挫折教育	男生女生	环境保护	驱动人生	家庭共育	成长仪式
初三	学习规划	情绪管理	心态辅助	压力疏解	心理健康	亲子关系	社会责任	激发潜能	爱校教育	考前减压

2. 实现家校共育

为了帮助家长聚焦不同时段的育人重心，学校将分年级、分阶段体系化地召开家长会，初一：共语成长，立足习惯培养；初二：共谈青春，关注亲子沟通；初三：共话拼搏，聚焦助力中考。通过这种方式，让家长在每个阶段都能有所遵循、有所依据。

层级三：织线成面——涵育可持续发展的自觉力

班级从阅读与人文、科技与创新、运动与健康多维路径出发，涵育学生可持续发展的自觉力。

为了营造集体阅读氛围，我们共建了班级图书角，并每天安排半小时的静心阅读时间。如何让学生自发地爱上阅读呢？为此，班级开展了为期一年的读书分享活动。学生们还自发组织了每周一次的读书会进行共同研读。

我鼓励学生参与各类科技比赛，这不仅调动了他们动手实践的积极性，种下科学研究的种子，也为他们未来职业生涯的选择提供了更多的可能性。

班级坚持每天跑步和每周体育锻炼打卡，这一习惯已经坚持了三年。让运动成为一种生活方式，赋予生活更积极健康的能量。

基于寄宿学校的背景，考虑到班级中绝大部分学生是第一次离家求学，独立生活，让学生能够生活自理、学习自觉、精神自强显得至关重要。通过“小室界、大格局”寝室文化活动，培养了学生良好的生活习惯和积极的生活态度；一期一换“我的小目标”成长墙，将长远目标拆分为具体可操作的行动步骤；一起观看《我和我的祖国》等爱国电影，解读热点社会事件，引导学生关注社会时事，培育爱国情怀。这些措施使学生进一步明确自己作为中学生应尽的人生责任和义务，以及未来立足于社会肩负的时代使命与担当。

就这样，星星们的光芒越发闪耀：从只有三名体能优生到中考有 42 人获得体育满分；从近一半的学生被认为没有上线希望，到最终实现班级 98% 的联招率；从曾经腼腆到一说话就脸红，到竞选上了美术社社长；还有我们的医务委员，那个询问我身高的男孩，立志成为一名医生，明知求学艰苦，依然选择悬壶济世、救死扶伤。看到这些从6班走出去的孩子们用“强健体魄”“奋斗进取”“自信自强”“胸怀未来”的特质交出了成长的答卷——我们，就是这个时代的新青年！

毕业时，我发了一条朋友圈：“有幸陪你们三年，更感谢你们伴我一程。”孩子们在新的征程里星光璀璨，而我继续坚守在班主任岗位上，用我的青春守护一个又一个三年。

点点星光，熠熠生辉。我们的故事，未完待续。

信息技术环境下的德育策略研究

黄元艾

刚开始，我的班主任生活可以用一句话来概括：一个平凡的老师带着一群看着并不十分突出的学生。

一、信息整合促班情分析

作为新老师兼班主任，为了更好地了解班级学生的学习情况，我采用了主成分分析法综合分析班级学生在语文、数学、英语三个学科上的综合学习能力。主成分分析法是一种通过降维技术把多个变量转化为两个主成分的统计方法，是最重要的降维方法之一。统计结果如图 1 所示，横轴和纵轴分别代表不同的变量，蓝色点表示中心点。从图上可以看出，班级学生的整体学习成绩分布较为分散，表明班级内存在各种不同学习水平和层次的学生。总体而言，班级学生的综合水平尚有提升空间，且部分学生存在偏科现象。

针对这一现象，作为班级的授课教师，应该调整教学策略，在数学课堂上采用分层教学的方法，确保基础较弱的学生能够紧跟上教学进度的同时，适度进行拓展延伸。同样，对于课后作业，教师可以根据学生的情况制定不同类型的作业，增加拓展延伸的题型，以满足不同层次学生的需求。

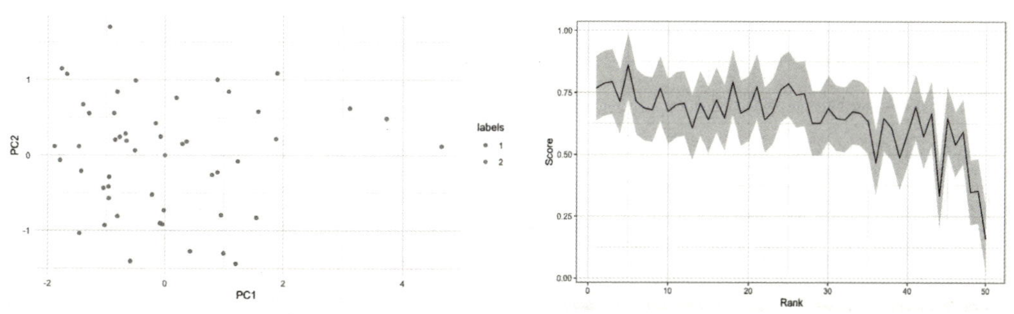

图 1　语数外学情统计图图 2　数学成绩分布图

此外，作为班级的数学任课教师，我用纵坐标表示数学成绩，横坐标表示学生在班级中的层次，阴影部分的上端点代表学生数学成绩加上标准差，下端点为学生数学成绩减去标准差。因此，阴影部分的宽度可以用来描述整个班级数学成绩的分散情况，如图 2 所示。从图 2 可以看出学生数学成绩分布较为分散，且平均分较低。

综上，我对班级制定了以下教学策略：在符合课程标准的前提下适当降低难度，改变传统的教学思路，以提升教学质量，追求教学效率，使学生能够在有限的时间内实现深度学习。同时，积极开展小组学习活动，鼓励学生之间相互学习，在班级中积极树立正面的学习榜样。

二、教有其法成就育人主体

1. 深度学习发展思维能力

结合教育部基础教育课程教材发展中心于 2014 年启动的深度学习教学改进项目，“深度学习”是指学生全身心投入学习任务中，加深对教材核心内容的理解，学会反思，并在这个过程中培养建构知识的能力，最终达成知识迁移并应用的学习过程。

深度教学策略强调在教学过程中，应尽可能地鼓励学生自主建构知识，不断激发学生已有知识并引出新知，通过自主探究获得新知识，并让学生回顾整个学习过程以发展其思维能力和培养自主学习技能。

2. 科学分组助力分层教学

传统的授课方式往往是以教师为中心，这种授课方式在大班制教学中可以照顾大部分学生有效地获取知识。然而，对于那些学习上有困难，或者上课注意力不集中的学生而言则需要建立小组之间的合作学习来弥补其中的不足。小组学习可以增强学生间的合作交流，提高数学教学的质量和效率。然而，受空间局限性的影响，学生往往会根据教室座位的编排自然形成学习小组。

因此，科学合理的座位编排尤为重要。根据一些特级教师及专家的经验总结，合理的座位编排需要注意以下几个方面。第一，教师要善于观察，把握好科学的时间节点，通过对班级总体学习成绩以及集体活动的表现，来判断何时需要调整座位。第二，在编排座位之前，教师需要学会倾听，充分了解班级情况，包括班级成员间的社交关系，切实把握学生的思想动态。第三，编排座位时应全面且慎重地考虑多重因素，遵循“组内异质，组间同质”的原则。第四，座位编排需尊

重学生的情感和意愿，在一定程度上给予学生选择的权利，并根据出现的特殊情况及时调整变更。

利用 Ucinet6.0 软件中的 NetDraw 工具绘制的信息传递网络图，可以得到信息传递的社群图，如图 3 所示，在图中可以直观地展示出学生信息传递的关系网络，显示班级中学生间信息互通的亲疏关系，体现了班级内部信息传递小群体的结构特征。在信息传递网络中，节点代表学生，学生之间的信息传递的关系用有向箭头表示。灰色方框内的网络显示第 16 名、第 18 名、第 42 名这三位同学会互相传递消息，形成了一个交流互动强烈的小团体。相反，第 46 名和第 50 名同学则游离于班级信息传递网络之外，与班级其他成员缺少沟通。

基于以上研究，班主任可以更高效地安排教室座位，如图 4 所示。科学的座位编排不仅有利于平衡班级社群关系，实现分层教学，提升课堂教学的质量，还能给予每个学生充分的课堂体验。此外，这种安排也有助于师生间建立紧密联系，有利于教师更好地贯彻落实因材施教的教学理念，高效地完成教学目标。

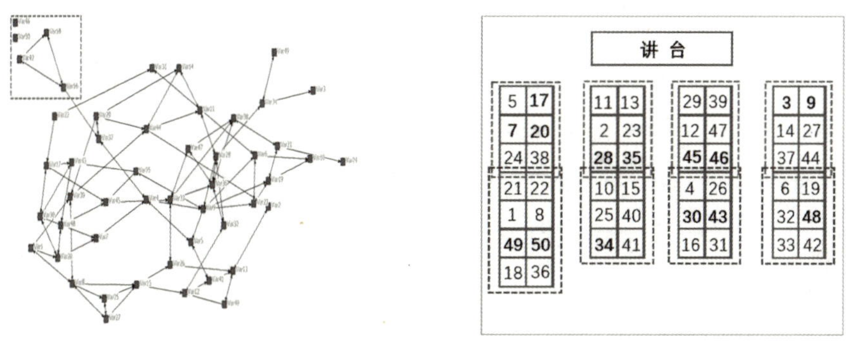

图 3　班级社群图图 4　班级座位编排

3. 聚焦得失，寻求教育契机

初二上学期举办了一场“引爆”全年级的篮球赛。我们班最后一场比赛进行得十分激烈，但最终我们输掉了这场比赛。班上十几个女孩子哭作一团，原因其实很简单，对方有一名男生出言不逊——“你们不仅学习成绩差，体育也差”。尽管那名男生最终道了歉，但回到班上，看着异常安静的同学们，我的情绪开始变得复杂。“自尊心是自己给自己的，不是他人的施舍，落后就要挨打。”这句话落下后，不少同学包括我自己都红了眼眶。正如陶行知先生所言：“真教育是心心相印的活动。”这句话不仅映照在同学们的脸上，也深深触动了我的内心。

那次篮球赛后，我带领全班同学一起回忆比赛中的精彩瞬间和那些熠熠生辉的人。比赛前，向来和女生不太融洽的男孩子们主动教女孩子们运球、投篮。比赛时，未参赛的同学们端着餐盘观赛，不愿错过每一个精彩瞬间。每场比赛不仅有在旁边拉着横幅助威的啦啦队，还有赛场上随风飘扬的班旗，这面旗帜深深扎根在每个孩子心中，屹立不倒。

回看那场篮球赛的照片，作为班主任的我们常常藏在镜头背后。如果说照片中的孩子们是台前，那我这个手持相机的人就是幕后，默默支持。我们的百分百参与不仅仅是陪伴，更是习惯与学生们共情，愿意参与到他们所有的酸甜苦辣中去。

在那个学期末，班级成绩实现了前所未有的突破，而这一切的转折就是那天穿着篮球队服，在比赛结束后于体育馆默默流泪的小女孩。我相信，在那个冬天，她找回了自己的自尊心。

从那个冬天起，班上的学生开始主动问我，可不可以晚上留在教室上自习到十点，从两三个学生到十多个学生。星星之火可以燎原，在本学期一个普通周日下午，班上有接近三十名学生在下午两点半主动返校自习。

三、学有所得蓄力崭新篇章

每一个人本来就有自己的发展时区。身边有些人看似走在我们前面，也有人看似走在我们后边。但实际上，每个人在自己的时区内都有自己的步调，无需嫉妒或嘲笑他们。他们都在自己的时区里，你我也一样。生命就是等待正确的行动时机，所以，放轻松孩子们。我们没有落后，也没有领先；我们在自己的时区里，一切的安排都将准时到来。

有时候，我们总想成为别人，以至于那个藏在心底独一无二的自己被忽略了许多年。人生漫长，唯有两件事需要选择：一条路和一个人。路即命运，人则是我们的认定。人生无非抬头望星，低头观心。所谓少年感，就是怀着好奇、投入和执着，带着一颗充满好奇心和执着的心去专注于一件事情。从平凡转变为优秀，我们用三年时间书写一份答卷。在这个时间跨度为三年的故事里，我们每个人都将百分百地全力以赴，相信在 2023 年的 6 月 14 号的那一天，我们会拥抱最美好的彼此。一个平凡的老师看着一群不平凡的学生渐渐长大了。

以爱育人，点亮博雅之心

邓成康

“爱，首先意味着奉献，意味着把自己心灵的力量献给所爱的人，为所爱的人创造幸福。”

——苏霍姆林斯基

在人生的长河中，学校不仅是知识的殿堂，更是情感与品德培育的摇篮。而在教育这片沃土上，班主任作为班级的灵魂人物，以爱为笔，以心为墨，绘制出一幅幅温暖人心的教育画卷。同时作为一名数学教师，我将数学文化知识和道法哲理融入班级管理中，独创“L—O—V—E”的带班方略，极具学科特色。以无私的爱心和耐心，引导每一位学生健康成长，让“以爱育人”的教育理念在班级的每个角落生根发芽。

一、尊重身心规律，分析班情学情

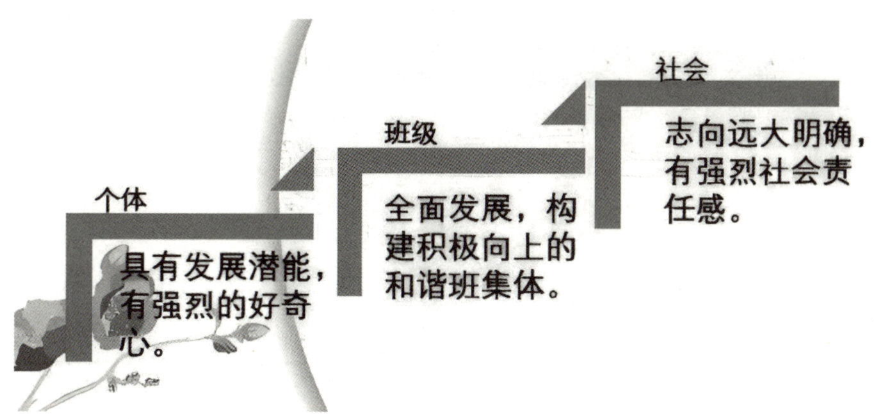

怀着对新班级的美好憧憬，我在开学第一周就经历了理想与现实的差距。作为班主任，我从行为习惯、教育背景、学习情况以及机遇挑战四个方面独创了“B–E–S–T”分析法来分析班情。同学们的学习和行为习惯普遍较差，基础知识较为薄弱，缺乏规则意识。而家长平时工作较忙，或者对孩子教育缺乏科学指导，往往只关注分数，忽视了孩子习惯和学习方法的培养，以及青春期孩子需要关爱、被尊重和理解的需求。

二、以班情为依据，凝练育人理念

教育必须适应社会发展趋势。新时代的教育必须坚持以立德树人为根本任务。“博雅”一词出自《后汉书》，意指学识渊博且品行端正。这也是作为班主任培养“博雅二班”的初心与班级名字的由来，并明确了“上善若水，厚德载物”的班训。基于此，我的带班育人理念是：以爱育人，点亮学生的博雅之心！

三、以理念明主旨，确立发展目标

在这种理念的指引下，我确立了博雅二班“个人—班级—社会”三级发展目标。

之于个人，一个博雅之人需要有强烈的好奇心和求知欲，具备不断提升自己的能力和发展潜能；之于班级，促进每位同学在德、智、体、美、劳各方面全面发展，热爱班级，为班级的发展贡献自己的力量，同心协力构建积极向上的和谐班集体；之于社会，一个博雅之人应将个人发展与社会发展相结合，树立远大明确的志向、具备强烈的社会责任感，为实现中华民族伟大复兴而努力奋斗。

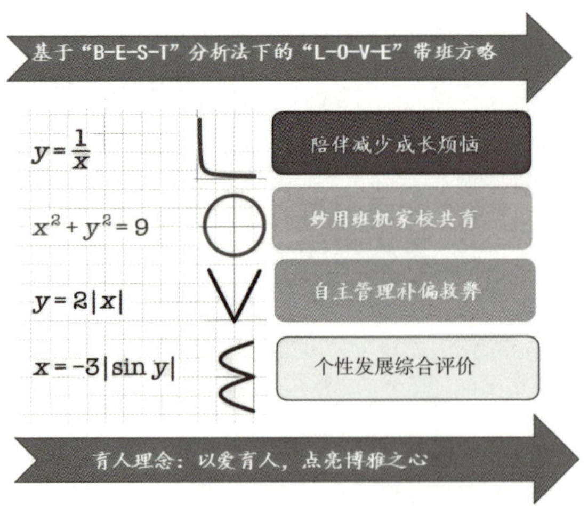

四、以目标把方向，实施发展策略

正如提出“我思故我在”的笛卡尔既是一位数学家，也作为一名哲学家闻名于世，我也尝试将数学的智慧融入班级的管理之中。

（一）反比例型“L”策略：言传身教，陪伴减少成长烦恼

最好的教育是长情的陪伴。从拂晓的教学楼到深夜的学生宿舍，处处都留下了班主任关怀学生的身影。“以爱育人”不仅仅是一句口号，更是班主任日常工作的真实写照。在学生的日常生活中，班主任的关爱体现在每一个细微之处：是雨天里的一把伞，是生病时的一杯热水，是失落时的一个拥抱……这些看似微不足道的举动，如同春雨般滋润着学生的心田，让他们在不知不觉中减少了新环境学习和生活的不适应，学会了关爱他人、感恩生活。班主任用自己的行动言传身教，诠释了爱的真谛，让学生在潜移默化中成长为有爱心、有责任感的人。深夜构思“自觉少年，与礼同行”的习惯养成活动，教会学生作为一中人应该“明礼崇德，求知求真”。利用课余时间在周末亲自带领孩子参加实践活动体验生活，培养社会责任感的同时也让孩子更加阳光，成长的烦恼越来越少。

恰似形如字母“L”的反比例函数，寓意着随着班主任的陪伴与关爱增加，孩子们的不适应和压力单调递减。

（二）平面几何圆型“O”策略：妙用班机，家校共育高效合作

家校共育能够形成教育合力，共同促进学生的成长与发展。通过家校合作，班主任可以更好地了解学生的家庭背景、成长环境等情况，为个性化教育提供依据。同时，家长也可以更好地了解孩子在校的表现和需求，与学校共同制定教育计划。班主任可以通过家长会、家访、电话沟通等传统方式与家长保持密切联系，但在信息时代，由于家长忙于工作，导致沟通次数与效率偏低等问题。因此，建立一个高效的家校沟通平台，实现信息的即时传递和共享显得尤为重要，除了常见的微信群聊功能外，独具匠心地利用“小二班”的班级微信号发布文章，分享精彩校园生活和孩子成长点滴，获得了家长们的一致好评。家校共育不仅有助于将孩子的青春期问题尽可能控制在萌芽阶段，还通过各种班级活动让热心的家长参与其中，同学之间互送祝福分享快乐，共同感受班级大家庭的温馨。

百日长跑的汗水、成长打卡框的记录、双黄蛋的激励、静听花开的吟唱，这些都恰似形如字母“O”的圆，蕴含着属于“小二班”朋友圈的独家记忆。

（三）绝对值函数型“V”策略：培养班委，自主管理补偏救弊

人非圣贤孰能无过，重在引导与教育。每一个学生都是班级的主人，需要有主

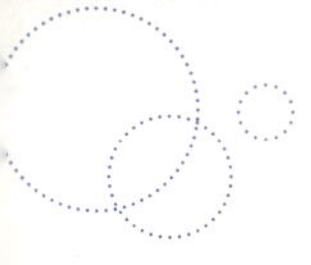

人翁意识，而当班级发展遇到问题时，班主任一人的力量有时显得力不从心。学生自主管理不仅能帮助他们更好地适应未来社会的要求，还能培养他们的责任感和独立性。通过自主管理，学生们可以学会合理安排时间、规划学习任务、处理人际关系等，为未来的成长奠定坚实的基础。在班级建设方面，借鉴了学校的管理模式，在班级实施班长责任制。三位班长分别负责班级不同的工作领域：一位主管体育与安全，另一位负责文艺与宣传，第三位则专注于学习与生活，并协调对应班委将各项事务处理得井井有条，相得益彰。每个月及每个学期末，三位班长会与班主任召开例会，班主任听取班长们关于班级事务的汇报以及后续发展的建议，同时讨论并解决班长们在处理班务时遇到的问题。在班级每一次遇到困境跌入谷底时，自主管理的班委配合班主任会更容易激发学生向上的内在动力，使班级重新形成一种持续向上的发展势头。人人都是主人翁，人人都为班级的发展贡献自己的力量。例如，原本数学成绩较弱的群体，在自主管理机制的帮助下，优生人数轻松翻倍，更令人欣喜的是，到了初三，大多数学生数学达到了“A”。同学们实实在在的进步，班级蒸蒸日上的发展，让他们斗志昂扬，也让他们更有勇气面对学习和生活中遇到的挫折和挑战。这种进步还加深了同学们对班主任的喜爱，“亲其师，信其道”，形成了良性循环，班级管理因此变得越来越轻松，班级成绩越来越好！

恰似形如字母“V”的绝对值函数，象征着在自主管理模式下的班级，总能在面临挑战时逆风飞扬，持续向阳向上发展。

（四）三角函数型“E”策略：因势利导，个性发展综合评价

每个学生的个性化发展都需要通过日常观察、沟通交流、问卷调查等方式，了解学生的兴趣爱好、性格特点和学习能力等方面的差异。同时，关注学生的心理健康状况，及时发现并解决问题。针对学生的个体差异，作为班主任应采取分层教学、小组合作学习等方式，以满足不同学生的学习需求，并帮助他们发展自己的特长和潜能。此外，班主任还应关注学生的情感需求，建立良好的师生关系，为学生的个性化发展提供有力支持。鼓励学生积极参与课外延时社团活动、跨学科选修、各项科创活动以及小组项目式学习，通过因材施教，让每个孩子在他们喜爱和擅长的领域得到充分的发展，实现班级“各美其美，美美与共”的氛围。在全面深化教育改革的背景下，综合素质评价成为衡量学生全面发展的重要标准，班主任应积极参与并推动综合素质评价体系的实施。作为班主任，不仅要关注学生的学业成绩，还重视学生的道德品质、身心健康、艺术素养和社会实践等多方面的能力和表现。通过综合素质评价，可以更全面、客观地评估学生的成长与发展，

为学生的个性化发展提供科学依据。在班级的各项推优评选中，班主任明确了综合素质评价的具体要求和标准，确保评价的公正性和准确性。同时，鼓励学生进行自我评价和同学互评，培养学生的自我认知能力和团队协作能力。

正如字母“E”形状的三角函数，彰显着在班主任对学生进行因势利导的个性化发展指导与科学公平的综合评价下，每一个学生都能变得更加优秀，最终实现小二班“Everyone is excellent！”

古有笛卡尔绘制心形线，今有一中老师包含爱的“L—O—V—E”的策略，以爱育人，用爱点亮 48 张青春洋溢的笑脸，共同构建和谐向上的班集体，激发每位学生的博雅之心。

五、以策略促成效，呈现班级特色

（一）培养有“爱”的学生，实现个性化高发展

培养学生热爱学习与生活的态度，帮助他们建立正确的人生观和价值观，培养健康的心理状态，远离困扰青少年的心理问题。引导学生的热爱投向他们的特长和兴趣领域，例如支持同学们在校创建自己的社团、担任学生会干部锻炼管理组织能力、代表学校参加各类比赛并获得市级奖项等，从而实现个性化高质量的发展。

（二）培养有“爱”的班级，团结友爱民主温馨

班级成员之间相互尊重、关心和支持，形成了一种积极向上的情感氛围。当学生遇到困难时，能够及时获得鼓励和帮助。班级团队凝聚力强，富有合作精神，通过小组讨论、共同完成项目式学习等活动，提高学生的协作能力和集体荣誉感。班级实行民主管理，氛围更加和谐温馨，在这样一个充满爱的班级里，学生的幸福感和归属感达到了顶点。

（三）培养有“爱”的家庭，幸福亲子高效共育

当前，由于学业压力大及青春期等因素的影响，越来越多的学生出现了心理问题，家庭中的亲子矛盾也频繁爆发。班级作为一个由家长，班主任和学生三方构成的大家庭，班主任和班委应积极与家长沟通，建立良好的家校合作关系，共同关注学生的成长和发展。“家和万事兴”，在一个充满爱的环境中成长的学生往往具有更强的社会责任感和亲和力，能够理解并感恩父母。良好的亲子关系不仅使家庭更加融洽，同时也有助于孩子的发展。班主任实现“带好一个班，幸福几十个家庭”的美好愿景。

带班虽辛苦，不忘初心，砥砺前行，方得始终。教师最大的成就感和幸福感来源于用爱见证学生成长，桃李满天下。正如班级获得重庆市“红领巾奖章”个人四星章的刘怿邈同学，在学校公众号中对老师和母校表达的诚挚感恩之词：

让我怎样感谢你
当我走向你的时候
我原想收获一缕春风
你却给了我整个春天

基于个性化教育理念的班主任带班方略探究

郝　哲

一、引言

当代教育领域日益强调个性化教育的重要性。在这一教育理念下，班主任的带班策略必然要经历转型，以适应每位学生独特的学习需求和个性发展目标。本文通过分析个性化课堂教学的具体实践、构建融合个性引导的班级文化体系，以及深化家校合作的个性支持机制，勾勒出一套有效的班主任带班策略框架，为实现个性化教育目标提供可能的路径。

二、个性化课堂教学策略

个性化课堂教学策略的应用要求班主任不仅具备传统教育技能，而且需观察和挖掘学生的潜能，充分尊重学生的个性差异。在这一过程中，班主任扮演着关键角色，其影响力至关重要。通过精准的个性分析，敏锐地洞察每位学生的特质，并据此构建符合他们发展需求的学习环境，这既是艺术也是科学。班主任应倾听学生的声音，设身处地思考他们的困惑与需求，以此设计符合各个学科特点的个性化教学活动。例如，在语文课堂上，鼓励学生自选阅读材料并开展深入研讨；在数学学习中，提供不同难度的问题让学生根据自己的掌握程度选择挑战，同时鼓励他们探索多样的解题方法。这种教学策略的实施并非一蹴而就，而是需要班主任在长期的教学实践中不断探索、调整和完善。

强调个性引导的重要性并非无的放矢，它源自对学生全面发展和深层次需求的追求。有效的个性化教学策略能够让学生在现有知识体系的基础上发现自我价值，并培养出独立且具有批判性的思维方式。对于班主任而言，如何将抽象的个性化教学理念逐步落到实处成为检验其专业能力的基本要求。他们需要不断反思

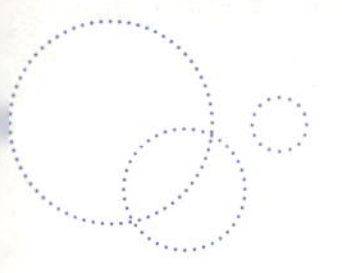

与更新自身的教学方法，确保个性化教学策略与课堂实际情况相契合。从根本上讲，个性化教学是对教育本质的一种深刻诠释，班主任应从中汲取智慧，以激发每位学生的潜力，为他们的未来铺设一条可持续发展之路。

三、班级文化建设与个性引导

班级文化建设在个性化教育理念下扮演着至关重要的角色，其核心在于创造一个既能彰显共同价值观也能鼓励个体差异表现的氛围。在这样的环境中，学生得以自由表达自我、探索个性、发现潜力，并在多元接受的基础上获得全面发展。具体而言，班主任应将尊重差异作为班级准则之一，通过举办多样化的活动如学术讲座、艺术展览和社会实践，使学生在体验中感知多元文化，借此激发他们的创造性思维和独立性格。

有效的个性引导策略需依赖于精细化的管理手段，班主任不能仅停留在宏观层面上提出的原则洞见，还应深入到实施细节中去。例如，针对个体差异，班主任可设立“特长角”让学生展示各自的才艺或成果，或是组织“兴趣小组”促进有相同爱好的学生之间的交流学习，从而弥补正式课堂的局限。进一步的个性化辅导，则需要班主任洞察学生的心理发展水平，定期进行一对一交谈，识别学生的个性化发展障碍及其背后的原因，并采取针对性的解决措施。

四、促进家校合作的个性支持体系

基于个性化教育理念，建立一套高效的家校合作个性支持体系至关重要。这样的体系需要从深层次的沟通与理解开始，确保家长充分了解学校的教育目标与方法，并对学生在校的表现和需求有清晰、全面的认识。班主任在这一过程中担当桥梁和协调者的角色，通过定期召开家长会、采用电话沟通、微信群交流等多种方式，及时更新学生的学习进展和个人发展情况。

在确立了沟通渠道之后，具体的个性支持措施能否落到实处，则取决于家校之间合作机制的有效运作。班主任应倾听家长对孩子教育的观点和期待，同时引导家长理解并认同个性化教育的必要性与长远影响，让家长成为教育的参与者而非旁观者。这需要班主任不仅拥有坚实的教育学背景，还需具备良好的情感智力与沟通技巧，以适应不同家庭文化背景和个性化需求。例如，班主任可以定期发放学生个性发展指导手册、组织专题讲座等，详尽讲解如何在家庭环境下支持学生的个性化成长，并提供具体行动建议。这样做能够帮助家长在日常生活中更有

效地配合学校的教育方案，共同打造一个促进学生个性发展的稳固环境。

五、结语

面对多样化的学生群体和不断发展变化的教育需求，班主任需要不断优化个性化教学方法，创造包容而富有创新性的班级文化，并搭建坚实的家校合作平台，以支持每个学生的个性发展。总结本研究，我们认识到实施个性化教育并不是一项单一的任务，而是一个涉及课堂实践、班级管理和社区参与等多个维度的系统工程。借助本文提出的策略，班主任将能更精准地把握个性化教育的核心要义，构建更加和谐的教学环境，并激发学生潜力的充分释放。

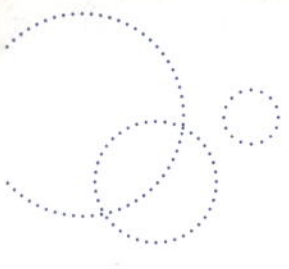

星耀之蝶　舞动青春

成剑波

成长，非书本所能局限，亦非分数所能概括。成绩固然重要，然人格修养、心灵成长与家国情怀，乃孩子一生之瑰宝。世界，即生动教室；社会，即鲜活课堂。故而，激发孩子热爱生活、珍视生命、遵循规则、守护生态，实为成长之要义。每个孩子的成长犹如从大海遥望那些光年之外的繁星，光芒中的温暖、坚韧与永恒便是其成长的最佳写照。让我们一起探索带班的艺术。

一、善行中铸就良习

在人类的历史长河中，有效的秩序一直都是珍贵的。秩序是人们生活在和谐、安定及有序的环境中的基础，我们管理班级离不开秩序。秉持公平公正、尊重理解、激励鼓励的原则，才能使班级更好地发展。这将直接影响到班级的学习效果、师生关系、同学关系及班级形象，特别是学生良好习惯的培养。

《别让蟑螂害了你》中，一个人把一种叫作蟑螂的东西带到了他的新居。他很快就发现，整间干净的房子都变成了它们的天下。最后这个人意识到，杀死它们唯一的方法是：丢掉所有的衣服、箱子、柜子和床。像那些蟑螂一样，你的坏习惯就像一种慢性病，一开始可能还不能引起你的注意，但是你不重视它，并不意味着它不存在。你发现得越晚，损失也就越大。

在学校课间操时，班级因有迟到的学生被连续留下来三次。学生们委屈地说，他们已经尽快赶去，却还是迟到了。调查发现，因为需要带体育包和锻炼用的垫子，大家拥挤在一块，的确浪费了很多时间，导致了迟到。

对此，我们作出了如下改变：首先按男生和女生分类。然而这样依旧拥堵，于是改为按学号分小组。最终实验结果显示，按照好朋友分组最为有效——一组负责拿包，另一组负责拿垫子，并在上面标注明显的记号如“熊大”“王中王”“小

石同学”等以示区分。就这样，通过有秩序地放和拿，效率得到了提升，再也没有迟到了。这就像我们的消防演习一样，散漫的疏散和有秩序的疏散所需时间相差很大。这让同学们深刻感受到了有秩序带给大家的好处。

秩序是社会稳定的基石，也是班级管理工作的核心。通过公平、尊重、规则以及激励，我们可以营造一个和谐、有序的学习环境，这会正面影响班级的学习效果、师生关系、同学关系以及班级形象。例如，改变课间操的混乱局面，引入分类和标记制度，提升了效率，让学生体会到了秩序带来的益处。培养良好习惯，让孩子成为习惯的主人，是幸福美好生活的关键。把握尺度秩序是培养习惯的开始，习惯一开始是你的主人，如果你被它奴役久了，就会“身不由己”，最终沦为它的奴隶。相反，如果你习惯了被好的习惯所引导，你就成了这些好习惯的主人。拥有好习惯，就拥有幸福美好的一生。

二、善为中寻找完美之叶

《庄子》有言：“鹏之徙于南冥也，水击三千里，抟扶摇而上者九万里，去以六月息者也。”这世间成就大事业的人，皆是厚积薄发。化鲲为鹏，需要积蓄，亦须时机，更需远大的志向和崇高的境界。

在某次班级例会上，同学们反映了一位任同学的问题，他常与其他同学发生冲突，使用锁喉、踢腿等危险动作，他还拥有一个“记仇本”，记录每天同学们对他造成的碰撞、踩踏等情况，意图伺机报复。因此，大家普遍认为他显得“小心眼”。

针对这种情况，班级组织了一场辩论赛，主题为“对于友谊该不该有自己的小秘密”。正方观点认为：应该有自己的小秘密，有秘密是人成熟的标志，尊重朋友的秘密也是呵护友情的良药。反方则认为：不该有自己的小秘密，要和朋友分享，独乐乐不如众乐乐，喜悦分享喜悦加倍，痛苦分享痛苦减半，既然彼此是朋友，就应该既能共享喜悦又能互相抚慰伤痛，何乐而不为?

在任同学的积极参与下，全班开始强调朋友相处中的尊重与宽容，并体验爱与被爱。为此，班级任命任同学为精神文明记录员，每天记录好人好事，将原本用于记录不快的“记仇本”变成了记录美好瞬间的“追光本”，并每天公布每位同学的夸奖（有一次，他兴奋地告诉我，他得到全班 8 次夸奖，这让他充满了坚持下去的信心）。他也因此成为全班美好故事的见证者。

面对班级中的冲突和矛盾，我们鼓励学生通过健康的辩论来解决问题，例如

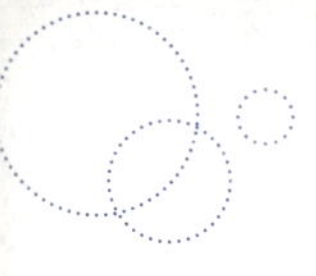

关于“友谊中是否应有秘密”的讨论，引导学生学会尊重、宽容和爱。通过设立精神文明记录员，转化负面情绪为正面动力，让每个孩子成为美好故事的见证者，这也是促进班级团结的有效方式。我们正处于可以犯错的年纪，应该学会在跌倒后重新站起来的勇气，孩子们，不要哭泣，我们要相信自己可以征服风，直面问题、聚焦问题、解决问题是成长进步的关键所在。

三、善逸中享阳光心态

在校园的一间七年级寝室里发生了这样一个故事，“田胖”总是非常忙碌，寝室里面6个人的所有袜子、内裤、衣服都是他一个人洗的。此外，他还承担了打扫寝室的任务，还得帮室友带饭，甚至有人用他的床单擦脚。这些情况他都没有向老师报告，直到他的父母发现了问题。

分析他不向老师报告的原因：1. 他可能担心这样做会让他丢脸。2. 可能害怕招致更为严重的后果。3. 至于为什么没告诉朋友？可能是害怕失望或没有依靠。观察发现，这个孩子的性格有点儿腼腆，不够仔细，眼神常常闪躲，不容易与他人分享心中的想法。

我觉得可以这样处理：首先给予孩子信心和支持，其次鼓励他勇敢面对问题，再在班级中将这件事转化为一个帮助同学成长的故事，多亲近他，并时不时地表扬他，增强他的自信心。这样他会愿意分享自己的想法，勇敢地做自己，不惧将来，不畏困难。将他的名字写在班级墙上作为“勇士”的象征，并设立班级“勇士挑战榜”，记录孩子们的学习成就和个人突破。

之后，类似的事情再没有发生。

道理在于：事后控制不如事中控制，事中控制不如事前控制。安全经济学的基本定量规律表明，预防性的投入产出比大大高于事故整改的产出比。安全效益的“金字塔法则”也告诉我们：设计时多考虑一分的安全性，相当于加工和制造时十分的运行效果，从而能达到最佳的安全效果。

为了减少孩子的孤单感，我们班主任必须站在第一线，绝不姑息，勇于担当！对于像“田胖”这样默默承担过多责任的学生，我们需要给予他们信心和勇气，帮助他们走出困境，减少孤独感。通过预防性的教育和积极的干预，我们可以有效地避免校园欺凌现象的发生。

四、善意中拥有感恩之心

这里不得不提班上一位同学写的寝室绝笔信：“某某同学，我计划好明天就要走了。我还真是一个奇怪的人，连自杀也不忘先和你道别。因为我很舍不得你们，不希望你们难过。我现在告诉你，是因为我想好好地和你道别。你们对我来说很重要，我做不到不辞而别。”这位女生曾经在寝室里借水果刀自残，划伤了自己的手。

首先，我尝试以一种温和且文雅的方式与她交流，告诉她，生命的花朵尚未绽放，你不应如此悲伤。也曾讲过，世界那么大，那么精彩美丽，我们都应该去经历，人生没有过不去的坎，只有看不开的心，学会爱自己。

然后，我也想告诉她，其实，你没有自己想象中那么重要。人会经历三次死亡，第一次是心脏停搏时，第二次是大约一个小时后大脑死亡，所有身体内的细胞也逐渐消亡，第三次则是被所有人遗忘之时。我不想如此之快就被亲人朋友遗忘，所以我珍惜现在，并享受当下。如果有可能的话，我也渴望长生不老。

这些孩子往往非常敏感，平时可能表现得柔弱或者容易激动，他们在日记、作文、周记中常常流露出忧伤的情绪，有时甚至显得自大，看问题总是从悲伤、片面的角度出发，有时表现出另类、怪异的特点。

在孩子们沟通交流相对较少的当下，我采取了以下措施：

1. 在全班课间增加跳手语舞和可爱的互动活动（小游戏）；

2. 抽出更多时间陪伴这类特殊的孩子，例如在操场谈心，去寻找校园之美，感受身边的感动；

3. 给他机会在全班播放自己喜欢的歌曲，并让他负责班级同学的点歌任务；

4. 鼓励他融入集体，分享着每天与朋友、同桌之间的趣事，感受幸福就在身边，勇敢地和昨天的自己说再见。

班主任不仅是教师，更是学生的心灵导师。通过设立“心灵驿站”，为学生提供一个倾诉烦恼、分享快乐的私密空间。在这里，每个学生都能感受到被理解和尊重，找到心灵的慰藉。对于那些表现出自我伤害行为的学生，我们需要细致入微地了解背后的原因，并提供个性化的关怀和支持。增加课间的互动活动、提供心灵驿站等措施，都有助于学生感受到集体的温暖和个人的价值。班主任不仅是知识的传递者，更是学生心灵的引路人。

班主任带班方略的艺术在于不断创新，用心去感受每一位学生的需求，用智慧去激发每一位学生的潜能。在这个充满挑战与机遇的时代，让我们带着公平的爱，一起探索更多富有创意的带班之道，共同书写属于我们的班级传奇篇章。

教会家长成为一名情绪师

王飞阳

背景

某天，班级的小杨同学来到我的办公室诉苦说：王老师，日复一日的学习让我突然感到非常无聊，提不起任何动力，频繁的考试就像一场场比赛，总让人想要奋勇争先。有时候，当自己的对手或假想敌出现失误时，内心竟然会暗自庆幸。她还提到，自己从小就被父母寄予厚望，生活被安排得满满当当，从各种才艺学习到课外补习，以至于她几乎忘记了什么是自己喜欢的，什么是不喜欢的。由于在许多方面都表现出色，她的日程总被安排得很满，使得她很少有机会探索自己的内心世界。因为从未经历过真正的失落，所以她并不知道为何要失落，即使偶尔成绩下滑，父母也总是将其归咎于学习态度出了问题，并认为只要态度端正了，努力够了，就一定能够重回巅峰。

小杨还告诉我，家人很少一起外出游玩。即便每个寒暑假都会去旅游，但那也不过是换个地方做作业，从来都是走马观花地看风景。每看到一个成功人士，爸爸妈妈总会巧妙地将话题绕到她身上来。她想谈谈自己的想法和感受，却觉得自己不应该这样做，因为她能预见到父母的回答——他们只希望她专心读书，而此时任何其他的想法都被视为不切实际的幻想。

她能回忆起的父爱，就是父亲开车送她去补习班，以及给她买各种想吃的东西和想要玩的玩具；而母爱的记忆，则是考试期间母亲为她煲汤，做美味的饭菜，还有省吃俭用为她报名各种补习班。每当考试成绩不理想时，父母总会装模作样地安慰道：没关系呀，爸爸妈妈能够接纳你呀，你只需要尽力就好。

小杨说，明眼人都能看出他们其实非常在乎结果，但总是在口头上说不在乎，并表示能够接纳她的成绩，似乎“接纳”这个词是他们从某个家庭教育专家那里学来的概念，但是他们真的理解什么是真正的接纳吗？他们仅仅在概念上有所了

解，却做不到真正意义上的接纳。小杨认为，“接纳”应该是真正懂她的感受，而不是仅仅将这个概念存放在头脑中。

我的思考

在升学主义的影响下，孩子的成长往往呈现出畸形的状态，大多数孩子都像小杨一样，沿着既定的轨道安定有序地成长。然而，家人与孩子之间的互动往往流于形式，并非一来一往的深刻互动。例如，某些家长会问：“作业做完了吗？”孩子回答：“做完了呀。”家长再问：“最近一周在学校表现还好吗？”孩子答道：“挺好的呀。”接着问：“最近听老师的话吗？”孩子回应：“我要听啊。”又或者问：“有没有听不懂的题呀？”孩子说：“没有。”这样的对话仅仅停留在表面，缺乏深度和实际意义。

家长与孩子之间的沟通需要包含思想和情感层面的互动。家长们应认识到，传递有力量的话语比单纯地讲道理更能影响孩子。家长要成为孩子们的心灵营养师，成为孩子们茁壮成长的坚实后盾。

孩子感到受伤，不是因为受伤本身，而是因为无人诉说，只能独自面对。家长应该通过有效的方式，帮助孩子回归生命的根本，让孩子体验到自我价值感、意义感、接纳感、安全感、信任感、自由感以及被爱的感觉。

我的方法

在一次家长会上，我向家长朋友们介绍了我的家校沟通新思路。第一步：形成一个家庭习惯——每月举行一次家庭例会。

家长可以与孩子约定，如果没有特殊情况，每个月进行一次家庭例会。我希望这个活动不会让任何人感到排斥，也希望孩子们不要觉得爸妈是在浪费自己的时间，也不要因为父母态度的突然转变而认为这是小题大做，也不要夜郎自大地认为自己很强大，什么事都能扛得过来，不需要父母的帮助。作为父母，最重要的是引导孩子理解以下几点。

①每个人都渴望和自己的父母建立联结。孩子和父母之间有着潜意识上的共鸣，这点毋庸置疑！

②爸妈也是第一次当爸妈，很多事情并没有做得很周到。但他们正在不断改善。

③爸妈真心希望听到孩子内在的情绪和诉求，而不仅仅是提出要求。

第二步：准备心情卡牌。

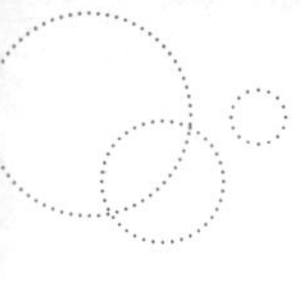

有以下几个名词，请每个家庭成员各自选一个词来描述他们此刻的情绪或心情。

激动、兴奋、紧张、害怕、矛盾、困惑、担心、好奇、难过、焦虑、矛盾、平静、拒绝、渴望。

父母操作要领：每个人先从提供的词语中选择一个（准备一张白纸裁成四片）家庭成员各自写一个，不给对方看。每个人轮流发言，使用所选的词表达当下的感受。最后，请孩子用全家人的至少三张卡片上的词组成一句话。当孩子完成句子后，保持 2 分钟的安静，无论孩子的表述如何，都应接受。

第三步：说故事（20 分钟）。

请孩子分享近一个月或最近一段时间以来的经历，甚至是初中以来，感到__________的事。这些事可以是开心的、生气的、郁闷的、激动的、兴奋的、尴尬的、紧张的等。

父母应全神贯注地聆听孩子的故事，目光专注地看着孩子，感受孩子内心的情绪。两位家长听完后分别把孩子的故事复述一遍。爸爸描述孩子讲述故事的事实部分，妈妈则关注孩子故事中的情绪部分。建议：孩子讲故事 10 分钟，爸爸妈妈反馈 8 分钟，最后，静默 2 分钟，共同感受孩子故事带来的感受。

第四步：父母说（时间不限，第一次最好控制在 10 分钟）。

请父母说一说和孩子交往中感到的事。

请孩子带着好奇聆听父母讲的故事，并谈谈自己对父母故事的感受。

第五步：共同看见（时间不限，首次进行时建议安排 15 分钟）。

一起绘制一幅画：“我们的家！”不想绘画的家庭，可以选择记录下存在的问题和改进的方向。通过两次对话，全家现在共同“看见”了什么？父母要明白，一旦问题被看见，就已经解决了 50%。

第六步：记录并复盘。

孩子的故事	我们的感受
父母的故事	我们的发现（全家的画作）

可能很多父母在听到孩子的内心传递出来的情绪后，不知道如何回应或疏导这种情绪，这里提供了一些支持性话语，仅供大家参考。

支持性话语 1：我们很难过，当初没有体会到你的真实感受，甚至都没有问过你的想法。愿接下来的日子里，我们作为爸妈能够抛弃功利的、世俗的眼光和价

值观，更多地支持你的成长。

支持性话语 2：我们很惊讶，当初那件小小的事竟然在你心中引起了如此大的波动。我们没有预料到事情会变成这样，爸妈也是第一次做爸妈，有很多不知道的地方，还请你原谅。

支持性话语 3：我们一直以为给予你的是爱，却未曾意识到我们给你的未必是你想要的。原来在家里，真正的爱是懂你的观点，接纳你的感受，倾听你的期待，在接下来的日子里，爸爸妈妈会更加努力地去聆听你内心的声音。

支持性话语 4：孩子，你绝非废物，也不应该被视为毫无价值。你有很多金灿灿的品质，只是这些优点像被尘土掩盖了光芒，爸妈过去没关注到它们的闪耀，仅仅期待你在考场上驰骋。实际上，你在爸妈心中是非常宝贵的，也许是因为处于当前教育体系的压力下，我们过于注重你的成就，忽视了你作为一个个体的成长需求。孩子，恳请你原谅爸妈！

让家长成为情绪引导者，能够更有效地与孩子沟通，这是一个重要的理论。这种理论强调以下几点。

情绪认知与表达：家长应该学会认知和表达自己的情绪，而不是压抑或者过度表达。这种能力有助于家长以身作则，教导孩子如何理解和表达他们的情绪。

倾听和共情：倾听是有效沟通的基础。家长应该学会倾听孩子的情绪，不仅仅是表面的言语，还要理解其背后的真实感受，并表达出对孩子情感的共情和理解。

情绪调节：作为情绪的引导者，家长需要展示情绪的健康调节方式。这包括通过积极的方式处理压力和情绪波动，向孩子展示应对挑战的方法。

建立信任和安全感：孩子需要在家庭环境中感受到安全和信任，这种环境有助于他们更自由地表达情绪和思想。家长的情绪管理直接影响到家庭氛围的温馨和稳定。

教育情绪智慧：情绪智慧是指理解、管理和应对情绪的能力。家长可以通过例子和实际的指导，帮助孩子培养情绪智慧，这对他们未来的人际关系和情感健康至关重要。

总之，让家长成为情绪师不仅仅是教导他们如何处理自己的情绪，还包括通过有效的沟通和教育方式，帮助孩子建立积极的情绪表达和处理机制。最后，我想说：家长一定要多多关注孩子情绪的表达，要成为孩子们的心灵营养师，成为孩子们坚实的大后方，只有大后方稳定了，孩子们在学校才会学得开心、快乐、高效。在升学体制下，我们既要看见孩子们的成功，更要看见孩子们的成长！

打造自由成长空间，激发学生内驱力

——班主任管理的有效策略研究

李　明

“尊重自由，激发自觉”的管理理念非常适合初中阶段的学生，初中不仅是学生学习成长的重要时期，也是培养学生生存技能、促进社会能力发展的重要阶段，需要班主任教师在教育管理方面投入更多的精力。班主任应致力于激发学生的内在学习动力，提升学生自我管理能力，尊重学生，与学生平等交流，以此增强管理工作的最终效果。

一、班主任管理的重要价值

首先，班主任对班级的管理是班主任工作的重要组成部分，也是班主任投入精力最多的环节之一。在初中教育阶段，学生的身心发展经历了显著变化，部分学生进入青春期，叛逆心理增加，这可能导致班主任采取的管理方法难以取得理想效果。如果班主任采取的方法不恰当，容易引发师生间的矛盾。因此，班主任在管理工作中，需要应用好教育与激励措施，尊重学生的自由发展，激发学生的自主学习动力，优化管理措施的同时解决管理工作中存在的问题。班主任通过学生间的讨论和交流，更容易把握学生的实际情况，也会设计出更具实效性的管理方案。

其次，班主任管理工作不仅有助于提升班主任的专业能力和职业发展水平，也是日常教学工作中不可或缺的一环。为了有效地实施班主任的管理工作，需要不断提高班主任的教育水平和技巧。在管理过程中，班主任也会积累经验，从而更加合理地应用教育技术，充分发挥自身在管理中的作用。在经验的积累过程中，班主任也需强化人性化的管理，使学生获得更多成长的空间，激励学生自觉、主动地学习，从而不断完善班主任的管理策略。

再者，教师要坚持“以学生为本”的管理模式，缓解班主任与学生间的关系，帮助学生认识到班级管理工作的意义。班主任应给予学生更多的关注和支持，在人性化管理的前提下创新管理工作，将学生放在班级管理的主要位置上，让学生认识到自身的言行与班级的集体荣誉有着较大关联，促进教育改革的进步。

初中生正处于心理变化和发展的关键阶段，他们的自我意识获得了成长，渴望独立并希望得到他人的认可。班主任作为日常接触学生最为频繁的教师，需要充分了解学生的心理状态，尊重学生的想法，并转变传统的教育思想，回归素质教育本质，提升学生的自我管理意识，为学生开辟多元化的发展路径。由于初中生热衷于追求新鲜事物，外界环境对学生认知能力的发展会有一定的影响。因此，教师为学生提供自我管理的教育，不仅有助于学生更好地控制自己的行为与情绪，还能促使他们自觉遵守规章制度，从而提高自身的社会适应能力。

二、班主任管理的现状分析

初中生在身心发展方面正处于一个重要的发展阶段，在认知能力和自我管理能力上都还存在着一定的不足。部分学生表现出强烈的自我表现欲望，思维方式也倾向于追求独特性，希望得到教师或家长的关注。由于初中学生的年龄较小，一些学生还存在着不同程度的心理问题，如学习意志较为薄弱、心理承受能力较差、处理人际关系的能力不足等。这些问题容易导致班级或学校形成不良风气。对于这类学生，教师需要树立良好的榜样，并给予积极引导。

在初中阶段，有效的班级管理离不开班主任对管理工作的创新，并采用科学化的管理理念。然而，教师受传统教育理念的影响，在管理工作中往往更重视结果而忽视了实际的过程，将学生成绩作为唯一的管理目标，有时甚至采取惩罚式、强硬的管理措施。学生被动接受教师的管理，会打击学生的积极性，学生的主体地位得不到应有的重视，还会限制他们的身心健康发展，导致管理效果无法达到理想化的水平。此外，班主任往往会采用较为传统的管理模式，这可能会影响师生间的和谐关系。

三、班主任管理的有效策略分析

（一）更新教育管理理念

班级管理工作质量的提升需要建立在师生间和谐的管理关系基础之上，在传统的初中班级管理中，班主任往往持有较为传统的教育观念，没有将学生放在主

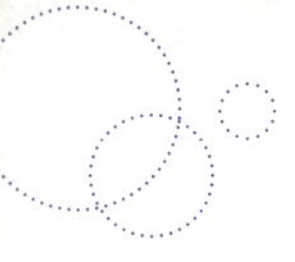

体位置上，忽视了对学生积极性的激发，导致学生缺乏配合管理工作的意识，也很少有参与班级管理工作的意识。因此，班主任首先要从观念上做出改变，采用正确的管理模式，优化教育管理工作的方法与手段，以此促进师生关系的缓和与拉近，实现管理工作的高效化落实、推进。班主任要坚持“以人为本”的教育理念，尊重学生个体差异，给予学生一定的空间进行自我管理，激发学生的自觉性，并明确其自身在管理工作中的作用。作为学生成长中的引路人和生活学习上的指导者，班主任应在学生遇到困惑时提供指导，以正确的态度对待每一个学生。班主任要平等对待每一位学生，一视同仁，给予每个学生应有的尊重与耐心，让学生感受到教师的关怀与公平，从而调动学生配合班主任工作的积极性。例如，在自习课上，班上的两位同学小李和小梁因某些原因发生了争吵，班主任赶到现场时，两人已被其他同学拉开。在处理这一事件时，班主任将二人叫到外面谈话，没有因为小李的学习成绩较好就直接批评小梁。相反，班主任让双方陈述矛盾产生的过程，客观对二人进行了教育。通过这种方式，两位同学都能够感受到班主任对自己的重视，特别是小梁也感受到了老师的尊重，由于班主任及时处理并进行疏导，学生们不仅受到了教育，还学到了宝贵的教训。通过这一案例，班主任更应理解建立学生主体的教育管理理念的重要性，这不仅能提升学生对自己的信任，还能保障学生对管理工作的积极配合，进而提高学生的综合素养，促进班级管理工作效果的显著提升。

（二）完善班级管理制度

班级管理制度，即班规，对班级管理来说至关重要。要有效地进行管理工作，必须建设一定的规章制度，并要求学生遵守，以促进学生的成长与发展。同时，班级管理制度的设立也有助于学生的自我管理能力，鼓励他们真实参与到班级管理工作中来。这就需要班主任选择合适的学生协助管理，赋予学生一定的管理权利。班主任可以通过组建班干部队伍来辅助教师开展工作，减轻班主任与任课教师的工作负担，实现学生的自主管理。班干部是班级管理的重要力量，应当选拔那些有责任感、综合素养较高且有能力的学生担任。这需要通过公正公开的过程选举产生，以此为集体树立榜样。班干部队伍不仅能帮助班主任管理班级，还搭建了班主任与学生之间的桥梁，使学生在实际工作中得到锻炼，增长经验与提高能力，充分发挥其作用。班主任应合理组织班会，发挥班会的育人作用。班会为学生与教师提供交流沟通的平台，班主任应定期举办班会，讨论日常工作与生活中遇到的问题，解决学生的困惑与烦恼。例如，班主任可以安排一节班会课，让全班学生共同制定班规。作为主持人，教师应鼓励学生积极发言，根据日常学习生活中

的经验，提出班级管理中需要进一步完善的地方。比如，一位同学建议班内的植物应该由专人负责养护，否则由于很多同学每天都去浇水，植物可能会因水分过多而烂根死亡；另一位同学认为每天值日的小组需要有人监督；还有同学建议教室的装饰标语应定期更换，以创造更优美的学习环境。教师采纳学生的合理意见，并将其融入班级规范之中，同时表扬提出建设性意见的同学。不断完善班级的规范，有助于发挥学生的自主性，激发他们的学习自觉性和生活自律性，从而促进班级管理工作的质量提升。

（三）重视与学生的沟通

在班级管理工作中，班主任应意识到学生的发展需求，不能忽视学生的要求。教师应当站在学生的角度进行思考并实施管理工作，以此增加学生的信任感。班主任应采用多样化的手段与学生沟通交流，减少学生的压力和困惑，确保学生在沟通时没有顾虑。教师要以朋友的身份倾听学生的倾诉，与他们充分沟通，鼓励学生表达自己的想法。班主任应在管理工作中运用教育的艺术，不断丰富自身的知识储备，并掌握更多的沟通技巧。例如，在一次考试之后，教师与成绩下滑较为严重的小唐进行了平等对话，询问成绩下滑的原因，并共同探讨如何赶上进度以及遇到的问题。通过这次交流，教师与学生之间的距离得到了拉近，小唐也向班主任透露了最近和要好的朋友发生了矛盾，这导致她每天上课和复习受到影响，心情低落进而影响了成绩，成绩的下滑又进一步恶化了她的心情。教师鼓励小唐鼓起勇气与朋友和好，和朋友相互帮助一同提高成绩。尽管小唐的成绩有所下滑，但她不仅没有受到老师的批评，还得到了教师的指导，感受到了教师对自己的关心与尊重，从而增强了对教师的信任。

总而言之，班主任的管理工作应当从多元视角出发，制定人性化管理制度，促进学生的全面发展以及班主任自身的发展，提升教育质量。教师应满足学生的需要，在开展班级管理过程中积极引导学生参与管理工作，以提升管理的效果。

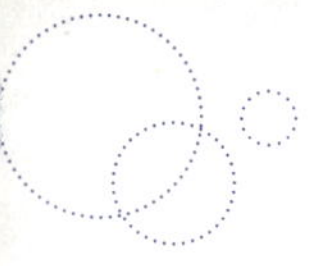

多维角度思考，为学生全面发展奠基

——初中班主任管理初探

刘华蓥

马克思说过：“人的本质不是单个人所固有的抽象物，在其现实性上，它是一切社会关系的总和。”刚上初中的学生相较于小学而言，面临的社会关系更加复杂，包括与新同学和新老师的关系、与寝室室友的关系，同时还面临着学习新阶段的考验以及青春期心理的急剧变化等。尤其是在当前快速发展的大社会背景下，初中生面临着更大的压力，导致许多学生出现心理问题，校园欺凌现象甚至极端事件时有发生。

因此，在素质教育背景下，如何在新时代背景下培养身心健康、全面发展的中学生是我们每位教育工作者的核心追求。作为初中班主任，不仅是学生学习生活的组织者、指导者和促进者，更是班级文化建设的引领者和塑造者。应当秉持以学生为中心的全人教育观，从学生实际出发，创造和谐的学习环境，打造富有特色的班级文化，构建民主而灵活的班级管理制度，培养学生的创新精神和实践能力，形成科学的班级管理理念，构建家校共育协同体，并利用多元化的评价体系促进学生的自我反思和进步。通过实施带班育人方略，培养出一批批符合新时代建设需求的身心健康的全面发展的优秀人才。

一、确立以学生为中心的全人教育观

著名教育家杜威“全人教育观”的核心在于促进学生的全方位发展。这一理论强调智力、情感、社会能力、身体素质与创造力等方面的均衡发展，并主张教育应与实际生活相联系，鼓励学生积极参与学习过程。在这一理念的指导下，初中班主任在进行班级管理活动时，应当首先考虑学生的需求与学生的感受，从学生的角度出发来构建班级管理方案。例如，教师在制定班级制度时可以引导学生共同参与规则的制定过程，以此增强学生对班级活动的参与感，培养他们的主人翁意识、提高学生对班级制度的认同感与执行力，从而使学生在班级生活与管理过程中获得的良好体验。

二、营造和谐学习环境，打造富有特色的班级文化

根据布朗弗斯特的环境教育理论，班级环境对学生的行为和学习有着重要影响。因此，带班方略应包括创造积极向上、包容开放的班级氛围，布置富有教育意义的班级环境，以此强化班级特色，提升学生的归属感和自豪感。

①明确班级定位，根据学生特点和教师风格，确定班级的独特定位，例如“创新班”“艺术班”等。

②设计班级标识，创建具有代表性的标志、口号和标语，以增强学生的班级认同感。

③开展特色活动，组织与班级定位相关的特色活动，如帮扶一对一、单科尖子生的学习方法分享等。

④培养团队精神，通过小组合作和团队项目，促进学生之间的相互支持和协作。

⑤构建民主且灵活的班级管理制度，带领学生共同商议制定和完善班级制度，这不仅可以确保班级制度符合绝大多数学生的需求并得到他们的认可，还可以促进班级制度的有效推行与执行，有利于处理结果的公平性及班级环境的和谐。

三、培养创新精神和实践能力，以备新时代人才需求

著名教育家杜威说，“教育即生活。”班主任若要有效开展班级管理工作，首先需要树立正确的班级管理理念，强调学生主动参与和体验对知识建构的重要性，并重视每位学生的全面发展。尊重学生的个性差异，提供丰富多样的学习机会，让学生在参与中学习，找到学习的意义和兴趣，并在实践中不断成长。

布鲁纳的教学理论提倡通过解决问题来建构知识体系。因此，带班方略应当旨在培养学生的创新精神和实践能力，鼓励学生提出问题、探索解决方案，并将所学应用于真实的或模拟的实践中，从而为未来社会发展培养所需的创新型人才。

四、差异化心理教学与合作学习，巧妙化解不同学生心理问题

初中阶段的学生正处于青春期，他们经历着显著的身心变化，这些变化容易引发多种心理问题，若这些问题长期得不到恰当处理可能会干扰到他们的学习和日常生活，甚至有可能导致不可挽回的后果。

结合加德纳的多元智能理论和维果茨基的最近发展区概念，采用差异化教学

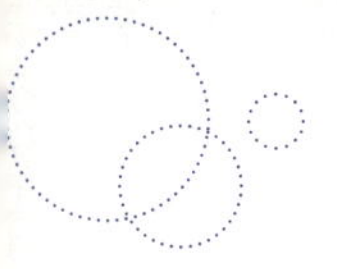

策略，以满足不同学生的学习需求。通过根据学生的兴趣、能力和学习风格设计的教学方案，教师可以提供多样化的学习活动，让每位学生都能在适合自己的水平上接受挑战并发展自己的能力，同时也有助于提升学生的社交技能、批判性思维和自主学习能力，为终身学习奠定了坚实的基础。此外，引入合作学习模式，鼓励学生以小组形式合作完成任务。这种方式促进了学生间的互助和沟通，增强了团队合作精神与解决问题的能力。例如，根据约翰逊兄弟的合作学习理论，这种做法不仅能促进学生之间的互助与交流，还能提高学习效率，强化团队协作能力，满足学生的个体需求并促进其全面发展。因此，每位学生都能在差异化学习环境中找到自身的价值和乐趣，从而有效缓解了许多潜在的心理问题。

五、家校合作，构建共育协同体

基于爱普斯坦的家校合作模型，我们应强化家庭与学校之间的沟通与合作，共同关注和支持学生的全面发展。

学生在学习和生活中难免会遇到很多问题，如果这些问题得不到及时的解决，可能会导致各种心理健康问题，而这些问题中有很大一部分源自家庭。在这种情况下，解决这些问题最为有效的策略之一是通过定期的家长会议、家访、电话沟通、微信、QQ 等进行多渠道交流。这有助于找出学生问题的根源所在，并鼓励家长积极参与到学校的教育过程中，形成教育合力。为学生提供一致的支持和引导，在孩子的成长道路上给予他们切实的帮助，才能从根本上有效地解决学生心理问题，保护学生身心健康。这样，学生们便能在学习和生活中心无旁骛，向阳生长。

六、评价机制：多元化评价促进自我反思

借鉴艾斯纳的教育批评理论和古巴等人的反思实践者观点，建立一个多元化的评价体系，使用多种评价方法和工具全面评估学生的学习成果，包括知识、技能、态度和价值观等方面。不仅应关注学业成绩，还应重视学生在创新、合作、实践等方面的表现。通过同伴评价、自我评价、教师观察记录等方式，引导学生从不同角度了解自己的学习情况，发现自己的优点和不足，从而促进自我反思和进一步学习，进而促进个人综合素质的提升。这种评价方式强调评价的多样性和包容性，旨在更好地反映学生的全面发展。

同时，多元化评价也为教师提供了更全面的学生学习信息，帮助他们更好地指导学生，调整教学策略，以满足每位学生的学习需求。

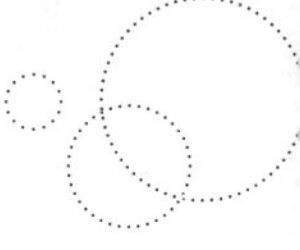

综上所述，一个有效的带班方略应当基于教育理论，注重学生的个体差异，培养学生的创新与实践能力。通过实施差异化教学、促进合作学习和营造特色班级文化，以及采用多元化评价和加强家校合作，形成一个有机联系、相互支持的完整教育体系。这样的带班方略能够促进学生全面而均衡的发展，为他们的未来奠定坚实的基础。

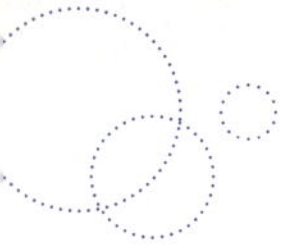

我愿做一个守望者

王爱霞

“总得有人去擦亮星星，它们看起来灰蒙蒙，总得有人去擦亮星星，因为那些八哥、海鸥和老鹰都抱怨星星又旧又生锈，想要个新的，我们没有。所以还是带上水桶和抹布。总得有人去擦亮星星。”

——《总得有人去擦亮星星》

苏霍姆林斯基说：“真正的教育是自我教育。”

有人说，教育是一场虐恋，挖空心思去爱人，最终只感动了自己；也有人说，教书是一场苦恋，费尽心力去爱人，最终却离你而去。从心理学的角度来看，初中学生正处于“半幼稚、半成熟的时期，是独立性和依赖性、自觉性和幼稚性错综复杂交织的时期”。他们已经形成了一定的主体意识，但这种意识往往受到周围环境的影响和限制。班主任发号施令的能动管理方式与学生委曲求全的被动接受态度之间形成了尖锐的矛盾。

“人的主体性是人作为主体的基本规定性，即人为达成自己的目的而在对象性的活动中认识和改造客体，并在这个过程中创造自己的能动性。”班级自主管理是以人为本的管理模式，它尊重学生、信任学生、促进学生发展，将成长的总体目标转化为实现自我价值的具体实践。它为每个人提供施展才华的舞台，使学生的潜能得到充分发挥，创造性得以激发，从而促进学生的发展，使他们真正体会到学习的乐趣和生命的意义。

怀着“托起每个孩子，各美其美，美美与共”的初心，我愿做一个守望者，让教师的班级管理与学生的自主管理和谐共生。

“人的主体性具有三个基本特征：自主性、主动性和创造性。”

首先，守望是用心地了解，把“自主性”还给学生

当我刚大学毕业时，面对家长们的诸多负面评价如“我们的班主任太年轻了”“她没有经验”“没有威信”，这些批评如洪水般肆虐，如刺猬般尖刻。我该如何应对这一切呢？当时，我想到了“打压”这个词。我总是告诉学生“应该做什么”“不能做什么”，却很少让他们自己去感受“为什么”。我过于注重对学生行为的外在管理，却忽略了他们内在的情感需求，总是用强硬的手段去填补那一道道“缺口”。一天，两天……正当我在为暂时堵住了这些缺口而沾沾自喜时，一场“心灵的海啸”正悄然逼近。

有一天，一个在开学时给我发短信，热情地表示想要和我交朋友的女生走过来，很失望地说：“老师，您说话太伤人了，我们都不喜欢您了。”这条差评如一石激起千层浪，从此同学们愤怒的闸门被彻底打开，班上的纪律也因此失控了……

这时，我的班主任师傅对我说“有什么样的班主任，就会有什么样的学生。”一个挑剔、粗暴且消极的班主任怎能培养出乐观、自信并对班级充满认同感的学生呢？抛去那些不当的管理方式，稚嫩且毫无经验的我，应该如何才能带出一个自信、乐观且有序的班集体呢？

那就守望吧，把自主性还给学生！

于是，我把一桌一椅搬到了教室后面，旁听每一堂课，记录每堂课孩子们的表现。多表扬，少批评。有针对性地指出孩子们的问题，一起讨论改进的方法。就这样过了一个月，班上的纪律和学习氛围在我一天天锲而不舍地守望中不断进步。

“老师，您是我见过的最努力的班主任。”终于，我通过自己的守望，获得了从教以来的第一条好评。

任何没有理由的愤怒都毫无意义的，所以孩子们教会了我守望。守望，是真心地投入，用心地了解；守望，是把成长的舞台还给孩子，让自主性在坚守中萌芽开花。

其次，守望是甘愿做配角，把“主动性”还给学生

作为班主任，我总是害怕比赛拿不到一等奖，寝室清洁拿不到满分，考试成绩不能在学校名列前茅，更害怕在日常管理中学生迟到不断、上课讲话不停……于是，我总是全身心地投入，将学生每一节课、每一分钟的表现都紧紧攥在手中，

生怕哪个环节出错。有一天，一个孩子的家长告诉我，他的孩子特别害怕上学，因为在学校感到非常压抑。

仿佛一阵晴天霹雳，我瞬间感觉，原来我的所有付出都是一种单向的奔赴。“玉有点瑕疵才是真的”，没有缺点的学生是不正常的，“教室就是用来犯错的地方”。

那就守望吧，把主动性还给学生！

第一次成立学习小组，我采用了双向选择的方式，组长招聘组员，组员竞聘加入小组，在班里形成良性竞争。正如古人云：“众力并，则万钧不足举也。”

第一次举办“1314 晚会”表演，孩子们自选主题。因为他们非常喜欢《丑小鸭》这篇课文，所以自编自导了一个课文剧。我负责后勤，实时提供友情支持。班上每个孩子都全情参与、各司其职，在不断试错和修改的过程中，最终品尝到了成功的喜悦。

第一次修订班规时，每个孩子都从自身开始反思，总结存在的问题及改进的方法，真正体现了“契约”精神。例如，班上有位从入学起就有“睡王”之称的小孙同学，针对“迟到”这一问题制定了具体的应对策略：“第一次迟到罚站，第二次迟到抄写班规……”。于是他从开学第一周迟到十一次、第二周迟到五次，逐渐减少，到第八周便再也没有迟到了。

民主、科学、主动的班级管理远比制定严苛的制度更为重要。让学生学会生活、学会管理、学会做人，以及学会他们将来需要掌握的一切。

教育家马卡连柯说过：“要尽量多地要求一个人，也要尽量多地尊重一个人。”“各美其美，美美与共”，给每个孩子成长的空间和犯错的机会，你仅需将每颗星星都擦亮；只有把“主动性”还给学生，才能真正融入这片星空，成为那颗永远守护他们的启明星。

最后，守望是多给一份信任，把“创造性”还给学生

并不是每颗星星都不会生锈、不会旧，所以我们得带上水桶和抹布，去擦亮它。

教育家陶行知先生有这样一句话：“你这糊涂的先生！你的教鞭下有瓦特，你的冷眼里有牛顿，你的讥笑中有爱迪生。你别忙着把他们赶跑。你可要等到坐火轮，点电灯，学微积分，才认得他们是你当年的小学生？”

初一下学期，夏季运动会来临。班级遇到了难题：班主任因公出差，无法参与！这个消息如平惊雷般在班里炸开了锅。一个没有班主任带领的班级无疑失去了领头羊；一个没有体育尖子生的班级似乎注定会失败。正当大家垂头丧气之时，

我信心满满地鼓励道："发挥你们的合作精神，老师等着请大家喝奶茶。"

作为班主任，在主体性班级管理中要善于因势利导，巧妙借力。只有这样，才能让"看不见的手"发挥导向、调节、监督和促进的作用。为此，我印好了运动会的秩序册，搜集了很多竞技项目的讲解视频，并默默做好了服务工作。然后，我把"如何组织、如何开展"的难题抛给班级，召开了班委会。他们经过商量讨论，组成了运动会宣传推广组、后勤保障组、赛事训练组、场地布置组、经费财务组。并在运动会开始前两周，有计划、有组织地进行了项目训练，每个项目都安排了一位负责人进行专业指导。尤其是班上那些平时不起眼或是偶尔犯错的同学们，在运动会中班主任"不在场"的情况下，却如同熠熠生辉的星星，散发出了璀璨的光芒。最终，班级荣获了一等奖的佳绩。

"信任会给学生撑起一片自尊的天空。"每个孩子都有向上的意愿，多一点信任，就能多看到一些学生的进步，更能感受到每颗星星的美丽。

作为守望者的我们，可能更多时候需要静待花开，保持对每个孩子的耐心与信任。把"创造性"还给孩子，只有这样，相较于显性的"管"，"不管"才是一种更为高明的管理艺术，它能让学生在班级管理中有所作为，能让班级朝着良好的方向发展。

"不是锤的打击，而是水的载歌载舞，才让鹅卵石臻于完美。"时间如水，守望是在运用时间的力量来雕塑学生的心灵，班主任的工作其实是造引水之势。做一个守望者，是一种平和的心态，也是一种激情的行动；是平凡的细节，也是辉煌的人生；是"竹杖芒鞋轻胜马"的闲适从容，也是"惊涛拍岸，卷起千堆雪"的荡气回肠……做一个守望者，是为了更好地激发学生的主人翁精神，学会生活、学会管理、学会做人；做一个守望者，是为了让班主任从烦琐的工作中解脱出来，成为一个幸福、专业且有成就感的教育者。

第五篇章：

德育小故事

在本篇章中，班主任们从自己的亲身经历出发，分享了他们在教育过程中与学生相处的点滴故事。通过这些故事，我们可以感受到班主任们是如何用爱心和耐心去引导学生，如何帮助一个自卑的学生找回自信，以及如何帮助学生化解矛盾、增进友谊……

这些平凡的故事不仅展示了班主任们的教育智慧，更传递了教育的温度，是心灵的触动和人格的塑造，蕴含着深刻的教育智慧和人生哲理。

希望这些真实而感人的故事能够给更多的教育工作者和家长带来启示和帮助，共同为孩子们的成长创造一个更加美好的环境。

尊重个性　儒法兼施

——选择了纪律与约束，也就选择了理性与自由

杨龙青

所带的班级里有这样一个学生，名叫江同学，是个男生。刚入初中的他阳光帅气、热情自信、敢担当、有主见，且酷爱足球。因此，他在开学第二周周日返校的晚自习上、新班级第一次正式的班干部竞选中就脱颖而出，高票当选为生活委员（负责配合生活老师协调管理班级男生寝室的纪律、清洁和学习等事务）。巧的是，在两个多月后学校举办“校园足球运动会”时，他充分发挥他的组织协调能力，积极组建班级足球队和啦啦队，设计队徽，制定队规，拟定训练计划，并主动联系班级家委会主席团成员选购队服、印制徽章及号码牌等，展现了远超同龄人的“领袖”气质，表现着实出色……因此队长人选也就非他莫属了。

家庭条件颇为宽裕的他，作为家中的独子备受宠爱。加之小学学习生活带来的“后遗症”，他调皮好动、骄纵任性，甚至偶尔不服从班干部的管理，做事不计后果，缺乏冷静和理性，因此常常闯祸。

对于学校而言，运动会无疑是教育教学的重要组成部分，更是实施素质教育不可或缺的载体，尤其在德育方面的作用不言而喻。运动会不仅能很好地锻炼学生的身心，活跃校园气氛，还能提升班级凝聚力，增强集体观念，充分展现班级风采，树立孩子们顽强拼搏的精神。然而，就在运动会这个应为班级增光添彩的活动中，问题发生了……

作为生活委员的他在运动会当天早上，由于寝室扣分使得班级失去了“精神文明班级”的评比资格！这次扣分不仅是因为江同学所在的寝室违规，更是因为他的个人物品未按照《寝室管理条例》的要求整理好，被生活老师扣除了两分，这也是我们班级自新初一开学以来的第一次扣分！此外，在第一个比赛日下午的集体比赛环节中，作为“队长”的他表现出了任性的态度，只因损坏班级公物，并在受到同学的几句职责和一点小擦伤之后，他就带头喊出了，“我放弃比赛！”

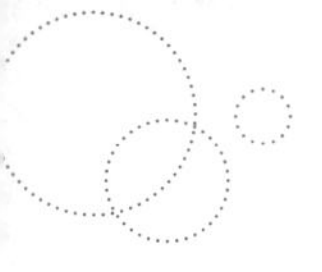

这样的话语，扰乱全局，动摇军心，同学们及队友们对此甚感失望。令人无法理解的是，他的膝盖擦伤是因为中午未按照寝室安全管理规定和班主任的多次叮嘱，擅自留在操场踢球而滑倒所致。不仅如此，他还在此期间踢坏了我们的班级公物——饮水机！

作为班主任的我，特想找一个绝佳的教育契机，并下定决心要磨一磨他的傲气和烈性。鉴于此，他被“邀请”到了我的办公室。平日里做事一贯雷厉风行的我，并没有急着要做什么，而是自顾自地处理着手上的工作。因为我给自己拟定了一条原则：生气时不找学生交流，找学生交流时绝不生气！杵在我办公室约一刻钟的他，不知道该做什么，几次欲言又止……终于，他鼓起勇气，在煎熬中低下头说了第一句话：“杨老师，你处罚我吧！”我缓缓地抬起头，认真地注视着他，足足有半分钟之久，一语未发。心情忐忑不安，表情极不自然的他，就连双手都不知道该怎么放才好……这一切我都看在眼里。片刻之后，我展开了我的第一轮攻势：“你今天的表现，作为生活委员是无奈，作为队长是失望！班干部犯错双倍惩罚，因为‘知法犯法，罪加一等’。你辜负了家长对你的期许、老师对你的器重、同学们对你的信任！我根本没想到第一个扣分的是你，我们大家赖以信任的生活委员所在的寝室扣分，更不可理喻的是这个人恰恰是你！试问，一个负责任、敢担当的班干部置班级荣誉于不顾是何等的可怕！一个将 21 班融入骨髓的人，一个对自己负责的人，一个不服输的人会这样做吗？不！坚决不！因为杨老师无数次地警醒大家：不求为班级争光，但绝不给班级抹黑！”

此刻，我从他的眼神中我看到了内疚！

然而，更让我失望的事情发生了。“杨老师，今天的一系列事件确实是我的错，我也感到很内疚，给班级抹了黑。因此，经过考虑后，我决定辞去所有班干部职务，好好反省！”

“辞职就能有助于问题的解决吗？你当班干部是什么，是在菜市场买菜讨价还价？还是卖馍馍饼子？或是幼儿园小朋友挑玩具？我暂且不知‘班干部’在你的心目中是如何界定的！但在杨老师看来，它就是班级的一面旗帜，一根标杆，一股正能量！而你站这里，上下两片嘴唇一碰，在我看来这就是明摆着的逃避！是无能的表现！杨老师常说：过错，只是暂时的迷茫；错过，就是一辈子的遗憾！看来你坚定地选择了后者！原来你并没有真正领会到杨老师给大家分享的‘狮子领导的羊群一定能打败羊领导的狮子群’这个道理！江同学，请重新审视自己刚踏入重庆一中校门时最初的梦想！为什么‘我放弃！我辞职！’这样的话语会不假思索地脱口而出！还心甘情愿地选择被班级其他同学边缘化！如果你是这样的

选择，杨老师还有一句话要对你说，你不当班干部，21 班就没人能当这个班干部了吗？重庆一中就办不下去了吗？地球少了你这个班干部就不转了吗？它照样会转，而且日月星辰依旧东升西落，春夏秋冬依旧四季更替！明天的太阳依然光彩夺目！”

此刻，我从他的眼睛中看到了泪花。

“你的内心告诉你，自己肯定是瞧不起这样的人，甚至是唾弃！现在为什么自己都成了自己讨厌的人！路是自己选择的，如何一步一个脚印，走得坚实有力，不至于多年后回头看时了无踪迹。入学第一天，杨老师就送给大家一句话：‘初中三年短暂而精彩，别给自己留遗憾！’还记得吗？现在的你就是典型的‘听不进别人，也看不清自己’。也别怪老师今天说话重。退一万步讲，杨老师输不起吗？21 班输不起吗？记得你率领球队打完第一场比赛后，杨老师发了一条长长的微信。”

尊重对手，认真备战，积极拼杀，酣畅淋漓！失利成功，进退得失，泪水欢笑，这就是初中生活！坚持不懈，方显真我风采；宠辱不惊，才是英雄本色！你们今天阐述得淋漓尽致！过程全力以赴，结果坦然面对，你们成长了！今天点球大战虽惜败，但你们虽败犹荣，何来遗憾？输不起的人永远赢不了！老师更懂得：羽翼丰满的雏鹰必将展翅翱翔！“东风吹战鼓擂，21 班怕过谁”依旧萦绕耳旁，那么嘹亮，那么催人奋进……

“输不起的人永远赢不了！不知你是否真懂。杨老师今天想告诉你，做事要冷静，三思而后行。杨老师有很多个三年可以证明我能不能带好一个班，而你这辈子就只有这一个三年。送你一句当下流行语就是‘且行且珍惜’。也希望你能真正明白‘良药苦口、忠言逆耳’这八个字的含义。关于班干部一事我们暂且搁置，求同存异，以观后效。”

这件事在一个深鞠躬以及一句“谢谢杨老师教育”中告一段落。

自那以后，无论是上课还是下课，他的眼神始终都不敢与我直视。

在一个多月后，我借助一次班会课收心教育的机会，语重心长地说道：“有的时候家长也好、老师也罢，为什么这么生气，甚至是歇斯底里？其实就是恨铁不成钢。望子成龙、望女成凤，这是天下父母心呐！作为班主任，我希望我教的孩子比其他班优秀，这不为过吧！其实这一切的一切都是源于三个字：太在乎！越是这样越说明你还大有可为！”

这一刻，我在他明亮的眼神中清晰地看到了不服输的斗志，那么坚毅！

此后，他还积极参加了班级读书交流会，分享了《时间简史》，睿智干练；在 21 班“感恩常在——陌上花开”的班级主题演讲比赛中，他情感细腻，娓娓道来，

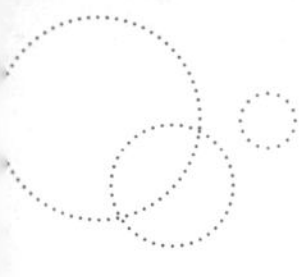

表达流畅。在他不知情的情况下，我邀请了他的母亲亲临现场。比赛结束后，母子俩抱成一团。那一刻，教室里掌声雷动，令人记忆犹新……

在之后的家校联系本上，我也不断地通过目标驱动和激励他，效果显著！并且在初二开学的班干部改选中，他成功当选物理科代表，还常常上黑板给同学们当小老师答疑解惑，更多了一份沉稳与自信！

他初三毕业时，我收到一封长长的信《致我们最亲爱的班主任：锦瑟年华恰好有你》。信的结尾是这样的："记忆中的龙哥，爱穿着一袭风衣，喜欢笑着对我们说话。那笑，突然间，好和善；那话语，突然间，好亲切；但是这一切，都远了……在这青春的锦绣年华里，恰好有你，我的龙哥！教会了我谦逊与不服输！不低头！走在这青春的风雨中！在这宇宙里，不迷航！"

让我轻轻地靠近你

黄辉平

教育从来不是一件简单的事。在教育这条路上，生命与温暖，一个都不能少。正如“世界上没有两片完全相同的树叶”，世界上也没有两个完全相同的人，每个人都是独一无二的个体。

有时候，问题的关键不在于我们是否接纳孩子，而在于孩子是否接纳我们。每一个学生都是一个独立的世界，他们的内心需要被聆听，他们的世界需要我们去靠近。希望我们能成为他们追求梦想道路上真正的伙伴。作为教师，我并不奢望每个学生都能出类拔萃，但我希望每个学生都能被温暖包围，希望他们阳光、健康地成长。对待家长，我们应该加强有效沟通，建立彼此信任的关系；对待学生，我们应该严管厚爱，既要设立高标准严格要求，也要有容错和纠错机制，使孩子能够在错误中学习和成长。

人的一辈子很短，我们会用有限的时间去挂念父母、朋友和孩子……但从我成为班主任的第一天起，学生便成为了我牵挂的一部分。班主任——这个世界上最小的“主任”，却拥有着世界上最宝贵的财富：一群活泼可爱的孩子。回顾自己的成长经历，我深知如果能在学生时期遇到一位让自己既爱又敬的班主任是多么幸运。学生的青春只有一次，从接手班级开始，我便暗下决心：我愿尽我所能，只为他们青春无悔。2012 年 9 月 1 日，是特别的一天，这是我以教师身份站在讲台上的第一天，也是我班主任生涯的第一天。所有即将发生的事情让我既期待又紧张。在成为班主任的第一年，我的想法还很天真，认为只要能管住这个班，让学生听我的话就足够了。因此，我的第一个尝试是与学生保持一定的距离。有限的经验告诉我，一个看起来与学生年龄相仿的新教师如果不保持一定距离，终有一天学生不再听从管教。因此，我总是表情严肃，几乎整天都在班级里“视察”。每当学生犯错时，我都会对他们进行严肃的说教，班级管理更是条条框框，纪律严明。起初，班级的运作可谓井然有序，但没过多久，一些棘手的问题开始浮现。

“你别管我”

那是开学不久后发生的一次手机事件。如今，初中生的智能手机管理已然成为一个难题。我们班上就有一位男生对手机上了瘾，用尽各种“花招”将手机带入学校。第一次私自携带手机进入学校被班委发现后，他隐瞒不报，拒不承认，并声称自己没有手机，但最终被我揭穿并没收了手机；第二次，他竟然又从网上购买了一部手机偷偷带入学校。当我要没收这部手机时，他拒不上交，并在寝室大吼道：“你别管我！”这使我顿时火冒三丈，孩子这样的反应真是令我伤心。

回到办公室后，我的心情久久不能平复，满脑子都是如何解决这个棘手的问题。这时，同办公室的老师听了这件事，感叹道：“现在的学生很叛逆，不好管啊。”“叛逆”这个词一下点醒了我，学生时代的我不正是这样的吗？我怎么忘了自己当初那一腔愤懑与不羁了？思考良久，我决定给这位学生写一封信：“小明，很遗憾咱们的‘手机外交’又一次未能达成共识。在班里，同学们总叫你‘好好先生’，相信你也希望保持这份美誉。别担心，这封信并不是要指责你什么。今天你的那句‘你别管我’让我很是愤怒，却也让我想起了自己的学生时代。那时候的我和你一样，渴望由自己主宰一切。都说以‘爱’为名的绑架是最令人抗拒的，现在想想，如果老师或家长总是盯着你，迫使你满足他们的各种要求，必然会让人感到厌烦吧。我很遗憾，至今没能成为真正让你信任的老师。但是让我们给彼此一些时间吧，如果可以，我希望下一次我们的对话会是轻松而愉快的。让我听听你内心真实的想法，好吗？”

过了几天，我叫来了这位男生。这次我没有再紧紧抓住手机问题不放，转而和他聊起了许多关于现在学习和生活的事。他看我没有批评他的意思，渐渐地在谈话中放下了防备，话也多了起来。那天，我们谈了许久，而收获比以往任何一次谈话都要多。原来，靠近与理解，是那么重要。

“变形记”

在某个晚自习结束后的时间，我路过教室，看到教室里隐约有一个人影，却没有开灯，看不清晰。我推门进去，开了灯，刚想说话，一个女生慌张地站了起来。

我一靠近，她马上用手在脸上擦了几下，离开了座位，说：“老师，我马上回寝室。”是什么原因让她流下了泪水？我在思考。还没来得及行动，第二天就收到了学校心理老师的反馈，提到之前的心理测试显示我们班有一个学生处于心

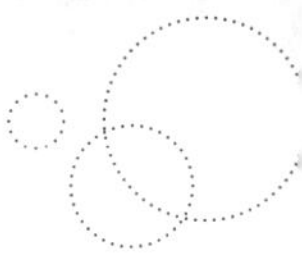

理健康高危状态，显示出严重的焦虑、抑郁倾向以及身体障碍，需要重点关注。我一问名字，这位学生正是小花。我立即联系了她的家长，了解到了一些未曾预料到的事情。问题的发生无法完全避免，更重要的是如何有效地解决问题。趁着班级集体生日会的机会，我决定为下半年过生日的学生举办庆祝活动，并特意将日期定在了小花生日的当天。欢乐的时光是短暂的，很快我们来到了最后一个环节：许愿、切蛋糕。在黑暗中，映着烛光，我看着她，对全班同学说："进入初中，是新的开始。过去的已经过去，未来才是最重要的。寿星们许愿吧，将所有对美好未来的期待，都放进愿望中，让它成为现实！"

那么，如何才能够帮助小花缓解焦虑，让她变得更加自信，并摆脱过去的阴影呢？正好班级篮球赛即将开始，我想这是一个绝佳的机会。在班级选拔时，我鼓励小花参加。"五班加油，五班加油！"一声惊呼中，球飞向了角落，似是无人防守的地方。"嘭"的一声，在那千钧一发之际，小花冲了过去，接住了球，并迅速投篮。"五班第一！五班第一！"欢呼声响起，得分了！平局被打破，从这一分起，我们班一直保持着领先优势。小花在场上稳定发挥，连连得分。"赢了！赢了！"大家抱在一起庆祝胜利，我也看到了小花脸上灿烂的笑容。这场球赛的胜利让班级气氛活跃了好几天，我也从小花的脸上看到了久违的笑容。有努力、有付出、有相信、有坚持，我觉得在这场比赛中，我自己也获得了胜利。

从保持距离到逐渐靠近，这两个小故事正是印证了这句话："亲其师而信其道。"在教育过程中，重要的是找到打开孩子心灵的钥匙。有时问题的关键不在于我们是否接纳孩子，而在于我们能否被孩子所接纳。每一个学生都是一个独立的世界，他们的内心需要被聆听，他们的世界需要我们去靠近。愿我能与他们同行，思他们所想，感受他们的感受，成为他们在追求梦想道路上真正的伙伴。

你当像鸟飞往你的山

——小燕子的蜕变记

蔡欣君

你当如鸟，飞往你的山。但行前路，不问西东。黄昏的余晖笼罩着一座座热闹的教学楼，青春的风声激荡……无人知晓，光影悄然化作微风，轻摇着一个个投落在地面上的身影。人间骄阳正当好，清风拂过林梢，彼时他们正青春年少。这也是我热爱教师这个职业的原因之一——总是被“恰同学少年，风华正茂”所打动。

时间的齿轮拨回到很久以前。当我第一次见到那位名为“小燕子”的女孩时，很难相信她那阳光明媚的笑容背后竟承受了如此多的苦痛与折磨。她的身材娇小，总是站在班级的第一排，显得格外纤瘦，那一双大眼睛却常透露出一丝孤独。

爱能让羽翼丰满

我对“小燕子”的最深刻印象，来自她悄悄留在我办公室的一张纸条：“老师，你能给我写一段话吗？我好像没有朋友，班上的女生都不爱和我一起玩，是我自己太孤僻了吧。”

这还是我记忆中那个明媚、爱笑的“小燕子”吗？于是，我决定俯下身子，认真倾听她的声音，我们因此有了第一次感人至深的对话。

“小燕子”是个懂事的女孩，父母离异对她打击巨大，而一场意外又夺去了最爱她的外婆的生命，后来，她又多个弟弟，她说自己完全感受不到爱与温暖。尽管平时我和班里的孩子们一直对她嘘寒问暖，关爱有加，却未曾想到她的心里如此冰冷孤寂。后来，她总是在我的办公室里倾诉自己的心事，那些心事充满了灰色、忧郁和烦躁。

“这世界上从来没有真正的感同身受，他们都是生在爱里，长在爱里，过着

蜜罐儿一样的生活……”“老师，有些感觉不是旁人劝几句就能释怀的。我有我的原则和立场，我可以做到的最大程度就……”

每次听到她的话，我的心都会为之一颤。我利用一切课余时间和她谈心，给她写回信，以朋友的身份同她交流。慢慢地，在她的眼里心里，我就变成了一个特别值得信任、可以无话不说的知心姐姐。再后来，她给我的纸条里有了如下文字：“每个人都要看到自己的闪光点，要发光发热，看到自己的优点，看见太阳，拥抱太阳——这句话出自我最爱的班主任。”她常常与我们交心，谈人生、道理、亲情和友情。“以后，我会抛开心中杂念，不再戴面具度过每一天，毕竟有这么多人爱我。我也要打开心扉，以诚待人。简单一点可爱多了，单纯一点轻松多了，心大一点开心多了。”

此后，在校级作文竞赛上荣获一等奖的是她，在全国征文比赛中获得二等奖的也是她，在元旦晚会表演上欢乐开怀的亦是她。你看，爱能丰盈心灵，丰满羽翼。

爱能引领方向

然而，好景不长，生活的事故远远多于故事。一段时间之后，她仿佛又回到了过去，变得冷漠、暴躁，“小燕子”再次让我感到陌生。更让我心惊的是，有一次她竟然偷偷地划破了自己的双手，那血淋淋的印记直直地戳进我的视线。我心疼地抱住她，问她为什么要这么做？她说：“连自己的爸爸妈妈都不爱我，我活在世界上还有什么意义？他们不关注我，不理解我，只会要求我，无论我说什么都比不上弟弟的一次撒娇。”听完后，我思绪万千，感伤无限。一个十二岁的女孩子，竟然承受了这么大的生活压力，这么多的痛楚只是自己默默地忍受着。生活中缺少了爱与欢笑，她的心灵能够舒展吗？她的心境能够乐观吗？难怪她学习总是心不在焉、毛毛躁躁。

我牵着她的手，耐心地说：“乖乖，你现在还小，有时候不懂也无法理解。其实我知道你妈妈是很爱你的，你喜欢画画，妈妈风雨无阻地陪你去上课。你喜欢阅读，妈妈给你买了好多你喜欢的书籍。她真的不容易，手心手背都是肉，对你严厉了，她也会后悔、心疼啊！你是个懂事的乖孩子，有空的时候多陪父母聊聊天、谈谈心，也许那并不是他们的本意。妈妈也是第一次做妈妈，给她犯错的机会，原谅她的失误……”“小燕子”听了我的话，点点头，终于绽放出了笑容！

事后，我抽时间与“小燕子”的妈妈进行了深入的沟通。结束后，她感激地对我说：“老师，我们之间一直也没有太多的交流，但是今天来了一趟，确实让

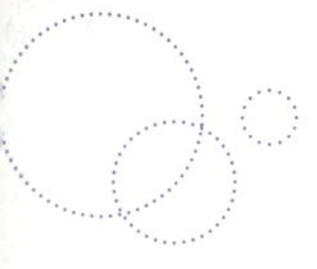

我意识到自己作为一个妈妈的失职。相处了 12 年的孩子，竟然和我之间有着这么深的隔阂。感谢您，老师，给了我一个给孩子道歉的机会。孩子在你的手里，我放心。”说着说着，她的眼眶红了，刹那间，一股暖融融的感觉在我心中流淌，是欣慰？还是感动？说不清楚。但此刻我深深体会到，作为一名教师，我一只手牵着学生给予的信任，另一只手托着家长的期望和嘱托！你看，爱不仅能指引方向，还能引领我们前行。

爱是助力的长风

我还有许许多多的“小燕子”，他们终于可以展翅高飞了。搏击长空、自由翱翔离不开风的助力，天高海阔任他们飞翔。

我积极地投入班级活动当中，陪他们锻炼、比赛、会演……活动淬炼了他们的品质，磨炼了他们的心性，让爱与感动同时发生。我坚信，有了爱，就能创造一个团结向上、乐观自信、有情感、有凝聚力的集体。

忘不了每一抹微笑展示的自信和风采；忘不了每一次登台表演带来的成功与喜悦；忘不了每一张奖状背后的努力与拼搏！

每一张橘红色奖状背后，都有一段难忘的故事，无论是团结合作，还是努力拼搏；无论是险中求胜，还是实力担当……

今朝六月，展翅高飞，扶摇直上，奋起直追。在百日誓师之后，我给他们写下了这样一段祝福：

亲爱的孩子们，请你们记住：无论何时何地，只要你有梦想，只要你像飞鸟一样勇往直前，就一定能够抵达你的山峰。那时，你会发现自己的力量无穷无尽，前方的道路满是鲜花与希望。相信自己，只要你愿意，便能抵达。

是啊，我们当像鸟飞往属于自己的山，不畏风雨，不惧险阻，向着梦想和目标勇敢前行。无论路途多么遥远，只要心中怀有信念，就能找到属于自己的那片天空。在教育的道路上，不要害怕失败，因为失败只是通往成功的一小步。只要坚持不懈，终将抵达理想的彼岸。

渡人先渡己　育人先自愈

吉昕洋

你现在几岁，窗外的树就几岁，

因为，在成长的日子里，你们一起感受晨曦暮雨。

你现在几年级，老师就几年级。为了陪伴你们成长，

他们停在了不老的时光。

窗外的树，深夜的月，燥热的风……无不在提醒我现在的时间。查完寝室再回到办公室，面对的又是堆积如山的作业、待处理的文件、未改完的试卷。在这年复一年的每日每夜里，我坐在书桌前，思考明天的课堂、后天的班会、学生的矛盾、家长的焦虑；也在思考我自己，我忙忙碌碌的一天，我匆匆忙忙的六年。我是一名“六岁”的班主任，一路摸索一路前行，深感忐忑。“教育就是用一个灵魂去唤醒另一个灵魂”，渡人先渡己，我该以怎样的姿态去唤醒我的学生？育人先自愈，我要怎么调整，才能以最佳状态陪伴孩子们成长？

一、拒绝情绪内耗，寻求正面价值

大多时候，困扰人心的不是事情本身，而是这些事情所引发的情绪。作为班主任，你永远不知道下一个“惊喜”或是明天哪一个会先到来。班主任的工作仿佛是一场唐僧西天取经般的旅程，充满了各种磨难与各路“神仙”。遇到问题时，会让人忍不住怀疑自己：“怎么又遇到了这种事情？”尽管在心理准备和理论知识方面做了充足的预备工作，但当走进办公室，面对一系列矛盾争执、扣分违纪、偷懒耍滑等“惊喜”，保持情绪的稳定确实不易。

当需要处理的事情杂多繁重时，可能会感到生气、愤怒、自我怀疑或难过委屈。然而，沉溺于这些消极情绪不仅会大大影响我们的工作效率，还可能伤害我们自己的身体。处于消极情绪中时，我们可能会无意识间将自己的情绪发泄到他人身上。

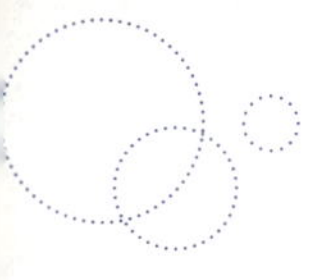

比如对学生说："都是你的问题，才让班级扣分了，我都要被气死了，你怎么不听招呼呢？"这样的沟通让学生感受到的主要是老师的情绪表达，并不能从这样的沟通方式中获得有益的教育启示，比如不能做此类事情的原因、应努力改进的方向和老师对他的期待。《非暴力沟通》一书中提到，"有效沟通"包括四个要素：观察、感受、需要和请求。

对于班主任这个岗位，情绪稳定是完成工作的重要基础。面对消极情绪我们需要做到"事忙心不忙"，专注于思考如何处理事情，并根据需完成事件的重要等级依次解决。将注意力转移至"多做"，自然就不会有精力去"空想"。《皮囊》里有句话："路过我们生命的每个人都参与了我们，并构成了我们本身。"既然注定要经历要体验，那就当视每件事存在的意义为点亮我们人生新技能的机会吧。

二、直面缺失遗憾，心怀知足美好

班主任工作是一项"不由自主"的工作，与学生时代只要努力学习就可能取得进步不同，班主任努力的成效往往需要经历更长的潜伏期，甚至可能永远不为人知。满怀热情的期许和憧憬，常常在现实的琐碎中被践踏得粉碎。

我们无法确保可以用一个教育瞬间点燃所有学生，但只要可以点燃一个学生，我们的工作就是有意义的。我们需要思考的是，如何能够再多点燃一个学生？如何多创设一些点燃学生的契机？前不久的一个节假日，在社交平台上看到上一届孩子发来的一条祝福："祝吉老师节日快乐！虽然我已经毕业了，不过还是感谢吉老师您以前对我的照顾，感谢您对我的培育。真的很怀念初中的时光啊！"这个孩子毕业前也曾经发过关于我的动态，但与之前截然不同的是，那一次字里行间充满了埋怨、不解和愤恨。庆幸自己没有因为失望难过而放弃，这一次孩子终于长大醒悟，我欣喜于每一颗播下的种子都会有发芽的希望，这坚定了我继续前行的决心和信心。

三、坚守育人初心，实现自我进阶

教育是一门充满遗憾的艺术。教师能在每一届的教学管理过程中积累经验、沉淀自我，而对于学生而言，教师的每一届是他们唯一的三年青春。在完整经历了初中教学活动后，从三年培育体系的整体角度进行反思总结，可以发现许多班级管理工作可以有更好的处理方式，这既要真心付出，又要科学管理。而教师实现自我进阶的道路，永远没有尽头。通过教学实践汲取经验教训，并从教育理论

中得到方向引领。坚守初心，砥砺前行！

窗外的夜已深、风已停。作为一名“六岁”的班主任，只愿以一颗赤忱心，不断完善自我修行。前方路漫漫，渡人先渡己，育人先自愈。

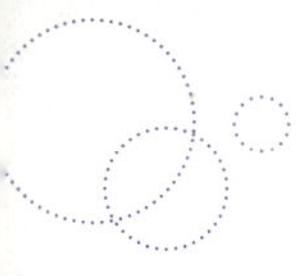

考前，请置顶这些“小红花”

皮燕琪

在学习过程中，定期考试与掌握新知、巩固内化、纠正错误共同构成一个完整的学习系统，这是学习过程的必要环节。因此，全力以赴准备每一次考试，是每个学生都应认真对待的事情。这既是对学习的反馈，也是接下来调整方向、深入学习的依据。

有效的复习建立在教师精心规划与所提供的“脚手架”基础上。有效复习的落实则体现在学生复习时的动机、行为和意志品质上。当学生认真进行复习时，教师应及时肯定，给予正面反馈，认可学生的努力，并通过奖励象征性的“小红花”来激励学生。为了增强奖励的激励效果，教师不妨根据不同层次学生的复习需求和心理特点，设计多种类型的“小红花”。

一、置顶“挑战花”，激励优生跳一跳

在每次考前复习阶段，由于学习内容与新授课阶段有所不同，那些基础知识掌握较好的优秀学生可能会表现出兴趣缺乏和较少的复习热情。因此，对于这些学生来说，“小红花”奖励的应该是一些具有挑战性的任务。“适度挑战”需要学生综合利用所学知识解决实际问题，通过构建整体知识框架进行建构，在细节上查漏补缺。

教师可以邀请这部分学生参与到复习课的讲授中。担任“小老师”的角色需要他们在课前进行深入的知识整理，厘清每个知识点间的逻辑关系。此外，教师也需要在课后作业的选择上给予他们更大的空间，让他们有机会参与设计典型题目和独立编制复习资料。这两种方法能极大地调动优生的积极性，不仅能提升他们的成就感，也能增强其责任感。

二、置顶“表扬花”，让中间生有信心

在日常教育教学中，老师往往是“抓两头，促中间”。那些处于两端的学生往往更容易获得老师的关注，而对中间学生的相对放心则可能导致师生间互动的不充分。这些中间学生在复习期间通常表现为认真听讲，按部就班地完成老师布置的任务，但主动发现和解决问题的意识不够强。

在每次考试复习期间，教师应主动加强对中间学生的关注。课堂上可以通过更多地邀请他们回答问题，鼓励他们说清自己的解题思路和步骤，以此引导他们建构知识、整理所学；确保给予足够的思考和回答时间，并在课堂上积极表扬他们的努力和进步，肯定其复习效果。课外，教师可以增加一对一的交流机会，例如面对面批改作业或试卷等，帮助他们识别学科中的薄弱环节或潜在提升点（可能是某种题型或是解题技巧），并提供有针对性的训练。这样两种互动方式能迅速弥补日常接触的不足，帮助中间生找准自己的提升点，使复习更有针对性，从而提高自信心，激发自觉性。

三、置顶“激励花”，帮后进生守住底线

最容易在考前复习阶段“泄气”的是为数不多的后进生。他们也想努力进步，但苦于知识漏洞较多，难以跟上复习的节奏，因此往往表现出复习前期有所改进，但随着学习过程的深入，意志力变得不坚定、感到灰心丧气等状态。

规范要求、守住底线、持续激励以及无条件关心是教师对后进生实施精准帮扶的秘诀。策略上可分为三个步骤：一是明确告诉学生“我想帮你”，让学生知道老师愿意随时支持他们克服困难；二是提供“必会知识清单”，引导学生根据清单逐一掌握；三是签订“每日过关契约”，让学生跟着老师的要求走，通过每日打卡基础过关，确保学生拿下“容易题”。这样做的好处在于帮助后进生看到自己进步的可能性。只有当学生感受到自己的进步时，才会相信通过努力仍有机会弥补不足，从而提升自信心并维护自尊心。

四、置顶“暗示花”，让临界生感受到期待

在不同层次的学生中，还有一个特殊的群体——临界生。不管试卷难易程度如何，他们的考试结果总是有一些遗憾的失分点。这类学生所需要的，并非具体知识上的指导，而是一种积极的心理暗示。我常与临界生开玩笑：“这次我准备

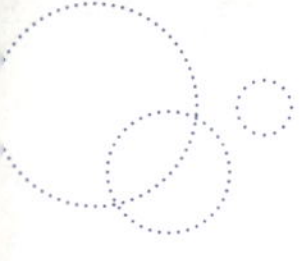

送你两分，助你成绩上一个台阶，下次测试时通过自己的努力还给我，好吗？”随着时间的推移，师生间甚至无需言语交流，老师的一个眼神、轻轻拍一拍他们的肩膀，都能让学生心领神会。这样的暗示不仅表达了教师对学生的期待和信心，也会在复习阶段让临界生更加集中注意力。仔细检查、减少失误、昂首挺胸地提高成绩，成为了他们心中美好的期待。

5. 置顶“目标花”，引导学生和自己比

适切可行的目标可以为备考提供外在的动力和方向。根据目标制定复习计划，形成可持续、可调整的复习方案。那么，如何确定这样的目标呢？一个较为合理的方法是与自己比较。

如何与自己比较？建议在考前复习期间，回顾上一次综合性考试的试卷及其分析，重温过去的错误，并反思不应犯的错误的原因及可提分项目（包括题型和知识结构）。这样做有助于在本次复习中避免重复之前的失误。如果能够真正做到不重复犯错、不再犯不应该犯的错误，测试成绩的提升将是必然的结果，个人的进步也将是显著的。通过引导学生与自己比较，可以使目标变得更具体和可控，从而增强行动力。

为不同的学生置顶一朵小红花，正面反馈学生在复习期间的表现，让他们带着认可、奖励与自信，迎难而上，积极面对挑战，付诸行动。每一位在复习期间认真、努力的学生，都值得被置顶一朵小红花；同样，每一位在复习期间遭遇挫折、感到彷徨的学生，也值得被置顶一朵小红花。珍惜学生的每一份努力，并以爱去回应他们的付出。只有这样，教师才能成为学生成长过程中的参与者与关怀者；也只有通过这种方式，教师才能激发学生认识自己、接纳自己、肯定自己、并规划自己的未来，从而认真地过好每一天。让我们为学生、家长，也为我们自己，置顶一朵小红花！

蜕变记

杨　黎

相遇就是缘分吗？

还记得那个夏末，和小L的初次相遇——一米八的个头，健壮的体魄，白净的笑脸，他甜甜地喊我一声："老师好！"我也仰头回应："乖乖好！"初为班主任的我心里暖暖的，看到一个个稚嫩的小脸庞，工作似乎也更有劲头了。但在随后的家长会上，我却偷偷吸了口凉气。小L的爸爸首先登场，他身穿某大牌T恤，脖子上挂着一根粗大的金项链，戴着墨镜向我走来，拍拍我的肩膀说："老师，以后孩子就拜托你啦。"我赶忙连声答应道："好的好的，放心吧。"话音未落，一个美丽女子向我招手说道："老师，我是孩子的妈妈，孩子以后要劳烦您多操心啦。"

虽然我的内心有些害怕，但我想，孩子、家长既然与我相遇在了一中，这就是一种缘分，作为老师不能只看表面。然而，就在给自己做好心理建设不久之后，发生的一连串事情让我不禁感叹：这到底是怎样的缘分啊！

108 梯上的饭盒事件

事情发生在一个多月后的夜晚，那是一个十点半还在焦急批改小练习的晚上。没有月亮，也没有星星。正当我奋笔疾改的时候，一个急促的电话打了进来："杨老师，您赶紧来保卫科一趟，你们班的一个高个子学生打人了！"

我匆忙赶到保卫科，只见一个女生正在抽泣，脸红红的，旁边坐着小L，一脸不服气的样子。原来事情是这样的：女生是初二的学姐，放学后，当她走到108梯处时，提在手里的饭盒不小心滑落了。学姐是个脾气暴躁的，对着天空说了句不好听的话。而走在前面的小L，不巧被掉落的饭盒碰到，还不巧听到了不好听的话，还未来得及反应，旁边的同学说道："哇，她在骂你呢。"小L顿时火冒三丈，

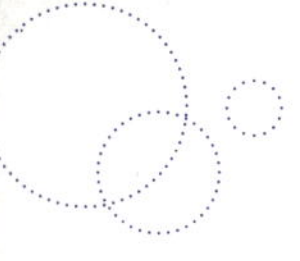

没经过思考就做出了反应，骂了学姐一句。傻小子碰到暴脾气，两人随即发生了口角，且愈演愈烈，小L失去了控制，先动了手，导致两人在108梯处发生了肢体冲突。幸运的是，保卫科的师傅及时观察到了异样，并立即介入制止，避免了事态进一步恶化，防止了不良影响的发生。

小L由于身体上的优势在冲突中占了上风，学姐捂着肚子还在抽泣。我意识到问题的严重性，马上通知了小L的家长到学校来协助处理，同时学姐的班主任也赶到了现场。简单沟通后，我们决定先做好自己学生的工作，于是我把小L叫到了走廊，我心里秉持着“孩子惹事，一定是孩子的错”的想法，加之他这次确实给我惹了这么大的麻烦，所以首先严厉地教育了小L：“你竟然打了一个女生，你觉得这样做好吗？”“你这么厉害，还要去招惹初二的学姐！”“你不知道要礼貌吗？你不会判断情况吗？”“听风就是雨？”“我平常的教导，你到底记住了多少？”面对这一连串的指责，小L不敢再辩解。“进去道歉！”我说道。于是小L噘着嘴进去对学姐说：“学姐，对不起，我不该对号入座误会你在骂我，并且也不该对你出言不逊，更不该动手打人，对不起！”学姐也意识到了自己的错误，两个孩子互相握手，都表示不再计较此事，彼此原谅了对方。看到他们和解，我也松了一口气，至少在这点上，事情得到了妥善的解决。

没过多久，小L的父母赶到了学校。我原以为又要开始应对新一轮的挑战，但小L父母的态度彻底改变了我对他们的看法。听了事情的原委，小L的父母表示深夜还麻烦我真的很不好意思，对自己孩子的所作所为也感到很抱歉。小L的妈妈转过头来，对小L展开了比我还严厉数倍的批评教育，只见小L低着头，几乎不敢抬头看人。小L的爸爸则显得比较冷静，他说回家后再好好和孩子沟通。让我感到更加意外的是，小L的父母不仅向学姐道了歉，还提出带她去医院检查身体，面对如此诚恳的道歉，学姐及其家长也表示理解，称都是孩子们之间的误会，不打不相识。就这样，这件事得到了妥善解决。

晚上，当小L一家准备离开时，我仔细观察发现，小L的脸上也有伤痕，衣服下隐约可见胸口被抓红的痕迹。看到这里，我不禁陷入了沉思……

草坪里的翻滚

自从上次打架事件后，我以为小L已经因为我暴风般严厉的教育而收敛，但事实证明我太天真了。快到期末时，又传来了不好的消息：“老师！不好了，小L和其他班的同学打起来了，在草坪上打得滚来滚去！”于是，小L又被我逮到办公室。

这次又是怎么回事呢？原来，小L在超市结账时，遇到前面的一位同学一直挡着路。小L不耐烦地问对方到底走不走，可对方不仅没有让开，还挑衅地说不走。加之旁边小L的朋友煽风点火，于是就因为这件小事，两人开始争吵并最终动起手来，越打越激烈。了解清楚情况后，我自然少不了对他进行一番严肃的批评教育。和上次一样，我没有多听小L的解释，直接带小L到对方班级道歉，并严厉地批评了他。

我曾以为此时我已经可以高枕无忧了，然而，小L无意间的一句话传到了我的耳朵里："不管做什么全是我的错。"

暴风能吹倒杂草，但杂草却能复生。

我的"暴风"教育是否真的如自己幻想的那般完美呢？显然不是，否则小L就不会再次打架了。每次我的暴风批评确实能把小L的气焰暂时平息了，但却未能解决根本问题。小L口服了，心服吗？第一次打架时，小L也受了伤，但我却视而不见，没有深入分析打架的根源——冲动、易受人影响以及缺乏自制力。第二次打架几乎也是出于同样的原因。如果第一次我能抑制住自己的怒火，耐心地将道理讲给小L说懂说透，那么结果是否会有所不同？

我决心找小L长谈一次。

"打架伤到哪儿了吗？"小L展现出一秒意外的惊喜，然后淡淡地说："不碍事儿。""其实这件事情也不全是你的问题，"我接着说，"老师只顾着处理事情了，都没有照顾到你的感受，老师感到很惭愧。"但是，小L还是不愿意多说，空气就这样凝固了。正当我深感尴尬与苦恼时，突然灵光一现——小L的妈妈和我脾气差不多，小L在家里估计也有类似的苦恼。于是我决定从家庭关系入手，渐渐地，小L见我心平气和，也开始向我讲述他的故事：妈妈总是在他犯错后不问缘由直接骂他、打他；妈妈总是以成绩论英雄；家里的氛围让人不想说话；父母总是在外面应酬到深夜；在学校，老师也只是批评，没有说知心话的地方……说到委屈处，小L竟然流下了眼泪。我才发现，原来每个孩子都有自己的想法，内心都渴望被认可、被喜欢。"你愿意给老师分享一下这次打架时你内心的真实想法吗？我们一起看看这个过程中，是否有哪一步换种做法可以改变结果呢？"

一个多小时的谈话结束，我和小L做了如下约定：我将帮助他和他父母沟通教育方式，他则主动表示，如果下次再遇到类似的情况，他会先深呼吸，沉住气，让自己冷静下来。最重要的是，他要时刻记住自己是一个优雅的人，不惹事，谦让是一种美德，退一步海阔天空，甚至要主动为他人着想，让别人因为我们的存在而感到幸福。我们满意地结束了这次谈话，我想，一座信任的桥梁就此建立了……

现在一年过去了，小 L 不仅没有再打过一次架，反而成为了我们班的“暖男”，帮女同学搬桌子，主动整理教室后面的公共书柜，用心呵护教室里的花草，运动会时背起头晕的同学前往医务室，甚至连办公室的老师也连连夸赞他情商高……去年教师节，我收到小 L 的卡片，上面写着：“告诉你一个小秘密，我超级爱你！教师节快乐！”

老师想说，与你相遇是一种美丽的缘分，无论即将步入初三的你，还是将来毕业的你，在老师的眼里都是最可爱的你。希望我们之间的师生情谊能够转化为深厚的友情，永远长存！

暴风式教育的反思

作为新班主任，我想，为了能够“镇住场子”，我们最常用也最不动脑筋的处理班级事务的方式就是暴风式的教育了。遇到有孩子在课堂上乱接话，我们会马上严厉批评，让他不敢再造次；若有孩子不打扫卫生，则会来一顿狠批，使他下次不敢再犯。但从这个案例的教育效果来看，暴风式教育带来的更多是表面的服从，弊大于利。

老话说“棍棒底下出孝子”，但实际上，棍棒底下也许更容易培养出有暴力倾向的孩子。这种方式不仅可能对孩子的身心健康造成伤害，还会潜移默化地影响孩子处理问题的方式。例如事例中的小 L，他在面对问题时总是倾向于使用武力解决，这与他母亲以打骂为主的教育方式未必没有关系。在学校发生打架事件后，我也没有充分听取他的解释，而是急于用暴风式教育来处理麻烦事。因此，这样的教育对于小 L 来说完全无效，导致他再次发生了打架行为。

凡事必有其因。如果不搞清楚问题的症结，从根源上解决，麻烦就像牛皮癣一样不断缠着你。试想，整个班的孩子可能因为害怕你而表现得规规矩矩，但他们不良的习惯依然存在，因此在你看不到的地方，他们可能会表现出不乖的一面。摒弃暴风式的教育方式，真正深入孩子的内心世界，班主任需要静下来、慢下来、思考起来，才能促进孩子的真正成长，从而带动班级形成良性循环，用正能量激发更多的正能量。

小 L 后来的表现更加坚定了我抛弃暴风式教育的决心。爱本身就是一种教育，让我们在未来的日子，带着爱，带着孩子们一起走得更远吧！

用灵魂去唤醒灵魂

杨　鑫

有人说：“教育意味着一棵树去摇动另一棵树，一朵云推动另一朵云，一个灵魂唤醒另一个灵魂……”人们也常说：“教师是人类灵魂的工程师。”

班级初二那年，班上迎来了第一个休学降级的学生小芝，这使我更深刻地认识到什么是教书育人，什么是“灵魂的工程师”。

小芝是从上一个年级的对应班级降级下来的。她在女生中个子较高，留着长发，体型偏胖，因此我将她的座位安排在了教室的最后一排。复课的第一周，她几乎不与同学交谈，上课时经常睡觉。科任老师向我反映了这种情况，起初我以为这只是因为她对新班级环境的不适应，并未太过在意。然而，一周后她的同桌来办公室告诉我，小芝动不动就发脾气，经常一个人哭，还用圆规划伤自己的手臂。意识到问题的严重性后，我在自习时间把她叫到了办公室。幸运的是，她愿意与我交流，很小声地告诉我：“自己控制不住。”我联系了她原来的班主任了解孩子的情况，得知她是因心理健康问题而休学回家治疗。随后，我也与家长进行了进一步沟通，了解到孩子正在医院接受治疗并且持续用药。由于我在初一班上曾遇到过类似情况的学生，在七年级第一学期还没结束时便与她父母沟通让孩子休学回家治疗，因此对于处理小芝的问题，我必须格外谨慎。

首先，在小芝不在场的情况下，我与全班同学进行了沟通，特别强调要尽量避免与她发生任何冲突或矛盾，有情况第一时间找我，如果我不在，则需第一时间找科任老师。虽然我担心这样的处理方式可能会引起其他同学的反感，我还是在班级里设置了安全委员，并安排了几位看起来善于沟通、处理事情能力较强的同学作为观察员，及时向我汇报有关小芝的情况。同时，我也鼓励班上的活跃分子和社交达人主动地接近她，与她交流，特别是她的室友，我要求她们每天向我反馈小芝的状态。当然，在这期间也发生过一些与班上同学之间的矛盾，有些孩子甚至无故被小芝欺负。每当这种情况发生时，我会首先与受欺负的孩子进行交

流和安抚，解释当前状况并请求他们的配合来共同应对。根据小芝当时的神情和情绪变化，适度地给予批评教育，确保她不会觉得享有超出他人的特权。

其次，我与各科任老师都进行了沟通，讨论了孩子的具体情况，特别强调了她可能在课堂上出现睡觉等影响课堂教学的行为。我也告知老师们，如果孩子表现出任何身体不适或不愿上课的情况，请及时通知我，允许她在这些情况下暂不参与课堂学习。在与孩子的交流中发现，她对成绩比较敏感。因此，在布置一些作业及进行平时考试时，我们为她提供了一些特别安排，对于她不情愿参与的活动则没有强制要求。非常幸运的是，我的科任老师们都是经验丰富、曾经担任过班主任的资深教师，平时同一间办公室的老师也积极地交流孩子的情况，并且她们还时常给我提供建议和支持。小芝英语成绩好，便逐渐与我们的英语老师蒋老师建立了深厚的师生情谊，还做了蒋老师的课代表，对待课代表的工作也格外用心。小芝来办公室找蒋老师的时间甚至超过了找我的时间，一些心里的想法也更愿意跟蒋老师交流。尽管我心里有些许嫉妒，但看到她的积极变化，我还是感到非常欣慰。

再次是与家长的沟通。孩子的父母都是教师，在区县工作，因此孩子是住读。起初，我在与孩子父母沟通时感觉到他们似乎认为孩子的情况并不严重。在交流孩子情况时，他们似乎有些不耐烦，我也有些担心，因为初一隔壁班也有类似情况的孩子，那位孩子的父母就是不承认孩子的状况，不但不支持班主任的工作，孩子回到家后反而承受了更大的压力。我猜测，家长可能是担心我知道了孩子的情况后会给孩子造成负面影响，怕我伤害或放弃孩子，所以交流的时候才会表现得如此谨慎。然而，作为教育界的同行，这样的态度让我感到不解。经过反复沟通，他们逐渐看到了我对孩子的积极态度与耐心，随后我们之间的沟通与配合变得融洽起来。首先，我建议他们在学校旁边租房子，让孩子改为走读，由奶奶照顾，家里还安装了监控设备。孩子的奶奶年纪较大，因此每次孩子出现状况需要沟通时，我们都会直接联系孩子的父亲。为了更方便地处理孩子的突发情况，孩子的父亲也因此换了工作地点，无论何时接到我的电话通知，他都会第一时间驱车 3 个小时从区县赶来处理。初二那一学年这种情况已经记不清发生了多少次。

最后是与孩子的交流。最初的两周，她对我并不信任。有一次，我接到了她原班主任的电话，得知孩子又出现了情况去找她了。我在想，这是否意味着班级没有让她产生归属感？还是我这个班主任没有真正走到她心里去？于是，我开始每天观察她的情绪变化，并让同学们及时向我反馈消息。我还尽量每天都找个理由与她聊天。渐渐地，她也开始对我产生了信任。根据她的状况，我也逐步开始

了对她的开导工作：首先，鼓励她在遇到任何事情时第一时间向我反馈；其次，在她能接受的情况下，向她表明了她的情况，希望她能努力克服困难。我特别提醒她，药物虽然有助于治疗，但同时也可能带来副作用和依赖性，如果自己能战胜，应在医生的指导下尽量逐渐减少药物的使用；最后，教给她一些释放压力的方法，例如允许她戴耳塞听音乐、来找我或科任老师倾诉、写日记、预约学校的心理咨询服务以及通过日常体育锻炼来发泄情绪等。

在和她相处的一年里，我印象最深刻的是初二下学期的那次班级篮球联赛。她参加了女生队的比赛，上场时展现出的那股子拼劲令人难忘。她用自己的饭卡为比赛队员买矿泉水，有时班级男女生之间发生矛盾，她会站出来为女生打抱不平，遂逐渐地成为了班级女生心中的"大姐大"。另有一次也让我印象深刻：那天她又感觉不舒服，同学们向我反映了这个情况，我将她带到办公室聊了半个小时，发现了她的不对劲。为了减轻她的压力，我和她在操场走了两个多小时，在期间聊了很多。

就这样，三个学期过去了。皇天不负苦心人，她渐渐开始改变。初三下学期，她开始专注于学习，一旦发现自己有什么不适，就会主动告诉我，并让她爸爸带她去医院，积极地与医生沟通并接受治疗。在初三下学期的时光里，我经常能看到她脸上灿烂的笑容。中考前，她报名参加了联招考试。以她的成绩，本可以进入一个更好的高中，但经过与父母的交流，她保险起见地报了区内一所较好的高中，并成功被录取。

我已经带了新的一届学生。在学期末的一个周五，小芝回校看望了我，她是这个班上第一个回来看我的学生，满脸笑容地给我讲述了在她高中学校里经历的一些情况。我心里有种说不出的味道！

虽然班主任的工作只是个开端，在竞争愈发激烈的今天，家长们对孩子成绩的要求不断提高。作为教师，我明白成绩固然重要，但经历过一届与青春期孩子相处的班主任工作后，我认识到这些孩子们大多生活在钢筋混凝土建造的高楼大厦中，无处释放来自环境、社会及父母的压力。他们是祖国未来的希望，他们的身心健康尤为重要。父母把他们交给我们，这是多么重大的责任啊！教书育人、提升成绩也许相对简单，但要唤醒一个有趣的灵魂谈何容易。在这条道路上，我会继续前行！

俯下身去倾听，牵着手慢慢走

宋　涛

“老师，小语又不去上体育课！”

“老师，我不想和小语一起坐，她太脏了！”

“老师，你们班的小语又没回寝室……”

当毕业季的风吹过脸庞，我看着自信的背影向我挥手告别，曾以为自己的班主任经验已经足够丰富。我想，面对下一届的学生，无论遇到多么棘手的问题，都将迎刃而解。然而，当我闻着九月的桂香，满怀喜悦地拥抱新班级时，小语的出现却让我的这份喜悦掺杂了几分焦虑。

一个怯生生的眼神和我目光相接，这是我与小语的第一次见面。当我伸出鼓励的双手时，她笑得像太阳一样灿烂，随即转身跑向了操场。这是小语留给我的第一印象。当我气喘吁吁地追上她，在讲台上试图让她站定时，那个穿着鲜红衣服的背影又不知藏到哪个角落了。

深夜的月光，照着我这颗疲惫的心。在与小语父母通话后，我一时感到迷茫。本着初心，我安慰自己，一切都会好起来的。随后几周的相处里，我似乎慢慢了解了这个孩子。习惯差，有她在的地方一定是一团乱麻；边界感差，无论是谁，在做何事，她都要凑近脸来听一听，看一看；意志力差，体育锻炼活动能躲则躲；规则意识差，上课旷课，谈话不听，老师们的一切要求她都选择性遵守。

也记不得这是第几次把小语寻回寝室了，依旧是那片月光，依旧是那份迷茫。我强打着热情，想出了一系列办法帮助小语改变。我有些激动，也有些憧憬，想着我带的班级、我带的学生必须是优秀的。

“老师，小语又不去上体育课！我实在叫不动她，她也不听我的，我得先去上体育课了。”

“老师，我不想和小语一起坐，她太脏了！我实在忍不了了！”

“老师，你们班的小语又没回寝室，我告诉她扣分也没用啊！”

是的，事实证明，这些所谓的办法一点用也没有。看着还在嬉皮笑脸的小语，我真是气不打一处来。我不禁感到有些委屈：在班级里，我处处让同学们帮助小语；与科任老师交流时，我也尽可能让大家包容小语；在家长面前，我不断鼓励他们表扬小语，给她鼓励，给她自信，给她改变。在与小语沟通无果后，我有些生气地质问道："小语，你究竟想要干什么！你干脆去运动会跑800米，也算是为班级作贡献了。"

"我愿意！"她兴奋地回答，眼里满是真诚的喜悦。

面对大家都避之不及的长跑，这个小个子却一反常态地积极。我似乎找到了一扇窗，一扇了解小语成长的窗。我调整了语气，耐心地询问。

当我们看不见阳光时，有时并非因为天空黯淡，而是因为我们被眼前的叶遮住了眼。

小语其实一直都渴望改变。她想在课堂上回答老师的问题，可是老师们未能照顾她的自尊，没有提问她；她想参加运动会，但我担心最后的结果会打击到她，忽视了她的举手；她想把成绩提高一点，却又不好意思说出来，所以每天趁没人的时候偷偷练习……

而这些，我都没有及时发现。

我自以为了解她，了解这类学生，并以过去的经验为她设计了改变的方法。然而最终，这却成为了束缚她的囚笼。我以高高在上的姿态俯视她，用所谓的优秀标准来要求她，看似一切为了她好，实际上却是我想当然的优越感在作祟。

"我想和大家一样……"我俯下身，仿佛听到了她内心的渴望。

小语需要的是一份平等、一份自尊、一份认同。她需要的是和其他同学一样，在犯错时接受教育，在进步时获得表扬，而不是被一味地包容；她需要的是通过自己的努力去证明自己，而不是依赖大家一味地礼让；她需要的是一步一步在陪伴和指导下进步，而不是那些虚无缥缈的表扬。对此，我感到深深的愧疚，我的学生，理应拥有幸福。

我一一记录着小语的想法。当我俯下身倾听时，才发现她的内心是如此可爱，如此善良。我和小语商量如何控制自己的不当行为，以及如何养成更有益处的习惯。我们约定了一天一分享、一周一总结；我们约定了奖惩机制，约定了应急处理步骤。每天，小语都会来找我分享她在学习和生活上的收获，也会来坦白因控制不住自己而导致的后果。我会给予小语正面的反馈和补救的方法，并在一旁看着她弥补的过程。当她想要逃避的时候，我总会投以肯定的目光鼓励她。我牵着她的手，慢慢往前走。确实，小语现在并不完美，但她正在逐步变得更好。

小语的行为千奇百怪，但她的心总是那么善良天真。渐渐地，她找到了人际交往的方法，唤醒了沉睡已久的自信。而我也因此看清了教育真正的初衷。一切为了我的学生，为了让我的学生感受到幸福。我的付出不是高高在上的怜悯，而是俯身倾听的尊重；我的陪伴不是严格的要求，而是牵着手慢慢走的耐心。是的，我想我的困难，会在倾听与陪伴中迎刃而解；我的学生，也会在倾听与陪伴中感受到幸福和成长。

“老师，小语不去上体育课！她主动向体育老师说明了理由，会在周末时间补上。”

“老师，小语的座位太脏了！我提了一句，她自己默默地打扫干净了。”

“老师，你们班的小语还没回寝室，她给我留了张字条，说是在教室学习。”

我关闭微信，看着窗外的月亮，今晚的月光明亮而温柔。

用爱心和责任心陪伴学生成长

张 伟

作为一名没有带班经验的新班主任，接手的是大家口中的“摇号班”，这简直可以说是“开局即地狱”模式。面对班级的严峻状况，一开始我是忐忑不安的，担心自己管理不好。但是工作总要进行下去，由此我开始了班主任工作的探索之路。尽管我之前阅读过许多关于班主任工作的书籍，并参加了各类讲座，但现实总是比理论复杂得多。刚开始，带班确实给我带来了很多挑战。我班后进生较多，麻烦事层出不穷，在班级纪律、清洁、学习成绩等方面形势十分严峻。特别是面对几个调皮捣蛋的男生时，我最初采取了严厉教育的方式，试图通过老师的权威来压服学生的行为。然而，这种方法并未取得预期效果，反而导致一位学生的反抗情绪加剧，师生关系一度紧张到极点。这位学生还出现了自暴自弃的态度，无视老师和家长的劝说，甚至连他父母也感到无能为力。如果情况继续恶化，转学或退学似乎成了不可避免的结果，此时局面已经非常危急。

作为新班主任，这种情况我还是第一次遇到，为此我反复思考解决办法。我主动咨询了我的班主任师傅王飞阳老师，并通过微信、电话以及到校交流等方式与该学生的家长进行了多次沟通。此外，我还为这位学生预约了学校心理老师的心理健康咨询。通过各方的全面了解，我终于明白了他为何会有如此行为表现。在家庭方面，这位同学从小做错事后就经常遭受父亲的打骂，很少得到父母的肯定和表扬，自小学起，他就逐渐形成了消极应付的态度；在学习上，他属于后进生，难以获得成就感。因此，当外界的批评增多时，他就彻底选择了放弃，无视班主任和家长的劝说。用杨老师的话来说就是“要想改变这个孩子很困难，几乎等同于需要父母重新养育一次”，可见问题之严重。说实话，在此之前我对这些后进生并不是很亲近，先入为主地认为他们比其他学生差，甚至对他们有些反感。但在深入了解他们的家庭背景和成长经历后，我对他们的现状有了更多的理解和同情。他们在各种因素的影响下走到了今天这一步，实际上比其他学生更需要班

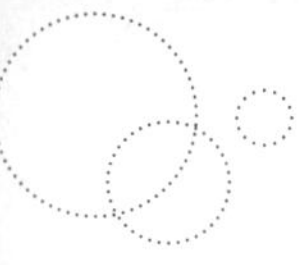

主任的关爱和鼓励。既然这个孩子来到了我的班上，再加上他父母在教育孩子的过程中表现出的无助和迷茫，我不想在初一就放弃他。

我想帮助他改变和成长，为什么呢？我认为这是作为一个老师，特别是作为一中老师所具有的责任心和爱心使然，尽可能地帮助每一个孩子，不轻易放弃任何一个孩子。我们不仅要对成绩好的学生好，更要对成绩较差的学生给予关爱和帮助。唯有无差别的爱才能温暖学生的内心，帮助他们更好地成长。用责任心和爱心帮助孩子成长。过去我认为这种鼓励式、爱心式教育有点假大空，就是喊口号。但在我真正接触这些孩子之后，我发现他们确实十分需要爱心和鼓励，这对孩子的成长来说必不可少。如果他们在家庭中未能得到足够的鼓励和关爱，那么作为班主任，我们就应该承担起这份责任。

还是以这个孩子为例，听取了家长陈述和心理老师的建议后，我改变了对这位学生的态度。除了原则性问题，我基本上不再批评他，并且在日常交流中尽量从他的角度出发，与他进行平等的沟通，对他进行关心教育。此外，我还根据他的具体情况给他安排了一些力所能及的班级事务，让他在为同学们服务的过程中找到存在感和价值感。每当他在某方面表现突出时，我会及时给予表扬和鼓励。他的父母也调整了对孩子的教育方式，更多地陪伴孩子，更多与孩子平等地沟通交流。遇到什么情况也会第一时间给我反馈。现在，这位同学的情况有了显著改善，他自己主动要求学习了，数学成绩有了明显提高，甚至还会自觉拒绝在课堂上与他人讲话。相比之前，他已经取得了较大进步。虽然我不敢保证他今后的行为表现会越来越好，但至少我们家校双方找到了一条正确的努力路径。

《吕氏春秋》中有一句话我特别欣赏：（善教者应该）“视徒如己，反己以教，则得教之情矣。”这句话的意思是：对待学生要像对待自己一样，把自己放在学生的立场上来教育学生，这样就能掌握到教育的实情了。在班主任工作的实践中，我深刻体会到，如果班主任在教育学生的时候能够真正站在学生的角度去理解学生所面临的难题，就能够更加深入地理解他们的所作所为，并且更愿意用责任心和爱心去帮助他们解决问题。这也是作为教师尽职尽责的体现。在这过程中，我的思想认识水平以及解决问题的能力都得到了提升，我也真正体会到了“教学相长”的深刻含义，明白了班主任工作的意义和价值所在，这对我来说是一种巨大的收获和成长。尽管班主任的工作确实非常烦琐细碎，但这恰恰更需要班主任具备爱心和责任心。唯有如此，才能收获成长与感动。

我想，我们一中的班主任老师之所以优秀且与众不同，并不仅仅因为他们拥有高超的专业技能，更因为他们怀着一颗强烈的责任心和满满的爱心。也许多年

以后，这一届班上的很多学生可能早已忘记了班主任的姓名，但对于那些曾受到班主任帮助与关爱的学生来说，他们不会忘记我们。我们的责任心和爱心，不仅可能会对学生与父母之间的亲子关系产生一些积极影响，也可能对他们未来的人生道路带来正面的改变。从这个角度来看，我们的付出是具有深远意义和价值的。

最后，十分感谢学校对我的信任，让我担任班主任，也感谢各位同仁的指导和帮助。年级领导们经常在会议中提到，要对学生多一些关爱："学生能有多大的事呢？"老师多一些理解和包容、多鼓励，问题总能找到解决的办法。现在想来，这不正是我所面临的情况吗？因此，我心中不免感慨颇多，说明我身边有许多优秀的班主任值得我去学习！人们常说，只有当了班主任，才能真正体验到完整的教师生涯，才能更快速地成长。对此，我现在深信不疑。虽然班主任工作道阻且长，但我相信更好的未来行则将至！

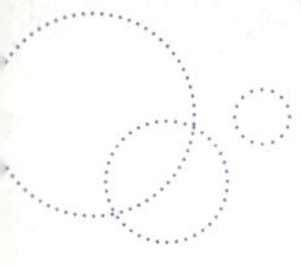

点亮隐藏在暗处的内心之光，从“无心”到“有心”

修　兴

“每个暗处都隐藏着光芒，等待我们去发现。即使看似木讷无心的人，也拥有照亮一切的潜力。”

作为班主任，每天都会经历许多新鲜的事情。我就像一位园丁，精心照料着一株株幼苗。在这个花园中，每个学生都是一颗独一无二的种子，渴望得到阳光、雨露和关怀的滋润。有时，他们会遇到成长的困难，像暴风雨来袭，而我们需要始终坚定地守护着他们，就像坚固的岩石抵抗狂风暴雨的冲击。

与学生们相处的每一天，都充满了挑战与惊喜。他们就像彩虹，让我看到生活的多彩多姿；他们又像星星，点亮我前行的道路。在这个过程中，我也在不断学习与成长，就像一棵大树，与学生共同生长。在这条成长之路上，有一个孩子让我特别感动，他不仅自己发光发亮，还把光芒分享给了周围的人，在我心里留下了不可磨灭的记忆。

小宇就是那样的一个孩子，他是一名住读生，平时沉默寡言，仿佛对周围的一切都缺乏兴趣。我注意到，他的家庭环境有些复杂，父母因为工作繁忙很少关心他的学习和生活，还需要分出时间照顾他的弟弟。因此，小宇在班上经常处于一种自我封闭的状态，既不爱与同学们交流，也不关心班级里面发生的事情。他的学业水平还停留在小学一、二年级的程度，但他对此却丝毫不为之所动。有时候，当周围的同学们开始嘲笑他时，他甚至能够完全无视这些负面评价。

他的行为仿佛将自己封闭在黑暗之中，每当有人试图接近他、了解他的世界时，他都会表现出强烈的抗拒。

“没有光芒的他也拒绝接受光芒。”这让我当时感到特别苦恼。当我尝试深入了解他的内心世界时，他总是以一种“礼貌”的沉默回应我：“谢谢老师，我真的没什么。”然后迅速离去。

我也曾尝试与他的父母沟通，深知这个孩子的这种状态必然受到家庭因素的

重大影响。经过多次交流后才得知，原来他的父母早已离婚。但为了孩子，他们在他面前维持着在一起的假象，不希望孩子知道真相。尽管工作繁忙无暇顾及孩子，他们对孩子的爱更多地体现在物质支持上。他的父母表示，他们从来不会在物质方面亏待孩子，并且基本上都会满足他的要求。

在了解他们的情况后，我提出了一个问题："那么他知道你们离婚了吗？"

"应该不知道吧，因为我们一直生活在一起，并且我们也从为在他面前吵过架。"

听到这个答案后，我实际上持怀疑态度。如果孩子真的不知道父母已经离婚，那为什么会有现在这样的表现呢？很多时候，父母以为自己伪装得很好，以为孩子还小，什么都不知道，但孩子可能早已察觉到了一切。那时，我并不知道该如何着手与孩子沟通。我陷入了一种困境：如果直接询问那个孩子，他还是会什么都不说，最终问题又回到了原点。

"或许只有时间可以疗愈这样的伤痕。"在我束手无策之际，唯一的办法就是持续地关注他，给予他支持和帮助。我觉得他或许原本就是在光芒下成长起来的，只是因为突然失去了那道光芒，才陷入了黑暗。如果我能成为那束光芒呢？我希望通过自己对他的关心来唤起他眼里的光。

一次偶然的事件让我的持续付出得到了回报。对于班主任来说，那次事件本身就是惊心动魄的经历。一天夜里，我突然接到寝室生活老师的电话。生活老师非常交际地告诉我，小宇在厕所里不小心滑倒了，头磕在门把手上流了很多血。意识到情况紧急，我立刻赶往现场，并拨打了急救电话。同时，我也给小宇的妈妈打了电话。在电话中我们沟通好了急救医院的地点，随后我们直接在急救中心会合。

在救护车上，我问小宇感觉怎样。他说："还好，不痛，只是怕伤口会裂开。"

"那你害怕吗？流了那么多血？"

他沉默了一会，然后支支吾吾地说道："有点儿。"

这是我第一次听到他给我如此明确的回答，感觉既突然又不可思议。没想到在救护车上，我能从小宇口中听到承认自己流血后感到害怕的话。

"不用害怕，妈妈正在赶过来。"我安慰着他。

他支支吾吾地又说道："那……可不可以给我妈妈说一声，嗯……让她过来路上开车慢点，我怕她出事。"

"好的，我马上给她说一声。"此时，我似乎感受到了这个曾经对一切看似毫不关心的小宇说出这样的话语背后的深意。他并非"无心"，他的光芒只是暂

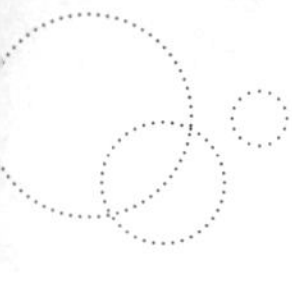

时被隐藏起来了，并未消失。

很快，我们抵达了医院，医生立即开始为他的后脑勺进行包扎。随后，小宇的妈妈也赶到了医院。在整个包扎过程中，他都没有哭过，也没有喊出声。如果是在以前，我可能会认为他连痛觉都不在乎了。然而，这次，他的眼神告诉我，他只是用意志力在与疼痛对抗。他的眼神还透露出，他不再像以前那样躲在暗处独自忍受痛苦，而是看着妈妈，依靠爱的力量支撑自己。没过多久，小宇的爸爸也赶到了医院，他们对我表达了感谢，并让我赶快回去休息。离开医院前，我回头看了一眼，发现小宇最终还是在那曾失去光芒的地方重新找回了光。

当然，小宇的伤也让他在家休养了一个星期。当他回到学校后，我发现他比之前开朗了许多，或许他理解了也成长了。他到办公室来感谢我的照顾，同时也和我聊了许多。

他说其实早就知道父母离婚的事情，但经过那晚的事情，他理解了父母的选择，并意识到自己并没有因此失去他们，爱永远都在。他还提到，在这段时间里，我的陪伴让他开心了许多，不再深陷过往，纠缠过去，也不再对未来感到迷茫和彷徨。

此时，我深切地感受到自己的工作具有的深远意义。原来，教育工作者悉心的陪伴真的可以改变一个人。从那以后，小宇不再是那个躲在暗处的“无心少年”。他开始散发出自己的光芒，有时还能感染身边的其他人。他慢慢有了朋友，也帮助其他同样彷徨的同学走出阴霾。我发现，他在那之后，还学会了安慰同学。他点亮了自己，也照亮了他人。

被爱才会去爱

张玉菱

教育是一棵树摇动另一棵树，因为它们根脉相连；教育是一朵云推动另一朵云，因为它们同向而行；教育是一个灵魂唤醒另一个灵魂，因为它们惺惺相惜。

故事一　小 G 的离家出走

某天深夜 11 点 30 分，刚入睡的我被一阵急促的手机铃声惊醒。我按下接听键，电话那头传来略带哭腔的低语："张老师，我和家长吵架了，我又从家里跑出来了。"我听出来是小 G 同学的声音，这是他第二次离家出走了。

我问他："你在哪里？"

他抽泣着答道："学校门口。"

我说："那你站在原地不要动，我马上来接你。"挂断电话后，我有些郁闷，毕竟距离他上次离家出走还不到两个月，那次我跟他谈心足有两个多小时。但我还是起身穿好衣服出发了。到了校门口，看见这个一米八的高个子男孩背着书包蹲在地上，非常无助。也许是出于已为人母的柔软，我感觉鼻头一酸，眼睛就模糊了。作为孩子在学校最依赖的成年人，我知道此刻我不能将他拒之门外。我拉着他的手臂，对他说："来，跟我一起回学校吧！"

从校门口到办公室的路上，我们都沉默不语，但我知道我们的心情都不平静。

进了办公室，他对我说的第一句话是："张老师，不好意思，又给您添麻烦了。"我说："没有关系，能告诉我今晚是怎么回事吗？""我和爷爷吵架了……"接下来的时间里，我静静地听他讲述事情的来龙去脉。其实，事情并不大，不过是历经沧桑的老者和不谙世事的少年间互不理解的争吵，听完他的叙述，我对他进行了安抚和开导。此时已接近深夜一点半，我起身对他说："今天就到这里吧，

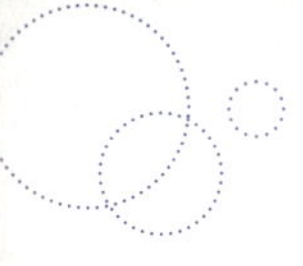

我送你回寝室休息。”但小G没有起身。“难道我刚刚说了这么多，一点用都没有？”我暗自思忖。这时，孩子小心翼翼地问道：“张老师，我可以叫您一声张妈吗？我觉得您像我妈妈一样。”一股暖流涌上心头，那一刻，我很庆幸自己没有将他拒之门外，也庆幸自己选择了倾听。

故事二　小Y的与众不同

谁敢在入学第一天就对班主任的话提出异议？小Y同学就敢。开学第一天，在我详细讲解完姓名牌制作步骤后，孩子们就安静地动手操作了。然而，一个声音打破了这份宁静：“老师，我可不可以不按你说的方法做？我有自己的想法。”我知道，这个小孩不简单。果然不出所料，刚入初中第二周，他就因为上课坐姿不正、在黑板上乱写乱画以及接话接嘴等问题，一周四进办公室。这样的行为显然不能继续下去了。

于是，我将他叫到办公室，微笑着问他：“从学习习惯、行为习惯等方面，你觉得自己怎么样？”他思索了约一分钟，最后只说出了两个字：“不好！”我接着追问：“哪里不好？”他说：“我在上课的时候总是给老师提意见；还经常插话逗得全班哄堂大笑；我还喜欢在黑板上画各种表情包……”他的脸越来越红，声音也越来越小，直至沉默。他似乎在等待我的回答。几秒后，我否定了他的答案，并告诉他：“其实，你很好。你敢于对老师的方法提出疑问，说明你有勇气打破常规；你在黑板上画画，表明你有一颗热爱绘画的心；你上课能接上老师的话，证明你认真听讲；最难能可贵的是，你还能意识到自己的不足。”我永远不会忘记，当我说这些话时，小Y同学眼里闪烁的光和他流下的泪，那泪水中满是惊讶、感激和希望。一年后，这位曾经成绩垫底的学生，进步显著。在最近一次的“迎国庆黑板报比赛”中，作为美术科代表的小Y连续四天晚上放学后主动留下来加班，为班级赢得了一等奖。

作为一名班主任兼生物老师，我认为教育一个孩子就像养一盆花。如果这盆花长势不好，我们需要主动找寻原因。有的花开得不好，是因为它是水培植物，却被种在了土壤里；有的花喜欢阳光，却被放在阴暗处；有的花比较耐旱，却被过度浇水。尊重生命的本质，换一种方式去爱他们，当一个孩子被倾听、被理解、被接纳时，他就能感受到被爱，被爱才会去爱，当他感受到自己被这个世界深爱时，他也会更加深爱自己和这个世界的人和事。

踏过阴霾，行至春光

王茹昕

2020年9月，我踏上班主任的岗位，站在那间充满未知与希望的教室里，面对即将与我共度三年时光的学生们。我满怀激情地讲述着校规校纪、班级常规，分享着我对未来的灿烂期许和热烈展望。最后，我问道："大家还有什么问题吗？"

一个女生站起来，眼神中带着冷峻，直截了当地问："老师，请您介绍一下您的从教时长和带班履历，包括您过往所带班级的类型、中考成绩和语文成绩。"

那一刻，面对这个尖锐的问题，教室里竟响起了掌声，而我仿佛被当头棒喝。在那漫长的五秒钟掌声后，我最终定格下的回忆，是大脑的一片空白和心头涌上的一股挥之不去的寒冷与挫败。原来，成为一名真正的老师，远比我想象中的要艰难得多。

自那以后，我不断迎接学生给出的种种挑战：一个上课神游天外的脸庞，一张空无一字的试卷，一句粗鲁刺耳的谩骂，一段费心编造的谎言，一个失控挥出的拳头。无数次犯错与违纪，都像是一次次重击，让人心生挫败。更难的是面对教育似乎无力回天的局面。初一的时候，我在个人日志里记录了这样一件小事，一个七门科目都不及格的孩子，在找她谈话时，什么问题都回答不上来。正当我准备斥责她时，她却对着我流泪说："老师，能不能别放弃我。"你知道吗？在看似无忧无虑的温室中，已有社会和人生的风雨侵蚀而入。他们在十三四岁的花样年华，正经历着家暴、重男轻女、父母离异出轨、重度抑郁、自残和多动症的问题。

我开始反思教育的意义，并思考作为班主任的责任。教育究竟能够有多大用处？能照顾好学生的衣食住行，能培养出遵纪守法的规则意识，是否能治愈他们心底深深烙印的伤口，是否能养育积极向上的健全人格？在我刚开始担任教师不久，有人问我："你想要教出什么样的学生？"这个问题让我想到了那封写着"老师，希望在我每次不努力的时候，您都上来给我一脚"的信；想到了那双含着泪

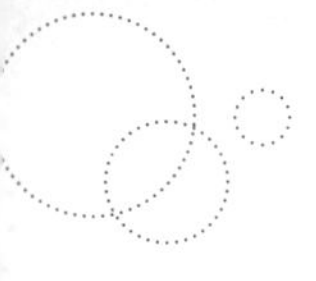

对我说“老师，不要放弃我”的眼睛。于是，我的回答是：“我希望我的孩子们，眼睛里没有阴霾。”我当然知道，这听起来可能有些虚无缥缈，但我真心希望孩子们不要哭泣，眼中不再有泪，而是充满温暖的善良、明亮的希望、热烈而昂扬的自信，以及坚不可摧的勇气。

于是，我成了一名“不务正业”的班主任。通过将生活体验与课堂学习相结合，激发学生对生活的感知力，培养学生对美的创造力。春天里，我带他们去看花；秋天里，我领他们赏月。樱花树下，月色之中，我们通过飞花令游戏吟诵着关于梦想、月亮和春天的诗句。我们将书本中的故事搬上了班会，演到了舞台，改编成歌谣唱出自己的故事，还编辑班级杂志刊登学生作品。理想信念不止在书本学习，还在生活与远方。

同样，我变成了一个“多管闲事”的班主任。通过多样化的日常互动和班级专题活动，我发现真诚的温暖与善意，培养学生的人际交往能力，让和谐与理解浸润人心。写明信片，赠书，设置“好人好事箱”，每天定时播报里面的善举，鼓励孩子们互相写信交流。我还发动了群众力量，让人人都是调解员，开设班级法庭，把学生典型矛盾写成“案宗”，由同学们担任“群众法官”来判定是非曲直。人际交往不仅体现在冲突时的解决，也体现在日常点滴中的渗透与熏陶。

于是，我成为一名“倒行逆施”的班主任。以趣味性和创造性为导向，通过项目化学习和小组合作激发学生的学习兴趣与习惯，实现教育目标的多维度培养。例如，面对跑操动作太慢的问题，我选择带他们去操场上嬉戏，在游戏中奔跑。对于一个人学习太枯燥的情况，我们便组成小组，让学生自己设置组名，自己设计吉祥物，并分享各自的学习和生活经验，相互学习和借鉴。此外，我们还定期举办成果展示会，让学生有机会展示自己的学习成果和艺术作品，以此增强他们的自信心和成就感。习惯的培养不仅在于监督与陪伴，更在于趣味性的激发和创造。

不知不觉间，改变悄然发生。那个初一时所有科目都是D，晚自习时面对我流泪的小姑娘，摆脱了不及格的困境，在四门科目中取得了两个B的好成绩。在故事的开头，那个开学时对我充满敌意的小女孩，成了我的语文课代表，时不时给我写一封信。在这里，躁动的孩子变得平和，忧郁的孩子露出了笑容，好动的孩子学会了耐心。这样的故事，还有很多。

教育能做到什么？对于曾经自我怀疑的问题，我现在愿做一个简单而坚定的回答：教育，是在四处都是阴霾时凿出的一线天光；如果寒夜漫漫，我们就自己创造一个春天。

当我提笔写下这一切，回忆我们的故事，教室外，林花已谢了春红。但我知道，真正的春天才刚刚开始。

就这样，我和孩子们一起，踏过阴霾，行至春光。

伴一程，伴终身

刘　鑫

在我看来，衡量一个教师教育教学是否成功的有力指标，一方面是你为学生的未来发展做了多少铺垫；另一方面是学生或家长在毕业后多长时间还能记得你的好。

2023 年 11 月的一天，我偶遇了李同学的妈妈，她激动地对我说："孩子目前高三的成绩稳在年级 100 多名。他能有今天的学习状态，很大程度上归功于初中时的转变，我们庆幸遇到了您。"那么，孩子高中发展得好与我这位初中班主任有多大关系呢？这一切要从 2021 年 6 月说起。当查询到中考成绩时，李妈妈第一时间告诉我："我和孩子都哭了，我们全家都非常感谢您，感谢您给予他的鼓励和支持，感谢您从未放弃他。"随后，在得知被重庆一中本部录取后，李妈妈兴奋地对我说："无法用语言表达我对您的感激之情，孩子在人生转折点上是靠您拉了一把。"我是如何参与到孩子的这场"蜕变"中的呢？通过回顾与李妈妈、科任老师的聊天记录以及我的班主任工作笔记，孩子初中时的点点滴滴再次浮现。

李同学进校第一学期的表现确实让我印象深刻。同学们反映："他做事喜欢偷懒""害怕被人关注，说话时眼睛总是闪躲。""表情木讷，缺少阳光。"老师们则提到："英语单词常常写错很多。""孩子说语文课经常听不懂。""周末作业又没完成。"李妈妈也表达了她的担忧："我和孩子的爸爸离异这件事对孩子影响很大，这是孩子性格不开朗的根本原因。"她还补充道："刘老师，孩子自己都不记得这次考试考了多少分，一问三不知。""我担心他的学习，晚上都睡不好觉，主要是因为他的学习态度不端正，家庭作业总是需要提醒才能完成。"

在初中的三年里，他是如何实现如此显著的转变的呢？我认为主要有以下三点做法起到了关键作用！

通过构建一个着眼学生未来的“场”以浸润

如果仅仅关注于学习本身，那学生的学习之路很可能不会走得稳、行得远。古人云“功夫在诗外”，这句话给予我的教育启示是：只有跳出成绩抓成绩，方能更进一步。那么我们应该跳到哪个视角呢？当然是着眼于学生终身发展和社会发展所需要的价值观、必备品格和关键能力。特别是在学生学习任务相对轻松的初一阶段，我致力于构建一个基于上述视角的“场”，让班级的每个学生都能在这个环境中浸润成长，面向未来。例如，我通过每周“一个教育主题+一套系列措施”赋能这个“场”。“一个教育主题”可以是成为终身运动者、问题解决者、责任担当者、优雅生活者等；还可以涉及感恩、自律、专注力、执行力、积极性、家国情怀、文明礼仪、学习习惯等方面。“一套系列措施”指：“一堂对应主题的班会课+在校期间的行动+周末回家的行动”。以“终身运动者”为例，首先，我会开展一节 40 分钟的主题班会，从多个角度、采用多种形式说明运动的必要性和不同的运动方式；之后，我们启动了每天 1200 米的班级集体跑步与其他运动项目；最后，我还鼓励学生们在周末回家后，在家长的支持下坚持一项体育运动。

在这样的“场”的浸润下，李同学自初一寒假开始有了明显改善。李妈妈说：“他现在在家打游戏的时间明显减少了”“老家的亲朋好友都说他有了很大的改变。”老师也注意到了变化：“布置的任务基本上都能按要求完成，几乎没有出现过作业未完成的情况，书写水平也有进步”“课堂上注意力不集中的情况也有所减少。”同学们同样观察到了他的变化：“不再总是独来独往，愿意和同学们一起就餐或回寝室了。”“邀请他参加班级的活动也没那么费力了。”

通过点燃可实现燎原之势的星火以鼓舞

进入初二，李同学“不自信，不积极”的特点愈发明显。在接续赋能上述“场”从整体上浸润的同时，我开始又针对性助力李同学，采取的策略是“先点燃星火，再实现燎原”。秉承“不是因为有了优点才有鼓舞，而是因为有了鼓舞才会发现更多优点”的理念，我尝试了多种方法。例如，我任命李同学为体育委员，原因是在刚进入初中时，我曾让每位同学都竞选一个班委岗位，当时李同学竞选过体育委员。我希望通过满足孩子的心愿来增强他在班级中的存在感。然而，在他上任后不久，我发现李同学作为体育委员几乎未能发挥任何作用，体育活动中很少见到他组织的身影。经过与李同学的交流，我发现问题的核心可以被归结于“有心没胆，怕这怕那”。

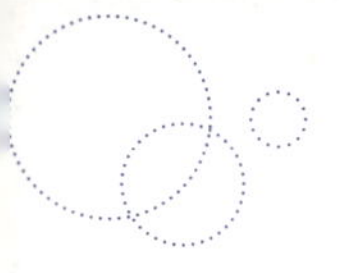

针对这一情况，我采取了以下措施：其一，我作为他的“幕后军师”，不断给李同学做思想建设；其二，我与体育老师刻意创造机会让他展现自己，通过“私下指导 + 公开表扬”的方式反复锻炼他；其三，有意识地分批引导班上号召力高的同学单独或当众给予李同学切实的肯定。措施真正见效是在初二下因疫情居家网课期间，孩子作为示范者在屏幕前用标准的动作征服了同学，用李同学妈妈的话说：“孩子还自发地记录同学们体育的变化，用心地做工作。”再比如针对孩子的学习，我从更为棘手的薄弱学科入手。一方面，在每次大考后组织“三方会谈”，即家长、孩子和班主任一起讨论学习中存在的问题和解决策略，做透彻的全方位沟通，达成三方共识，形成三方合力；另一方面，协同科任老师，通过课堂上有意的抽问、鼓励及课后的作业、考试跟进，从思想上让孩子感受到老师对他的关爱与欣赏，从行动上让孩子通过进步来复制进步从而增强信心。

在这样持续的、多维度的关注、帮助、鼓舞下，特别是到了初二下学期的后半期，孩子的自信心和积极性有了显著提升。李妈妈说：“孩子现在能够用文字的方式表达内心的想法给妈妈。”“能提前为要参加的学校活动做准备了。”老师们也注意到变化：“上课时偶尔会主动举手发言了。”“对语文学习越来越有兴趣。”同学们则说：“课间会主动找同学问问题了。”“拍照时表情自然多了。”

通过涵养可持续发展的学习习惯以博发

进入初三后，聚焦学习、全力迎战中考成为“主旋律”。此时的李同学在学习上的自觉性已经有了显著提升。据李妈妈反映：“孩子周末主动申请留校，认为在家学习效果不佳。”“即使生病了输液时也在认真学习。”老师们说：“虽然学习进步了，但他仍觉得自己考得不够好。”“课堂上的眼神更坚定有神了。”同学们说：“中午和晚上，李同学通过错峰吃饭在教室忘我地学习”“仅仅进入初三两周，感觉他像变了一个人，现在的他爱学习，干劲十足。”

尽管一切似乎都在朝着预期的方向发展，但现实仍然存在不尽如人意之处。

“初三上期都要结束了，英语仍然落后太多，语文还是差。”“离中考大约三个月时，家长还在思考是否需要走指标到校。”经过与孩子、科任老师多番沟通，我发现影响学习效果更上一层楼的主要因素在于孩子课堂的学习习惯不够优质，尽管他学习主动性很强，但学习效果因不会有效听课而打折扣，具体表现为：思考不够积极又盲目听讲，导致知识吸收浅薄；疑惑未清又频繁做题，导致重复低效；有效笔记未完善，导致听懂的知识成过眼云烟。找出症结后，我和李同学达

成了实现高效课堂的共识：全心听讲、积极思考、善做笔记、及时请教厘清疑惑。通过对比相邻两周的学习方式，让孩子体会到独立专注、积极思考是深度学习的前提，并逐渐形成“以似懂非懂为耻，以疑惑清零为荣，以请教教师为智”的意识。在离中考还有一个月的时候，李同学已经能够做到在已批阅的作业中发现错误而激动不已，并迫不及待地去探究错误原因；在听课过程中遇到疑惑而精神百倍，更加专注地寻求答案。

其实，从那时起，我就可以断言，李同学的学习效果提升指日可待，中考必将顺利通过！

李同学的初中生涯画上了圆满的句号，但我作为教师的成就感并未因此而停止。孩子进入高中后，每次考试成绩出来，李妈妈都会非常自豪地与我分享；李妈妈还经常向我推荐优秀的学生来我校就读；每逢教师节，孩子都会发信息给我送上祝福；每到放假，孩子也会主动打电话约时间来看我。这些点点滴滴的经历，都激励着我在教育之路上不断求索：如何在有限的三年陪伴中，为学生的终身发展打下坚实的基础。

第六篇章：

师者仁爱心

在这个篇章里，我们汇聚了青春的光芒、赤子的深情与梦想的足迹。通过“北归荣光”，聆听北大骄子的奋斗历程，感受逐梦的力量与青春的绽放；在“学海寄语”中，每一句话语都是一中优秀校友智慧的结晶，引领学弟学妹破浪前行；而在“心语留痕”里，无论是匿名网友的温情脉脉，还是学子们的深情告白，都化作心灵的暖流，温暖每一个追梦人的心房。让我们一同沉浸在这份启迪与共鸣中，感受一中赤子情深。携手前行，在知识的海洋里扬帆远航。

“520”敞开去爱

苟瀚心

或许对于你来说，我只是“走过，路过，最终还是错过”的陌生人，但是在5月20日这一天，我想对你们每个人说：“我爱你，我爱你们。”因为今天可是“520”，一个充满爱意的日子。

也许有同学会问，难道520的意义，就是打着数字谐音的旗帜，捧上几朵鲜妍欲滴的鲜花，再喊几句空洞无物的口号吗?

当然不是。

如果没有理解爱的真谛，再热烈的520，也只是一个冰冷的数字。

所以，在这个520，让我们一起思考什么是“爱”？我们要“爱”什么?以及如何实践“爱”？那么，究竟应该爱什么呢?

繁荣昌盛的祖国、养育我的父母、陪伴我的亲友固然值得我们去爱。但是我认为这还远远不够。前段时间，一位毕业生在朋友圈里写了这么一段话：“我喜欢渝一，在夜晚的操场，可以看到月亮，看到飞机，看它们从对面那排居民楼的背后，慢慢地倾斜着向上，冲向那几颗小小的星星。”简单的几句话，却让我看到了她在那段烦冗紧张的时光中，被所爱包裹着的幸福。她的幸福，来自那一双连山河与旷野、月出与星落都含情相待的双眼。

是的，我们要爱他人，也可以爱山海。比如，透过斑驳树叶洒下的阳光，一片偶然飘落在你脚边的黄葛树叶，一阵拂去燥热的晚风，沿途那从未缺席的灯光，以及此时，深呼吸，灌入的那口湿润的空气。

当你的爱在日常的一呼一吸中生出了感官，你会发现，原来你所爱的一切一直环绕在身边。这些生动却又浩瀚的细枝末节——水的流动，鸟的啼鸣，云的游走，母亲的一声呼喊，父亲无言的凝望，当然，还有你自己，自由吐纳的呼吸与手腕中有力跳动着的脉搏——这些存在的瞬间在告诉我们，这是我们努力活着的生命的证明。

正是众生的每一个存在，成就了我们的每一个现在。

在无限的时空中，每个生命只有这一生一世。对于自己的生命，我们当知珍惜，对于他人他物的生命，我们当知关爱。

所以，我们应当去爱什么？当我们思考这个问题的时候，实际上，我们已经与爱背道而驰。因为爱不是责任，无关意义，没有目的，不问理由，不含条件，不求回报。我们爱的，应是生命本身。生命存在的本身，就值得我们用心去爱。

那么，应该如何去爱呢？

关于这个问题，我曾在史铁生的笔下找到答案。他说："爱的情感包括喜欢，包括爱护、尊敬和控制不住，除此之外，还有最紧要的一项：敞开。"

为何是"敞开"呢？

因为每个人都是残缺的，我们都有自己的阴暗与软弱，因此我们也都有防御窥视的盾牌与盔甲。推心置腹，从来都是困难且危险的。但是如果始终拒绝敞开，你四下张望，看到的全是自己的恐惧、伤痛与卑劣，穷其一生与它们共囚一室。那种封闭和割裂的痛，并不好受。

心理学家杰夫·艾伦曾这样描述爱："爱触动内心深处，到达那些我们甚至从未察觉的部分，带来前所未有的感动，并且释放每一个人。所有的心灵碎片，那些前所未有的伤痛，未被察觉的痛苦、未被满足的需求，都将在这道闪耀的光芒中显现出来，一切将无所遁形，真爱的光芒照亮所有不真的自我，为的是让自我被看见、被转化和被疗愈。"

所以敞开，是为了让爱灌进来。

其实，"爱"每一天都以数不清的方式呈现在我们身旁，我们唯一要做的就是鼓起勇气，敞开接受。日升月落，是自然的变奏，风起云息，是天地的和声，即便今天伤痕累累，但你看，还有阳光在照耀着我们。全然拥抱生命，观赏自然，爱会让我们忘却一切。所以，亲爱的你，知道"520"真正的含义吗？"5"代表的是人生五味，酸甜苦辣咸；"2"指的是你与世界的双向奔赴；"0"是零距离，因为彼此坦诚相待，所以紧紧相依。

在这个特殊的"520"的早晨，我想用真诚的告白，向值得热爱的你们，敞开心扉，让我们满怀热爱地生活在这珍贵的人间。

照亮自己　拥抱明天

成剑波

近期，“开学一个多月后儿童精神科爆满”“消失的课间十分钟”等话题在网络上引发热议，《2023 年度中国精神心理健康》蓝皮书也指出，初中生抑郁检出率高达50%，成为众多家长和我们这些为师者的心头病。的确，在部分学生的世界里，有手机、有游戏，但在面对老师与家长时，他们却只有沉默。我们似乎生活在两个相对的时空，这里与那里、你们与我们之间似乎总有一层透明的壁垒，阻隔了信息的交流，无论我们在这边如何呐喊和呼唤，你们只是背着身、低着头，听不见也看不见，甚至也不想听见、不想看见。我们感到绝望，而你们却显得冷漠而淡定。我们进不去，你们却不屑走出来。在手机与游戏的刺激中，你们正在“失去”一颗丰富敏感的心灵；也正是在这苍白的时光里，你们同样“失去”的还有感悟美丽生活的机遇。

相信每一位老师都收到过来自学生的感人肺腑的信，请允许我分享我收到过的一封信中的内容：

“最最最亲爱的‘波哥’，教师节快乐！我自从上了高中就一直很想念你们，真的，再也找不到像初中这样包容我们所有错误的老师了（虽然有点夸张，但确实是这样）。我承认，初中三年我的成绩并不出色，自身压力加上学习环境，让我那时候一点都开心不起来，但是现在回想起来，我发现那段时间其实过得非常快乐。这三年如白驹过隙，留下的只有美好的回忆，每次一回忆到我们以前的日子，我总是忍不住落泪。过程虽然坎坷，但初中的三年真的是太美好了。班上的大部分同学都想回到过去，再体验一遍初中的日子，大家都希望初中的日子能无限循环，永远结束。初中的生活很快乐也很单纯，完全超乎想象，可惜当时的我不懂得珍惜，现在我每晚都会‘梦回初中’，重温那些快乐的日子。时光匆匆，我们 2016 年刚进校时的模样至今仍历历在目，仿佛就在昨天……最后，建议你对班上的孩子们温柔一些，不要每天都板着脸。重庆一中初 2019 级 1 班的所有同学都很爱你。”

想必，这封信会道出很多你们的心声，即使现在没有，未来也一定会有。

因此，同学们，我们要懂得珍惜当下，珍惜这三年与老师和同学们相处的每一个拼搏时刻，珍惜这段青春岁月中的每一份酸涩过往，珍惜成长之路上家长和学校对你们不求回报的谆谆教诲。

因此，在学习生活中遇到挫折时，别难过，少抱怨。既然无处可逃，不如坦然面对；既然耳根不净，不如清净自心；既然不能如愿，不如一笑释然。希望同学们在学习路上都远离琐事、烦事和杂事，事事从容淡定且优雅，写“人”字有两笔：一笔前进，一笔后退；一笔逆境，一笔顺境；一笔付出，一笔收获。没有一帆风顺的人生，身处困境时，先给自己一个微笑，至少还有我们陪伴你一同前行。

同学们，请切记，我们的青春需要“四种营养”——安全感、存在感、成就感和幸福感。我们应该品味学习的美好，感受眼睛的幸福，享受身边的温柔，聆听声音中的满足，沉浸于自己喜欢的事情。借唐昌润老师一句很治愈的话：“孩子，你们的感受才是最重要的。”

你哭，看晴亦是雨，花开亦是悲，鸟鸣亦是泣；你笑，看花便喜春，叶落便爱秋，雪飘便恋冬，世间美好都与你环环相扣。

祝愿孩子们快乐健康成长，人活一世，草木一秋，不负昨日事，不负今日景，不畏明日路！我们遇见，获得，失去，成长，释怀，完结。“我与旧事归于尽，来年依旧迎花开。”人生何须万种愁，千里云烟一笑收。

阅读点亮智慧，书香浸润心灵

梁　凤

自古以来，读书在人们心中就占据着一个神圣的位置。古时有一句广为人知的话："万般皆下品，唯有读书高。"这一观点尽管未免有些偏执，却也从另一个层面反映出读书在古人心中所占据的重要位置。

一本书就像一个人的一生，是作者用其灵魂书写着他的生命。无论是教科书、小说、诗歌、散文还是人物传记，它们都承载着作者想要表达的内涵，正是这些内涵孕育了许多绝世佳作的诞生。

众多作者经历世间百态，洗尽铅华，挥毫泼墨，洋洋洒洒地描述了一个个斑驳陆离的世界。那些充满情感的文字经过精心组合，化为缕缕淡雅的墨香，穿越时间、空间的阻隔，来到我们心中的一个小小的角落。它们所散发的光芒，在我们的心底荡起了层层的涟漪。深入地阅读，无论你身处繁华的城市还是喧嚣的市井，一切声音都会消失，世界变得万籁俱寂、心无旁骛，仿佛进入了一个世外仙境，你会体验到另一个世界、另一个环境、另一个身份。在阅读中，你可以尽情释放感情，成为另一个自己，经历另一段人生，让我们原本绚烂的生命更加光彩夺目。

在经历了一天的疲惫之后，静静地翻开一本书。它能让你沉浸其中，得到心灵的净化，仿佛是一次顶级的"心灵 SPA"。有时，你甚至不需要精读，只需以一颗平和的心去品味文章的起承转合、情感的流淌与交织。当你轻轻将手放在扉页，书中的话语就像电波一样向你讲述欢乐与悲伤。

所以，享受阅读吧。让阅读点亮智慧，让书香浸润心灵，我们可以通过书籍品味不同的人生，在浩瀚的文字海洋中尽情遨游，感受人生绽放出的无穷魅力。

作为青少年，你们正处于一个关键的成长阶段。那些宝贵的知识和经验都会成为未来人生的基础，塑造我们的人生轨迹。而阅读，正是获取知识的重要途径之一，也是我们成长的推动力。通过阅读，我们可以积累更多的知识，培养自己的理解能力和创新思维，为未来做好准备。因此，千言万语汇聚成一句话，那就是希望大家勤读书，读好书。所谓“世界那么大，我想去看看”，也许这辈子我们都无法走遍这个世界，但阅读可以带领我们走进精神家园，走向诗和远方。

爱自己——苔花如米小　也学牡丹开

刘桂丽

爱，从心理学的角度来说就是看见并接纳。爱自己，就是看见真实的自己，并接纳真实的自己。那么，我们如何才能真正做到爱自己呢？

是在情绪低落时，通过暴饮暴食或伤害自己来应对吗？是仅仅依靠每天对着镜子给自己几句赞美来激励自己开始新的一天吗？或是将自己视为生活的中心，把自己的利益放在第一位吗？……似乎对“究竟应该如何关爱自己”这个问题，许多人都感到迷茫。如果你也感到有些困惑，那么今天，我想结合心理学视角和个人生活经验，分享几个关于“爱自己”的小贴士，希望能为同学们提供一些启发和思考。

提示 1：爱自己的第一步，便是要爱惜自己的身体

用餐时间到了，不妨把手里的作业先放一放；利用周末时间安排一些活动或者锻炼身体，缓解久坐带来的不适；倾听身体对于休息的需求，告别报复性地熬夜；认真收拾、整理自己的课桌和房间，将它们布置成自己喜欢的样子。当我们经营好衣食起居，生活在与个人性格相匹配的环境中时，我们的幸福感会显著增加，这也是自我关怀和自我接纳的良好起点。

提示 2：放下对完美的执念

懂得爱自己的人，拥有接受过去错误的能力，不会逃避过去，也不会沉浸在自我悔恨或自我惩罚中。他们可以正视自己的缺点和过失，客观地看待这些东西在生命里存在的意义，并从中汲取养分，不断调整自己以避免重蹈覆辙，从而获得提升和成长。我们需要允许自己经历“失望”与“无能为力”，明白世事无常，也要学会原谅自己。当然，对无助和失望感到坦然，对每个人而言都不是一件容

易的事。我们既不能臣服于它，陷入一种习得性无助——认为无论做什么都无济于事；也不能为逃避它而产生自我厌恶——认为我不够好才会失败，如果我足够好就不会失败。

提示 3：设立健康的人际边界

一个懂得爱自己的人，会关心自我的感受，能够远离让自己痛苦的人和事，将有害的关系从自己的生活中清除。在某些情况下，我们因为害怕冲突，或出于讨好他人的心理，做出违背自我意愿的行为，或是强迫自己持续承受痛苦。这种状态看似维系了友善的形象和和谐的关系，实际上是回避和压抑了个体的真实感受，长此以往会对自我造成损耗。真正地爱自己，是在接收到内心发出“我不想要”的信号后，能够果断付诸行动。不舒服的时候敢于说“不”，痛苦时及时抽离。这不仅意味着主动觉察自己的感受，还涉及知道如何关心和照顾这些感受，让自己回到健康的状态。

提示 4：为自己的人生负责

一个懂得爱自己的人，是有能力对自己的想法、选择和行为负责的。如果一个人很容易被外界评价所影响，便很容易迷失在嘈杂的声音中，产生自我苛责和怀疑。那些无法为自己负责的人，在遇到不好的结果时，往往会陷入长久的自我悔恨中，或将过错归咎于他人，永远扮演着附属者的角色。只有当我们承担起对自己的责任，做自己人生的主人时，我们才能拥有面对人生各种可能性的勇气，不断探索和成长，真正感受到自我价值，获得真正的幸福。

提示 5：更好地成为自己

当一个人真正地爱自己，他/她便不再追求成为“更好的自己”，而是明白应该如何“更好地成为自己”。你需要对自己更加真诚、不隐藏。我们身上那些一直被自己排斥、忽视，甚至拒绝的部分，都是我们学会爱自己的障碍。一味地与负面感受斗争只会制造更多痛苦。接纳自我，给内心创造一个温和的空间，当“自己”这个概念变得更清晰时，我们才能知道如何更好地爱自己。

当你能够从衣食住行中实践自我关怀，选择健康和支持性的人际关系，不抵抗自己的缺点和情绪，不带批判地、客观地认识自己之后，即使在充满不确定性

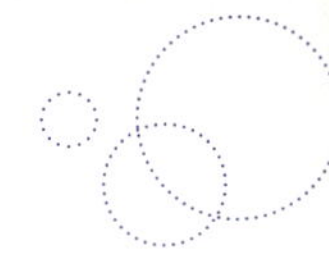

的世界中，你也能够逐步实现自我坚定。正在聆听的你，开始思考如何真正爱自己的你，其实已经迈出了爱自己的第一步。世界上只有一个人会每分每秒都与你不离不弃——那就是你自己。相信自己，善待自己，热爱生活，不把自己的人生交到他人手中，而是牢牢掌握在自己手中，这样才能守护一生的浪漫。爱自己是终身浪漫的开始。

最后，分享一首小诗，卓别林在《当我开始真正爱自己》中写道：当我开始真正爱自己，我不再牺牲自己的自由时间，不再去勾画什么宏伟的明天。今天我只做有趣和快乐的事，做自己热爱，满心欢喜的事，用我的方式，以我的韵律。

人生短短数十载，懂得好好爱自己，做让自己感觉幸福的事，余生的每一天才会知足常乐。

一切都来得及，记得爱自己。

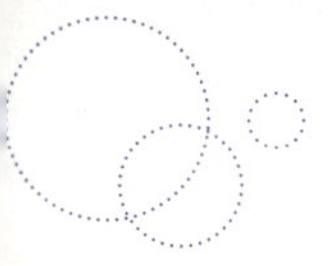

不惧风雨，阳光自来

杨钦涵

近来渝北的天气阴晴不定，你的心情是否也时好时坏？写这篇文章的时间是2022年4月17日，窗外阴云密布，空气中夹杂着一丝湿冷的气息，阳光被隐匿了。或许是因为身为初三毕业班的老师，又或许是因为人生正处于曲折缓进之状态，我盯着电脑屏幕前闪烁的输入符，思绪不自觉地飘回了中学时代。

可以肯定的是，一位重庆一中的语文老师，也曾是懵懂青涩的中学生。我也曾在拿到试卷的那一刻内心极度惊慌，坐在座位上假装不在意地低着头，却又极力竖起耳朵去听周围人谈论分数，内心一分一毫地掂量着，却绝不开口询问别人一句。我也曾一个人走在走廊里，走在路口间，突然感觉整个世界唯我独尊，故意摆出一副坚毅、无所谓的或很酷的表情，既幻想自己站在聚光灯下，又渴望自己默默无闻。我会因同学的一句话而辗转反侧，也会因父母的一个眼神而燃起内心那名为“反抗”、实为“无奈”的怒火。所有这一切都沉淀为我记忆中最平稳的部分，直到绿色的操场被太阳晒得发白，我作为班长和最后一个同学告别，学着武侠小说里那样英雄相惜，只是，最后的抱拳似乎没有想象中那么用力。看着好友走出校门，似乎也很难道出最后那句“江湖再见”。

没错，成长的旅程是在孤独中掺杂着些许遗憾的。现在回想起来，我怀念毕业时刺眼的阳光，怀念那时各种各样莫名的情绪，但我更记得那些奋斗的日子、无数次在课堂上奋笔疾书的时刻和被教室里无数个白炽灯照亮的夜晚。我甚至清楚地记得一些重要考试的分数，以及那些鲜艳的红叉或红钩。

因为只有那些瞬间是完全属于我自己的。那些努力学习的时刻是如此亲切，因为它痛苦，所以它深刻；因为它深刻，所以它能够抵挡时间的消磨，像一条纽带，紧紧维系着现在站在讲台上、站在主席台上的这个优点与缺点并存的自己。追溯过去，我看到了现在与过去的紧密联系，这一切都有赖于中学阶段所锤炼出的学

习习惯和态度品格。如果说青春的回忆是一棵树，那树的根须一定是在每一时段都全力以赴的经历。否则，那些美好而闪光的回忆和情愫，很容易被时间吹散，再被往后的遗憾和叹惋掩埋。

回忆到这里，坐在办公桌前的我不禁轻叹。望向含弘楼下积水的操场，我的思绪又回到了我的初三学生——心心念念的你们——身上。

还记得吗？初一那年，你踏上一百零八梯时的那份欣喜与激动。那时的你，从未想过自己可能会落人于后。你小心翼翼而又紧张地询问同桌的名字，精神高度集中地寻找你们之间的共同话题。当陌生的老师走进教室，你与周围的同学热烈地探讨着，第一节英语课学了几个简单的单词后，你便迫不及待地回家向父母炫耀。那时的你，身高还没到我的肩膀，说话时不敢直视我的眼睛，那个稚嫩可爱的你，我至今难忘。

挑拨着时间的指针，不经意间，我又看到了初二的你。你或许有所感觉，我不喜欢那个时候的你。你的下巴长出了茸毛，你开始对球鞋有了要求，把游戏的段位当作谈资，并不知不觉地爱上了篮球；或者，你不再愿意扎起马尾，总是摆弄着刘海，追看了一场又一场选秀节目，突然感觉有些同学的存在会让你挪不开眼睛。于是，你的父母给我来电，心痛地描述着你的叛逆；你的同桌给我抱怨，激动地投诉着你的无礼；你的成绩在警告着，你的作业状态在哀叹着。我们发生了争执，我呵斥了你，你也说出了一些很伤人的话。我很郁闷，但也突然意识到，这是你内心独立意识的觉醒，是你青春路上必经的风雨。恭喜你，你长大了，但要小心！成长的风暴已然来临，它很可能让一些最朴拙的信仰摇摇欲坠。

如今的你，是最让我心疼的。我看见了那天你手里拿着试卷，抬头看了看黑板旁的中考倒计时，脸颊上那一滴滚烫的泪水；我听见了你强撑着上完语文课，课间埋首于书卷里那微微响起的鼾声；我嗅到了你走进教室开始午读时，被你遗忘在书包里的饭团的香气。你拿着作业到我办公室问我该怎么办？你说：“老师，我想放弃了，可能我的梦想，最后只能是白日梦一场罢了。”

是呀，初三的你，“喝”了太多的“心灵鸡汤”，跟着演讲的同学们喊了太多声“加油”“坚持”。可这些似乎都抵消不了中考倒计时牌翻到两位数时带给你的惆怅和恐慌。但是孩子，老师想说，比起曾经的我，你至少还有两位数的时间。与只能回忆过去的我相比，你还有足够的时间来提升青春的质量，还有足够的空间来强化现在的你与未来那个优秀到无法想象的自己之间的联系。现在的每一步，都在塑造你的未来；现在的每一次尝试，都是在为自己而战。

请从堆满书的课桌里抬起头，看看班里周围同学努力的模样吧。无论是成绩

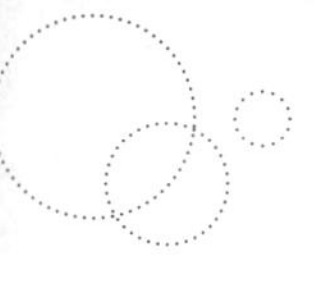

最优秀的“别人家的孩子”，还是成绩靠后的那位同学，他们都还在拼搏；路过我办公室的时候，请稍作停留听一听吧，我和其他老师正在激烈地讨论和反复查验，只为下一节课能够一如既往地为你呈现最好的复习内容。请注意深夜熄灯后宿管阿姨小心翼翼的脚步声；请注意归家后父母那充满暖心热切的眼神中，偶尔闪过的那一丝疲惫。

你要握紧拳头，咬咬牙，再让自己内心的浮躁沉淀下来，深呼吸几次，静下心来，与每一道题对话，沉浸于每一个知识点。因为结果未定，我们怎能轻言放弃？

初三的学子们，你们要打起十二分精神。人生的道路上会有许多成功和失败，但最遗憾的事情莫过于中途当了逃兵。往后很难有机会，让我们可以毫无保留地将所有努力倾注其中，而这个未来，只属于你们自己！

如今，我站在这里发表这篇演讲，时间是2022年4月18日的清晨。穿过了回忆与现实，曾经的初中生和现在的你们，已然共享同一片天空，已然交换了两份深情。天气或许依然有些阴冷，但已不再下雨，阳光就隐藏在云层之后。只要我们心中有光，只需全力以赴做好现在的自己，把结果交给未来，把成败留给回忆，把细枝末节的情绪交由历史，让它们在时间的长河中迂回拉扯，牵牵绕绕。阳光自然会穿透云层，温暖如初。

而我已经可以看到，在九月的金秋，你怀着轻松愉悦的心情，用手轻轻拂过胸前那一抹熟悉的校徽，抬眼便是“重庆一中”四个字的大门。仿佛经历了一段奇幻的旅程终于归来，心里默念道：好久不见呀，终于等到你。

让努力学习成为习惯

臧银鑫

物理学有一条著名的惯性定律：当物体不受到外力作用时，会保持静止或匀速直线运动状态，用简单的语言概括就是："静者恒静，动者恒动。"我们在学习生活中也是如此，努力的同学一直努力前进着，选择放弃的同学则停滞不前。本文想探讨的是如何打破这种惯性。

通过观察，我们发现多数努力前进的同学有一个共同点，那就是目标明确。

学习目标是学习的动力源泉。只有明确了学习目标，才能更有动力地投入学习。首先，需要确立具体、明确的学习目标，包括长期目标与短期目标。长期目标可以是毕业后的就业方向或学术追求，短期目标则可以是每学期的成绩目标或每周的学习计划。其次，需要将学习目标与实际行动紧密结合，制定详细的计划和方法来实现这些目标。举个例子，如果学生的目标是提高数学成绩，那么可以安排每天专门的数学学习时间，寻求老师或同学的帮助，并通过多做习题来增强理解。最后，积极的实现学习目标让我们爱上学习，自然也有了保持努力学习状态的良好动力。

俗话说"万事开头难"，如何在力的作用下改变我们的状态才是关键。从力学的角度来说，我们要从两个方面来解决这个问题。首先，我们需要减小阻力，这里的阻力便是我们生活中那些吸引我们却无意义的事情，其中最为显著的便是网络。你会发现，当我们远离网络等干扰源时，无关的吸引便减少了，我们自然有更多的时间和精力专注于学习。其次，我们要增强动力，找到学习的意义与方法。阶段性地给自己适当的奖励和惩罚，也能帮助克服学习惰性。例如，在自己取得进步的时候给予自己奖励，同时也要对懒散的行为进行适当的惩罚。通过这些方法，我们可以逐步克服学习惰性，培养坚持学习的习惯，最终提高学习效率和成绩。

当我们进入了努力学习的状态后，接下来更重要的便是通过掌握高效的学习方法来提高学习效率，使学习过程变得更轻松和有趣。首先，要充分利用时间，制定一个合理的学习计划。根据自己的学习时间和生活习惯，安排每天固定的学习时段，确保能够充分专注和高效地学习。其次，要注重学习方法，例如，可以采用阅读笔记法、归纳总结法、讲解复述法等多种学习方法，选择最适合自己的方式进行学习。此外，要重视练习和实践，通过不断地练习和应用，真正掌握所学知识和技能。最后，要善于归纳总结，及时复习所学知识，加深理解，从而巩固学习成果。通过这些高效的学习方法，我们能更好地掌握知识和技能，实现学习的自我提升。

最后，老师想分享给大家几个在实践中可以借鉴的学习方法。首先，可以尝试将学习时间拆分成若干个专注的 25 分钟，每个时段结束后休息 5 分钟，以保持高效专注。同时，要善于利用碎片时间，例如，在乘车时听听英语，在排队时阅读课外书籍，合理规划这些零散的时间进行学习。此外，可以尝试结伴学习，和朋友一起讨论学习中遇到的问题，促进对知识的深入理解并提高学习效率。

除此之外，情绪管理同样重要。调整好心态，积极面对并克服学习中的困难和挫折。学习过程中难免会遇到瓶颈期和困难，但要相信自己可以克服，不断前行。通过心理建设，学会自我激励，保持学习的动力，坚持不懈地努力下去。

要养成坚持学习的习惯，需要在学习计划、学习方法、生活习惯和情绪管理等方面下功夫，不断调整和完善，让学习成为我们生活中自然而然的一部分，让坚持学习成为我们的习惯。

在学习的道路上，困难和挑战是无法避免的，但只要我们持有努力学习的态度，就能稳步前行，逐渐取得进步。让我们共同努力学习，克服遇到的困难，迎接更美好的未来。

青春

黄辉平

青春像一本记事簿，零散地记录着我们熬过的每一个日夜。它记下了清晨走在路上时，含弘楼旁食堂那明亮的灯光；记下了自习课上奋笔疾书，折起一角的《启航》；记下了忙里偷闲时，轻轻一跃便能触碰到的篮板；记下了数十个沉重的实心球在晚风中划出的一道道完美弧线。

但是，当谈及青春，大家可能首先想到的是青春期的“叛逆”：和父母、老师的期望背道而驰，你以为这是独立；对同学、朋友的鼓励置之不理，你以为这是个性。拒绝和长辈、老师沟通，你以为自己很神秘。

诚然，对作业量的抱怨、考试成绩的不理想、朋友的矛盾以及与家长的争吵……这些都在为内心的叛逆增添燃料。

诚然，青春小说会告诉你，永远有一个酷酷的叛逆少年在走廊与你偶遇，他总是会撞掉你怀里的书。

诚然，青春电影会告诉你，永远有人在球场边默默看你打球，然后侧耳轻声与旁边的朋友交谈几句。

但现实中，撞掉你书的人可能还会踩到你的脚，接下来不是故事，是事故。看你打球的人也许只是边看边想，“这个人怎么这么做？”

因此，大家要注意，我们有时候被一些所谓的“青春”概念营销得走偏了，认知也变形了。你有没有想过，自己可能是借着青春期叛逆的名义，偏离了成长的正确轨道？

今天，黄老师想和大家分享一个真实的青春应该是怎样的。

1. 真实的青春应该有蜕变

就像从英语中的“a,b,c”学到“important”；从数学中的绝对值到二次函数；从地理中的经纬网到区域地理；从中国古代史到近现代史；从背诵元素周期表到能够独立完成化学实验；从语文考试的作文命题由《童年》到《青春》。这更像

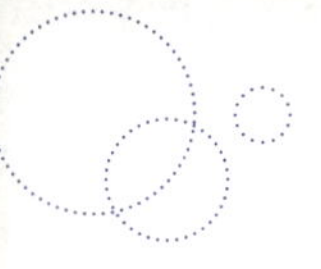

是从蝌蚪变成青蛙，毛毛虫变成蝴蝶，人们往往只惊叹于它们现时的美丽，却忽略了它们蜕变过程中的痛苦与漫长。青春的成长不是一蹴而就的，而是通过在各种经历中不断打磨实现的。三月暖春的晚风温柔又轻盈，它陪伴着我们共同见证这份成长。

2. 真实的青春应该有奋斗

尼采曾说："每一个不曾起舞的日子都是对生命的辜负。"无奋斗，不青春，奋斗是青春最亮丽的底色。然而，对一些同学而言，"躺平"似乎成为他们理想的生活状态，今朝有酒今朝醉。但是，"躺平"有负韶华，奋斗方能出彩！所以，我们要像校园里面的黄葛树一样，努力向下扎根，不断汲取营养，为不确定的未来积蓄确定的力量，为实现自己的目标梦想不断努力奋斗。

3 真实的青春应该有感动

青春里面有你们的执着、梦想与艰难，但更多的是感动。这份感动可能来自于周末一家人的亲子时光；可能是来自于寝室中班主任深夜的查寝；可能是科任老师一个欣赏的眼神；也可能是在情绪低落时，身边同学递来的一张写满鼓励自居的字条。那一份份亲情、友情，师生情和同窗情交织而成的感动弥足珍贵，让你们不畏将来，将是你们人生中最大的底气来源。愿你们抓住那一闪即逝的感动时刻，自豪地说："我的青春里有感动。"

4 真实的青春应该有家国

这个话题，我想从我爷爷讲起。作为一名参加过抗美援朝战争的军人，他曾在世界战争史上最残酷的战役之一——上甘岭战役——中负伤。从小学开始，我就不断听爷爷讲述那些抗美援朝的故事，这让我了解到真实的战场远比现在影视作品所呈现的更加残酷和血腥。2021 年国庆节，我们一家人全神贯注地看完近三个小时的《长津湖》，这部电影给我留下了深深的震撼、感动，看得我热血沸腾。我真正明白了什么是"青山处处埋忠骨"，什么是"一寸山河一寸血"，也体会到今天的和平生活是无数如黄继光、杨根思及"冰雕连"等的英雄们浴血奋战换来的。岁月静好，是因为有人在替我们负重前行。生于中国，红旗是我们心中的信仰；国家富强、民族复兴是我们肩负的责任。我们应当珍惜青春，为新时代书写值得骄傲的答卷！作为一中学子，让我们从升旗仪式开始，高唱国歌吧！让高唱国歌的声音响彻操场，成为校园最动人的声音。

我们要珍惜青春，抓住每一个机会成长。桂丽老师教导我们要爱自己，钦涵老师提醒大家要认识自己，而我今天想告诉大家，我们可以成为自己。

父亲的《荷塘月色》

王茹昕

父亲是怎样的？或许许多人都只有一个模糊的回答。

在我们的传统观念中，他们往往吝惜表露自己的情感，尤其是在孩子面前，仿佛多一点点温柔就意味着软弱。形形色色的父亲们，或品茶钓鱼、吟诗作画，或是在思考人生，鲜少与孩子深入交谈。

于是，你凝望父亲的身影，心路曲折变幻——小时候仰望父亲，他充满威严、坚强高大、无所不能；长大后，他说一不二的威严变成了专制独裁的霸道，他坚定不移的信念变成了顽固不化的固执，他无所不能的光环早已散去，他落伍守旧的形象却长留心间。

事实上，很长一段时间里，我就是这样看待我的父亲的。

他十年如一日地保持着看电视的姿势、衣服和鞋，还有那似乎永远不变的口头禅，一切都陈旧得让人厌烦。他总是吹嘘自己的记忆力有多好，时常对我说："我现在还能背朱自清的《荷塘月色》——你知道朱自清吗？"那时，我的语文已经很好，我想，你一个学医的人，也配考我吗？便转过脸去，不再理会。他等我许久，见我不答，便开始恳切地背诵起来："这几天心里颇不宁静。今晚在院子里坐着乘凉，忽然想起日日走过的荷塘，在这满月的光里，总该另有一番样子吧……"

我是山东人却不会说山东话，而他是地道的山东人，讲普通话时带着浓重的地方口音。他就这样操着一口"山普"，抑扬顿挫地背诵高一语文课文，引得我和妈妈都哄笑起来，家里充满了快活的气息。

于是，在我们的笑声里，他从来没有背完那篇《荷塘月色》。

但他还是那样，跷着腿在沙发上不动如山地看电视，穿着廉价的老头衫和皮鞋，讲述着他那些陈旧的光辉历史，而我总是毫不留情地打断他。事情是从什么时候开始转变的呢？好像是在我毕业后，在离开他很久很久之后，当我教到了朱自清的《背影》，那个蹒跚着爬上站台的背影勾起了我对父亲用可笑的声音背诵《荷

塘月色》的记忆。那时我才意识到，作为一个文学专业的学生、一个以教语文谋生的人，自己竟然不会背诵《荷塘月色》了。

我突然懂了，懂了他作为一个中老年男性还能背诵课文的骄傲，更懂了他试图用那点微不足道的骄傲，与他热爱文学又孤高自傲的女儿建立一点共同语言的努力。他不是朱自清，写不出《背影》，也写不出《荷塘月色》，他不会自己表达，所以除了跟我背诗，他只能选择沉默。沉默着接送我上下学，从幼儿园到高三，十四年如一日；沉默着为我做饭，从幼儿园到高三，也是十四年。我不敢想，不敢想这十四年间，每次我打断他时，他都在想什么呢?

他实在是太沉默，太沉默了！沉默地爱，沉默地付出，沉默地感受身为人父的喜悦与痛苦。他也实在是太笨拙，太笨拙了。笨拙着爱，笨拙着表达，笨拙着努力。像朱自清的父亲一样，他让子女印象最深的，是一个沉默而笨拙的蹒跚背影。可谁能说，这份沉默和笨拙，就不算是爱呢?

今年过年回家，年夜饭桌上，我想起了那篇《荷塘月色》，我问他："爸爸，能不能给我们背一下《荷塘月色》？"他兴致勃勃地答应下来，依旧是一口抑扬顿挫的山普，没有人打断，他却在背了百余字后，戛然而止，尴尬地笑着说："太久没背，忘了。"我大力夸奖他，说他太厉害了，已经很棒了。恍惚间，我仿佛看到了当年他对我的每一点微不足道的成就都认真赞扬的样子。

过了一会儿，饭快要吃完。我和妈妈准备收拾碗筷，他却突然制止我们，兴高采烈地说："我能背《念奴娇·赤壁怀古》呢！你们听——"于是，他用抑扬顿挫的山普开始背诵："大江东去，浪淘尽，千古风流人物。""江山如画，一时多少豪杰。""谈笑间，樯橹灰飞烟灭。"

我终是错过了他的《荷塘月色》，但幸好，没再错过他的《念奴娇·赤壁怀古》。我的父亲，他背这首词用了不到两分钟，而我却用了二十三年才真正聆听完这首词。

岁月太长，希望我理解他的脚步，走得快一些，再快一些。

红岩铸精神　党员传丹心

张　杰

十五年前，我第一次踏进一中大门，看到了鲜艳的红色校徽，艺术的火炬造型、静穆的烈士雕像以及整齐划一的红色楼房。当时我就在想，为什么重庆一中有这么多的红色元素？这背后又蕴藏怎样感人肺腑的红色故事呢？直到我走进重庆一中校史馆，才知道这一切要从叶挺将军著名的《囚歌》开始说起。

囚歌成曲照红岩民族大义薄云天

为人进出的门紧锁着，为狗爬出的洞敞开着，
一个声音高叫着：爬出来吧，给你自由！
我渴望自由，但我深深地知道——人的身躯怎能从狗洞子里爬出！
我希望有一天，地下的烈火，将我连这活棺材一起烧掉，
我应该在烈火与热血中得到永生！

叶挺将军创作的《囚歌》镌刻在项家书院的中堂大厅，这首诗歌广为人知，感人肺腑。然而，许多人不知道的是，在70多年前的渣滓洞，有一位革命烈士将这首诗谱成了曲，并在黑暗的地牢中为胜利的曙光放声歌唱。1949年11月27日，反动派对关押在渣滓洞的革命志士进行了血腥的大屠杀。当敌人的机枪伸进牢房进行扫射时，曾经为《囚歌》谱曲的双手，此刻正紧紧地抓住牢门，用宽阔的胸膛堵住机枪的扫射，掩护其他同志从后窗突围，自己却身中数弹，英勇就义，年仅30岁。

他就是重庆一中的国文教师、中共党员胡作霖先生。

烈火永生革命志　巾帼不朽歌乐山

“剥了我的皮，我还有鲜红的心！吃了我的肉，啃不动我的骨头！”

——《桃子》

这首铿锵有力、满怀革命斗志的诗歌出自一位女生之手。

1949 年 4 月 21 日，整个重庆弥漫阴云。为了争取民主和自由，重庆一中的师生走上街头，举行了一场声势浩大的爱国运动，史称“四二一”运动。这名女生是当时活动的主要策划者和参与者，她以《西南风晚报》记者的身份作为掩护，开展了一系列革命活动。随后，重庆一中有 58 名师生被捕入狱，其中包括这名女生和时任校长。为了纪念这次爱国运动，重庆一中将每年的 4 月 21 日定为校庆日。

1949 年 11 月 29 日深夜，反动派将集中营的革命志士秘密转移到松林坡，这位女生首先被拉下囚车，在生命的最后时刻，她依然奋力抗争。恼羞成怒的特务用裹腿布将她紧紧捆住，残忍杀害。此时，新中国已经成立 59 天，距离重庆解放仅剩几个小时。

她就是重庆一中的学生黄细亚烈士，牺牲时年仅二十一。

鲜血染成国旗色　丹心谱写华夏篇

重庆一中还有五名师生血洒红岩，谱写了可歌可泣的英雄篇章。

李承林，中共党员。毕业于重庆一中。1948 年 6 月 14 日与江姐一同被捕，1949 年 11 月 27 日被提出狱外屠杀，时年 30 岁。

韦延鸿，毕业于重庆一中，参加“四二一”爱国运动而被捕。1949 年 11 月 29 日在松林坡就义，时年 29 岁。

陈以文，中共党员，重庆一中教师，1949 年 11 月 14 日，他与江姐、李青林等同志一道惨遭杀害。时年 28 岁。

易仲康，重庆一中学生，特务要求他写悔过书即可出狱，他断然回答：“我无过可悔。”1949 年 11 月 27 日被屠杀于渣滓洞，时年 25 岁。

聂晶，重庆一中学生，领导“四二一”爱国运动。1949 年 11 月 29 日夜晚，被枪杀于松林坡，年仅 18 岁。

歌乐山下埋忠骨，嘉陵江畔存英名。正是这些年轻的生命，用他们英勇无畏的抗争换取了新中国的成立。坚如磐石的理想信念、和衷共济的爱国情怀、不折不挠的凛然斗志、坚贞不屈的浩然正气——这种爱国、奋斗、团结、奉献的红岩精神成为重庆一中的思想火炬，在每一位师生心中熊熊燃烧，代代相传。

传承英烈浩然气　拥抱时代新华年

1950 年 7 月，一中校友何世槐在隆昌开展征粮工作时被土匪杀害，壮烈牺牲，

年仅24岁。

1951年5月，一中校友周铮参加抗美援朝战争，在第五次战役中英勇牺牲，年仅19岁。

1983年4月，一中校友黄玲为了保卫国家财产，被歹徒杀害，英勇殉职，年仅19岁。

1991年9月，一中校友李小咪在重庆火车站执行防范任务时被罪犯暗杀，以身殉职，时年39岁。

2018年2月18日，一中校友杨雪峰在执行春运交通安保任务时突然遭遇暴力袭击，与犯罪嫌疑人英勇搏斗，因伤势过重英勇牺牲，时年41岁。杨雪峰被中共中央授予“时代楷模”称号，并荣获“全国公安系统一级英雄模范”。

漫步校园，我深深理解了一中红的深刻意蕴。那是血染红岩的英雄本色，不忘初心的信仰原色，也更应该成为我们牢记使命的赤诚正色。红梅花儿开，香飘云天外。我以一首小诗礼赞红岩。

红岩礼赞

囚歌成曲照红岩，民族大义薄云天，烈火永生革命志，巾帼不朽歌乐山。

鲜血染成国旗色，丹心谱写华夏篇。传承英烈浩然气，拥抱时代新华年。

拼搏，厚积人生幸福长卷的底色

解亚伟

青春，真是一种令人羡慕的资本。凭着健壮的体魄，你能把四斤的实心球扔到 10 米开外；凭着顽强的毅力，你硬是写字写弯了纤细的手指；凭着旺盛的精力，每天朝七晚十“超长待机”之后，你还能挑灯再战；凭着超人的智慧，你一次又一次超越了“不少于 800 字”的要求，小小的作文纸装不下你大大的梦想……

习近平总书记指出：“青春孕育无限希望，青年创造美好明天。一个民族只有寄望青春、永葆青春，才能兴旺发达。”在青春的你们的身上，我看到了希望的模样！

古往今来，拼搏都是一个永恒而深刻的主题。古代的书生，宿昔不梳，一苦十年寒窗，为施展才华奔赴科举，无惧一路风霜；近现代的才俊，投身祖国革命，为中华之崛起前仆后继，誓要青史留名；当代的你们，鲜衣怒马，肩负时代重任，也势必会用拼搏谱写出美妙的华章。

我知道，拼搏并非易事，它要求我们具备超乎常人的毅力和勇气。要求我们在无数个夜以继日的日复一日中，积淀起向上攀登的勇气和面对失败后一次次重新来过的坦然和坦然过后那可怕的坚定。可是，我真的就见到了这样的坚定。寒来暑往，我看到早上 7 点，有班主任带着班上的同学在万象楼下锻炼；我看到深夜 11 点的 1004 办公室，杨钦涵老师还在伏案写作；我看到下课的铃声响起，6 班所有的同学都还在奋笔疾书……

所以，拼搏是什么？拼搏是让自己从被动到主动，是老师的关注和陪伴，是同窗的团结和情谊，是遍尝风霜依旧沉稳坚定的自己，是花开不败愈挫愈勇的青春活力，是用尽所有的方法，发现更棒的自己！

当然，在这个信息爆炸的时代，单靠勇气和毅力已然不够，我们得学会高效、科学地拼搏。拼搏，也意味着智慧与策略。首先，你需要明确目标，并为之制定实现的计划，然后有条不紊地实施，即使遇到意料之外的干扰，也能迅速挤出时间，

及时排除。其次，你需要积极的心态，将一切的问题都视为成长的机会，相信对任何事情的处理都是自我能力的进阶。再次，你需要合理地规划时间，学会优先处理重要且紧急的任务，追求卓越、精益求精，以最少的时间换取最大的收获。最后，你还要对自己好一点，你要健康地生活，保持良好的身体和心理，不以物喜、不以己悲。三月有雅集、五月有龙舟、七月有新月、九月能登高；中秋有朗月、除夕有岁火、四季会轮转、蟾宫能折桂。五更鸡志士起舞，三更火读书灯亮，苟日新，日日新，又日新！

如果想看到彩虹，就别抱怨下雨。如果想见到繁星，就别害怕天黑。一个人活在这个世界上，其实就在做两件事：一是做梦，二是圆梦。民族复兴的使命要靠拼搏来担当，人生理想的风帆要靠拼搏来启航。命运对勇士低语，你无法抵御风暴；勇士低语回应，我就是风暴！

我们正处在一个砥砺奋进的时代，每个人都有机会在各自的领域发光发热。从深圳的改革试验田到北京中关村的科技创新高地，从田间地头的农业现代化到网络空间的信息革命，祖国大地无处不体现着拼搏的力量与智慧。每一个奋斗的身影，都是对国旗最美的敬礼，每一份辛勤的汗水，都是对梦想坚定的追求。

在重庆一中寄宿学校这片自由、勇敢、坚韧的土地上，拼搏不仅仅是一种行动的展现，更是一种精神的传承，它如同生命中不可或缺的血脉，激荡在我们每个人的心中。

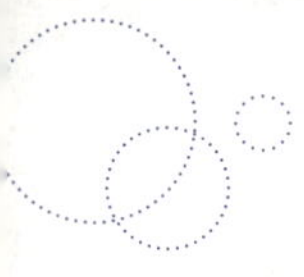

以青春之名

唐小力

当微风轻轻拂过五星红旗，金色的阳光洒落在我们每个人的面庞上，那一刻，我似乎感受到了前所未有的温暖与力量。

回首过去，我仿佛看到了那个曾经天真无邪的小女孩，在校园的每一个角落留下了欢笑和泪水。从稚嫩的孩童到如今的青年，我们经历了无数的成长与蜕变。而在这其中，青春无疑是最为绚烂的一段时光。

青春，它如同初升的太阳，充满了无尽的活力和希望；又如同盛开的花朵，绚烂而多彩。在这段宝贵的时光里，我们怀揣着梦想，追逐着未来，不断地探索、学习、成长。我们在青春的舞台上挥洒汗水，书写着属于自己的精彩篇章。

有人说，青春是用来奋斗的。我对此深以为然。成功的花朵，人们只惊羡它现时的明艳，当初的芽儿，却浸透了奋斗的泪痕，洒满了牺牲的血雨。少年本该意气风发，挥剑饮马，不负韶华。然而，我们常常满足于现状，以淡泊名利为借口，安慰自己平凡可贵。但是，在强装镇定的背后，其实隐藏着一生碌碌无为的无奈。劳逸结合并不意味着放弃努力或无所作为，我们的父母不可能为我们保驾护航一辈子，到那时，我们又该如何面对生活的挑战呢？圆周率没有尽头，而我们的努力也永无止境。踏进一中的校门，并不意味着奋斗的结束，而是要去更远的地方，追逐更亮的光。

在这个充满机遇与挑战的时代，我们更应该珍惜青春时光，努力奋斗，追求自己的梦想。我们要勇敢地面对困难和挑战，不断地超越自己，实现自己的价值。每一次的挫折和失败，都是我们成长的垫脚石，让我们变得更加坚韧和成熟。我们学会了在失败中汲取教训，在困境中寻找出路，在挫折中坚守信念。这些宝贵的经历，将成为我们未来人生道路上最坚实的基石。

青春并非一帆风顺，它充满了曲折与坎坷。正如陶土需要经过摔打、捏塑、烧制才能成为精美的陶器一样，我们也需要经历生活的磨难才能成长为更好的自

己。我们曾遭遇挫折和困难，也曾感到迷茫和无助。但是，正是这些经历让我们变得更加坚强和勇敢。我们学会了在困境中寻找希望，在挫折中寻求突破，在迷茫中坚定信念。这些经历让我们更加珍惜现在所拥有的一切，也让我们更加期待未来的美好。

同时，我们也要珍惜时间。事后的反应再迅疾，也比不上未雨绸缪。“今日复今日，今日何其少；明日复明日，明日何其多。”很多事情没有来日方长，我们可以冒险，但没有万全的准备，即使放手一搏，又有多少胜算呢？岁月不待人，当机会来临时，我们是否有把握它的底气？时间是最公平的裁判，它不会因为我们的富贵或贫贱而有所偏袒。每一个瞬间都是宝贵的，我们应该用它们去做有意义的事情，去充实自己、提升自己。不要等到回首往事时，才后悔没有珍惜那些逝去的时光。

此外，我们还要关注自己的内心世界。青春是一段充满激情和活力的时光，但同时也是一个充满矛盾和困惑的时期。我们要学会倾听自己内心的声音，了解自己的需求和欲望。只有当我们真正了解自己时，才能更好地认识这个世界、更好地与他人相处。我们要保持一颗平常心，不被外界的纷扰所影响，坚定自己的信念和追求。同时，我们也要学会释放自己的情感，让内心的声音得到表达和宣泄。

青春虽然短暂，但我们可以让它变得丰富多彩。我们可以参加各种社团活动、志愿服务、文化交流等活动，丰富自己的课余生活；我们也可以阅读经典著作、学习新知识、探索未知领域，提升自己的综合素质。只要我们用心去感受、去体验、去创造，青春就一定会绽放出最绚丽的光芒。

如今，我们有幸在叠翠山下孜孜以求，有幸在迎霞湖旁展望未来。黄葛树下，我们扎根土壤，汲取养分；书页间，我们挥洒笔墨，书写青春。风过林梢，带走了岁月的痕迹，却留下了我们坚定的步伐。骄阳正好，我们且将新火试新茶，诗酒趁年华。

让我们珍惜这段宝贵的青春时光，努力奋斗，追求梦想。让我们在青春的舞台上绽放出最绚丽的光芒，为未来的人生道路奠定坚实的基础。

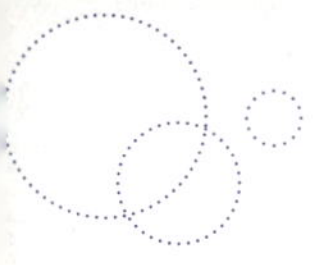

青春的密码

杨　兵

作为一名化学老师，连续多届担任毕业班班主任的我深知毕业班的意义以及其中的艰辛。那么，对于如何正确面对毕业的冲刺阶段，我教给正值青春的孩子三个“密码”。

密码一：正视压力

相信同学们都知道，大多数化学实验仪器都是玻璃制成的，而这些玻璃仪器都有一个共同的问题，受热不均时容易炸裂。然而，有一种特殊的玻璃叫作钢化玻璃，也被称为淬火钢化玻璃。它的制作原理是将普通玻璃放入火炉中，用600度的高温将其烧制软化，再用冷空气使其迅速冷却，即可制得钢化玻璃。利用内部拉力和外部压力的共同作用提升玻璃的机械强度，这个过程用行话来说就是“淬火”。这对玻璃而言是一个从高温到低温的过程，如果经不起考验，玻璃就会变成废渣。对于即将毕业的你们来说，在15岁左右的花样年华里，要经历考验，顶住毕业的压力，才能把自己“淬炼”成“钢化玻璃”。

密码二：咬牙坚持

1993年，对于我们来说可能只是平凡的一年。然而，这一年却在世界登山史上留下了深刻的印记。这一年，蒙克夫·基德在未携带氧气的情况下，突破了海拔6500米的死亡线，征服了世界第二峰——乔戈里峰。这一壮举激励众多登山高手将目标定位于此。然而，在那空气极度稀薄的6500米之上，许多人都选择了折返。蒙克夫仅是比他们多坚持了几步，而这几步的坚持使蒙克夫成为一座令人仰望的高峰。在刻苦奋进的时光里，如果我们能像蒙克夫那样咬牙坚持，再多走几步，无疑能在生命的历史上留下浓墨重彩的一笔！

密码三：传承责任

我的同事，初 2024 届年级组长刘鑫主任，尽管只教一个班，一周仅有 7 节课，但他几乎每天都会留在办公室，与家长交流，和学生谈心。有一天，我终于忍不住问他："刘老师，你也是两个孩子的父亲，难道不需要回家陪伴他们吗？"他回答道："家里面的孩子是孩子，教室里面的孩子也是孩子。我认为，以身作则带好初 2024 届，是我的责任，做好 4 班班主任，也是我的责任。"这样的例子在一中的教师中屡见不鲜。你见过半夜一点含弘楼的灯光吗？一中的班主任们见过。你见过凌晨四点叠翠山上满天繁星吗？一中的老师们也见过。

让我们正视压力，相信乾坤未定，你我皆是黑马。让我们咬牙坚持，相信聚沙成塔、集腋成裘。

接过重庆一中寄宿学校这份沉甸甸的责任，承载着父母们的殷切期望，看着含弘楼门口亲手写下的梦想，铭记一中老师们无私的付出，以生龙活虎的干劲，勇敢筑梦、敢于追梦、共圆"一中梦"。

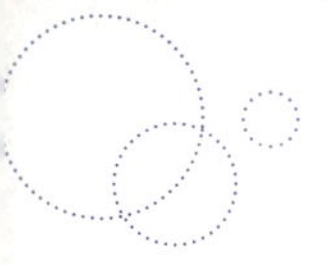

如何培养科技创新意识

张绍辉

什么是科技呢？最简单地说，就是科学技术的简称。那些对人类社会的发展进步具有重大影响的前沿科学技术，往往也是推动各行各业发展的关键因素之一。往小处看，科技无处不在。例如，在很久以前，我们的祖先们盼望过上衣食无忧的生活，如今，人们的生活质量逐步提高，达到了丰衣足食的水平。由此可见，科技就在我们身边。

所谓“创新”，就是在追求不同的前提下，发现前所未闻的规律，发明前所未有的技术，实施前所未有的举措，创造前所未见的事物。创新就是针对某个或某些具有重大意义的实际问题，通过令人信服的理论阐释和说明，通过对实际生活和社会实践本身的深度观察与缜密思考，发前人之所未发之感慨，说前人之所未说之话语，论前人之所未论之论题。对于我们中学生来说，创新给予了我们更多的机会与体验。

正所谓“不破不立”，创新的核心在于“变通”。因为思维的定势，没有思维方式的创新就无法实现真正的改变。而这一过程正是创新者所付出的努力；从来都说“一分耕耘，一分收获”，但创新的付出有时却可能得到失败的回报，这对于创新者而言，这样的结果可能会让他们退回旧有的思维模式，变得畏首畏尾，停滞不前。因此，创新确实不容易，所以我们总是在提到创新时加上“积极”“勇敢”“大胆”之类的修饰词。那么，我们该如何进行创新？

一、培养科学的学习和思考习惯

首先，要找到自己真正感兴趣的事物，并将自己的兴趣推而广之，坚持不懈地沉醉于发现问题和解决问题的思考之中。学会借鉴和组合，养成独立思考与互相交流的习惯，并在实践中不断提高创新能力和创新意识。

二、善用逆向思维思考问题

遇到问题要从多方面考虑，而且要持之以恒，只有这样，创新才能在不知不觉中产生。如果单纯地为创新而创新，反而容易陷入一种麻木创新的思维定势，从而减少真正创新出现的可能性。只有从多角度考虑问题，从正反两方面审视问题，才能找到解决问题的灵感，才能更有机会实现创新。

三、科学的态度和创新的意识也很重要

这需要我们在思考问题时做到聚精会神，真正深入到一个问题的每个层次中，并有目的地将这些问题相互结合，不断培养自己的直觉，及时捕捉思维中的灵感火花，使其成为研究的新发现。

四、拥有深厚的知识作为创新的基础

毫无疑问，创造思维作为一种思维创新活动，必然要以知识的储备作为前提条件！

当然，创新还需要一定的心理素质。首先要有自信，相信自己有能力带来改变；其次要有激情，为实现目标不懈努力；同时要敢于担当，勇于控制失败的风险和承担失败的后果。

这些所谓的创新方法也许对你有帮助，但如果只是按条令办事，无疑会成为你的另一精神枷锁。因此，现在最想告诉你的一句话就是：坚持自己的梦想。而通往梦想的那条专属于你自己的路，便是你创新的成果。

正如古语所说："路漫漫其修远兮，吾将上下而求索。"创新需要我们不断地去探索，去尝试，在通往成功的路途中，创新是一双翅膀，带领我们自由翱翔。

亲爱的同学们，让我们展开创新的翅膀，勇敢地向梦飞翔，在大地上，蓝天下，世界的舞台上，展现非凡的自我吧！

生命以负熵为生

余文君

为什么上课趴着，歪着，容易走神，而挺直腰杆听课就可以集中精神？

为什么你的书桌长时间不整理，试卷总是需要很久才能找到？

为什么房间长时间不打扫只会越来越乱，而不会自己变得越来越干净？

为什么班级没有班主任和班委的管理，会越来越混乱？

作为物理教师，让我带领大家打开高二物理选修，走进热力学第二定律，或许能给大家带来些许启示。

它有三种表述形式。

克劳休斯表述法：热量不能自发地从低温物体传导到高温物体。开尔文表述法：不可能从单一热库吸收热量，使之完全转化成功，而不产生其他影响。听完这些，你可能会觉得有些困惑。别着急，还有一种微观表述法：一切自发过程总是沿着分子热运动的无序性增大的方向进行。

后来，人们为“分子热运动的无序性”定义了一个参数，称之为“熵”。因此，微观表述法也被称为“熵增定律”。熵的关键在于熵值会随着时间推移而增加，也就是说，在自然条件下，宇宙万物都会朝着越来越混乱的方向前进，一切事物总会是从有序向无序发展。所有封闭系统最终都会趋向混乱程度最大的状态，除非有外部能量注入，改变这种无序。这就是熵增的原理。

这就回答了之前的问题，趴着歪着，处于无序状态时更混乱，熵就增大了，我们也就更容易走神了；书桌和房间长时间不收拾，会陷入无序状态；班级里的小朋友乱蹦跶，这也是无序状态，熵也随之增大。这就是规律。混乱才是常态，而有序需要刻意营造。因此，要改变这种混乱，从无序到有序，必须有外部能量注入，即外部对其做功。

于是，为了抵抗你的熵增，你的外部能量——班主任出现了。他们要求你站如松，坐如钟，督促你收拾房间和书桌，制定班级规章制度，让混乱无序变成有

序规则，从而减少你的熵值。然而，在这个过程中，你的情商和智商随着班主任消耗自身能量的同时得以提高。他们熬哑了喉咙，熬出了皱纹，甚至熬白了头发。这一切都是为了让你的学习系统和生活系统不至于陷入混乱，而是科学而有序地向好向上发展。所以啊，感谢你们的班主任们吧，他们就是带领你们和自然趋势对抗的领头人！

看短视频、打游戏、看小说，不知不觉间一两个小时过去了。这种低级的无序“快乐”，怎么舒服怎么来的放纵，只会虚度光阴，换来一辈子的平庸。“年与时驰，意与日去，遂成枯落，多不接世！”而与无序对抗的、较劲的有序的自律生活，如早睡早起、认真听课、完成作业、定期总结反思、消化所学知识、不懂就问等，这种向上的行走、向上的努力，带来的是更为高级的快乐，并能让人登上生命的高地，收获属于自己的精彩！这正是热力学第二定律带给我们的启示。

分享一则故事给大家：在中国最东边，有一种竹子叫作毛竹。毛竹在最初的四年时间，仅生长了 3 厘米，平均每年不到 1 厘米。但从第五年开始，它却以每年 30 厘米的速度疯狂地生长，仅用了 50 天时间便长到了 15 米。实际上，在前四年里，虽然竹子在地上看起来几乎没怎么生长，但它却将根扎得很深，扎得很广，覆盖了数百平方米的土地。

学习亦是如此。现在距离中考还有大约 80 天，不要担心你此时此刻的付出得不到回报，因为这些付出就是在扎根。学习需要积累，初三下学期的复习更是如此。有多少孩子没能熬过那最初的“3 厘米”？耐得住寂寞，抵制住诱惑，扎实积蓄力量，最终定能守得云开见月明。

尼克·胡哲《给自己的信》中写道：“每个优秀的人，都有一段沉默的时光。”那一段时光是付出了很多努力，忍受了很多孤独和寂寞，却感觉没有收获，这种日子叫作扎根。根扎好了，冲刺阶段一定势如破竹！

关于毕业班，我也想提醒你注意几种误区。

毕业班这一年，心态积极非常重要。遇到不会的题目，心态消极的人会自怨自艾：我怎么这么没用？而心态积极的人会暗自庆幸：幸好在中考上场前遇到了这个问题。每结束一场考试，你可以有短暂的悲喜，但情绪解决不了任何问题。如果不能回到理性的分析上，这次考试对你来说就失去了意义。如果成绩不理想，把它当作重新开始的机会，就当自己得到一次机会。实际上，每一次失误都是正式中考前的一次馈赠。

思考问题固然重要，但实际行动才能提供解决方案。自控力和执行力是更重要的情商，而努力去实践是一种更可贵的能力！

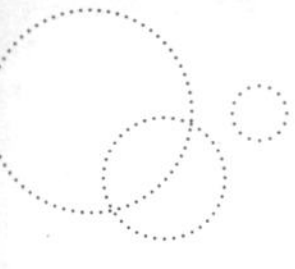

中考和高考都是一场长跑。相信我，作息规律比悬梁刺股更有效。记得午睡，记得锻炼身体，虽然衣带渐宽的人不会成绩太差，但金字塔尖的人往往体力充沛。调整好自己的生物钟，中考的时间安排并不会因你的个人喜好而改变。利用碎片时间，就像从海绵中挤水一样，好好利用时间，特别是现在这个阶段！

只要你在扎根生长，就没有辜负这个春天。年轻的孩子们，精彩才刚刚开始。我班陶同学的座右铭是："数学题很难，但我喜欢解出来的那一刻。阅读题很难，但我还是要写满。文言文背不出，我就多抄几遍。浮力难懂，我就去找老师。六点半的天很黑，但获得的成绩确实很耀眼。不一定要向阳而生，但我一定要逆风翻盘！加油！"

托马斯·杰斐逊曾说："我很相信运气，事实上我发现我越努力，我的运气就越好。做题时猜都能把答案猜出来。"当然，最后一句是我加上去的。再次借用一句话共勉："人生很贵，请别浪费！学习很苦，坚持很酷！"

做一个有德行、有修养的一中人

杨钦涵

我名字中的“涵”字，意味着内涵与修养。因此，从小我就经常问我妈妈：“妈妈，你给我取这个名字，是不是希望我成为一个特别有涵养的人？”我妈十分坚决地回答：“不是，是因为你五行缺水。”

后来读大学，我来到重庆。川渝地区把“咸”读作“hán”。每次朋友聚会，大家都会说：“钦涵来了，这桌菜现在有盐味了。”于是，我意识到，虽然我“五行缺水”，但我仍然可以是一个有味道的人。

再后来，看到的人和事儿多了，碰到的境和遇杂了。我领悟到了一个深刻的道理：人可以缺水，可以缺味，但绝不能缺德行。

德行的必要

我说的这个“德”，是德行、修养、操守的意思。实际上，这几个词是很难讲清楚的，这个难不是语言表达的难，是做人处事、切身实地的难。在社会中，制约一个人活动和施展的有三种力量：一是法律法规、条理条规，二是社会舆论，三便是这道德修养，也称个人素质。显而易见，法律是每个人都不敢逾越的红线。舆论猛如虎，其破坏力相信在场的各位同学也有些体会。只有这道德修养，看不清摸不着，每个人似乎都在提，但以此要求自己时，往往缺乏自觉。

但是，法律和规定只是下限。一个人如果仅将这些看得见的规则作为人生的信条，那和围栏困兽有何区别？舆论和评价也只是来自外部，一个人如果只活在别人的评价尺度里，这又和乌合之众有什么差异呢？唯有道德修养才是属于我们自己的独立判断标准，是我们立于天地间、区别于虫豸鸟兽的本质界限。

所以孔子才说：“朝闻道，夕可死也。”这句话的意思是，如果早上能够理解世间这些无形的规则、规律，晚上即使死也无憾。孔子是醇儒啊，这么博大精深的人，

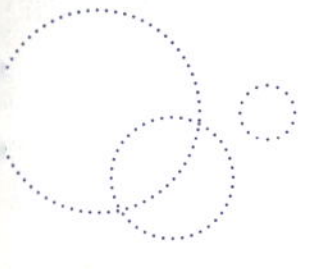

竟然说出这么热血激情的话，足可见这个“隐形之道”的重要性。修养、道德和操守，就是我们待人处事的隐形之道。

德行的核心

做一个有修养的人，核心在于知条理、懂分寸。我国著名哲学家朱光潜先生对此有着明确的解说：“所谓条理，是万事万物的联系和线索；所谓分寸，是万事万物的本末和轻重。”

例如，现在我看大家站在操场上，我判断你们双臂不耐烦的摆动反映了你们的内心世界，这就是知条理。你看，条理就是把事物之间的关系看清楚。又比如，我边在这儿演讲，边判断我说出的每句话的分量如何、程度如何、合不合适，这就是懂分寸。你看，分寸就是把人、事、物的高低秩序想明白，选择最合适的姿态去行动。我今天看一个同学特别“不爽”，我的粗言秽语马上要说出口了，这个时候我想想这个同学和我的关系、我挑衅他的前因和后果，这是知条理。我再想想这个同学听了我的话会是什么感受？心理受影响的程度会有多大？这是懂分寸。把这两件事想清楚，一个人就慢慢有修养了。

通过上述分析，我们不难发现：知条理需要的是洞察力，这个洞察力不是你乱丢垃圾的时候观察周围有没有人，而是真正搞清楚自己的行为和校园环境、做清洁的老师和“一中人”这个角色的关系；懂分寸需要的是同理心，例如别人在自习，你在楼道走动时要换位思考地想到自己的喧哗给自习中的他人会带来痛苦，以及他人的喧哗给自习时的自己带来的烦恼。

德行的难点

有修养的难点，便是如何平衡好理性和感性的关系。罗素在《我为什么而活》一文中暗示，支撑自己活下去的是理性、感性和社会性。过于感性，情绪随时不受控制地喷涌，那你只会大喜大悲，随时突破修养，做一些冲动之举。过于理性，灵魂就要被抽离身体，你又会变得“形如槁木，心如死灰”。我喜欢《世说新语》里的一个故事：谢安和友人下棋，前线有关他侄子谢玄的战报传来，谢玄看了信放下，脸色平静，继续举棋，客人着急地问战事如何。他只是缓缓说，我侄儿大获全胜了。面色不改当初。

谢安这个人就很适恰：静中有动，冷中有热；既大度宽宏，又让人体会到了那种热切的自豪和喜悦；不动声色，而撼天动地。这就是古人推崇的人格——雅量。

平和、宽容、气度不凡，这些都是有涵养的基础，不是同学们一朝一夕可以学成的。饱览群书、千锤百炼，才能得到这些积淀。我们一起来努力，把它作为目标，相信终有一天会实现的。

结语

同学们，本文谈论了有修养对于一个人的必要，谈论了有修养的核心是知条理、懂分寸，还谈论了有修养的难处在于如何控制自己的情绪和理智。我想起上次“国旗下的讲话”时，桂丽老师告诉大家要爱自己，我觉得还可以补充一句“看自己”。像古希腊那句千古哲言“认识你自己”所指的，只有学会和自己相处，静静向自己发问，才有不断提升修养的可能。作为一中人，我想我们应该有这种勇气，去追求高贵的精神，去追求自觉的灵魂。

无数奋进心，共圆一个梦

宋　涛

周一的清晨，每当国旗迎风冉冉升起时，我总是激动不已。这面鲜艳的旗帜，凝聚着希望，凝聚着憧憬，凝聚着万千华夏儿女为梦想披荆斩棘的奋进。为奋进而歌，为圆梦而行，我们看到了革命战士们为新中国的建立前仆后继的身影，我们看到了亚运健儿们为祖国赢得荣誉而流下的热泪。当然，给我留下更深刻印象的，是在叠翠山前，梦圆一中寄宿学校的你们脸上灿烂的笑容；是 466 个日夜里，努力圆梦一中的你们，眼里坚定的执着。这份笑容，这份执着，铭刻着我们孜孜不倦的奋进，指引着我们满怀期许地驶向理想的彼岸。

三年弹指一挥间，何以圆梦？惟有奋斗。圆梦一中的信念一旦在心中扎根，便义无反顾地追梦拼搏。手中用于锻炼的乳胶管不知向上举了多少次，桌前的练习题不知算了多少道。累了，再坚持；倦了，仍坚定。每次跌倒后又爬起，只因为梦想藏在我们心底。扛起来，拼过来，闯过去，无所谓天不天才，只有努力的人才，才能以砥砺奋进的汗水叩响成功的大门。同学们，回首来时路，我们深切地体会到：圆梦，没有躺赢的捷径，只有奋斗的征程。奥运冠军全红婵，这位年仅 14 岁却拥有“水花消失术”的“跳水魔术师”，一次又一次打破世界纪录，创造了历史性的成绩。“哪有所谓的天才少女，她只是全力以赴罢了。”教练肯定地说：“全红婵值得这样的成绩。”是啊，她是出身农村、即使训练条件再差也能成功的天才；她是咬牙克服无数个早晨早起、大汗淋漓训练的女孩；她是自我监督、自律自强，坚持每日跳水 400 次的女孩。这就是全力以赴的力量，这是你我的全力以赴，这也一直是每届一中学子昂扬的全力以赴！踔厉奋进，笃行不怠，我相信，只要全力以赴，我们也必将迈进一中本部的大门，开启新征程！

何以成功？唯有坚持。唯有坚持，唯有持续不断地努力，才能到达成功的山巅。

“她战胜了过去 50 年从事其结构研究的所有科学家。”这是美国科学院院士罗纳德对于中国科学家颜宁的至高评价。颜宁在 30 岁便成为清华大学的教授，是

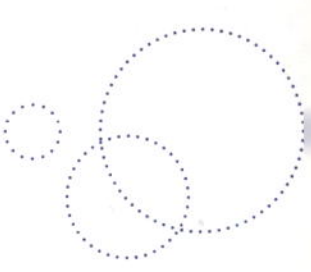

清华有史以来最年轻的教授。她曾说：“做科研，就要有股‘死磕’精神。”平均每天进行12个小时的高强度实验，在恒温只有4度的“冰箱”实验室，用几百个日日夜夜执着地进行着热爱的科学研究。正是这样的坚持不懈，才能让她在短短几年内，在中国科学家自己的实验室里，培育出世界级的研究成果。的确，迈向成功的道路不可能一帆风顺，一蹴而就。一路崎岖，便用坚持铺就康庄道；一路荆棘，便用恒心绽放繁花似锦的梦想。

天道酬勤，亦需和衷共济。在通往成功的路上，我们或许迷茫，或许自我怀疑，但我们绝不孤单、绝不颓丧，因为有老师们最温暖的陪伴。我记得毕业于一中寄宿学校的张爱佳学姐的分享：在高手如云的学习环境下，她也曾退缩过，但老师们的坚持，让她重燃了希望。班主任坚持开导她，各位老师坚持鼓励着她。她曾说，因为有老师的坚持，才有坚持的自己。的确，那些霜重夜深的日子，记录了多少查寝的脚步；在失落的受挫时刻，总有老师耐心地鼓励、帮助我们重拾信心……

春华秋实，陪伴亦长情。凛冬虽至，春光可期。愿这一路征途，你我坚守初心，只顾奋进拼搏；全力以赴，哪怕荆棘满路。我们，终将于群峰之巅俯视平庸的沟壑；我们，终将于伟人之肩藐视卑微的懦夫！

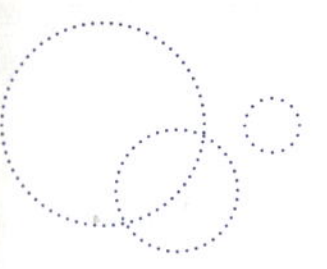

用爱浇灌：倾听、陪伴、督促

徐舒畅

蔡元培曾经说过："教育者，养成人格之事业也。"良好的教育不应该只局限于单一的学习评价体系，而是重视对孩子三观、品性、习惯等多方面的培养。班主任无疑在孩子人格塑造中扮演着至关重要的角色。"倾听、陪伴、督促"，三步走的策略，让我在班主任工作中能走进孩子们的内心世界，建立起亦师亦友的良好师生关系，从而能真正将对孩子的引导落到实处。

中学阶段是孩子们的身心快速成长的重要时期，尤其是他们此时在心理上来到了"身份与角色混乱阶段"。心理学家埃里克森认为，在这一阶段，青少年开始探索自己的身份，并寻找个人的价值观、兴趣和未来目标。他们面临着从儿童到成年人的过渡，需要适应身体和情感上的变化。我们常常发现，孩子们不再像幼年时期一样乖巧听话，而是渐渐有更多自己的想法，如果我们仍然希望孩子能"言听计从"，就非常容易激发孩子的反感甚至是叛逆。因此，与孩子相处的第一步，是"倾听"，这不仅是了解孩子的想法，更是让孩子感觉到自己被当作一个"大人来看待"，有表达和商议的权力，从而拉近和孩子之间的距离，最重要的是让孩子更愿意接受我们的建议。然而，作为教育者，我们也清楚这个年纪的孩子并不是真正的"成熟稳重"了。因此，在日常学习和生活中，给予他们足够的陪伴并适时进行督促，才是真正地帮助孩子们成长的关键。

从实践的角度来看，班级管理中的纪律、卫生等问题，都可以通过"倾听、陪伴、督促"三步的方式去处理。记得我刚开始担任班主任时，由于缺乏经验，面对乱糟糟的教室，我的火气往往刚要上来，看着孩子们可爱的脸庞，怒气便会消去大半；于是，孩子们渐渐发现我的严厉往往只是"高高举起"，最后定会"轻轻落下"，便愈发地肆无忌惮，使得班级纪律一度成为一大难题。慢慢地，我意识到仅靠自己的提醒并不能解决问题。因此，我组织了"班级纪律，人人有责"的主题班会，召集班委整理了班级存在的大大小小的纪律问题，在班会课上让孩

子们发言讨论“我们为何需要有纪律的班级环境？”“为什么会忍不住在课堂上违纪？”“我希望我们如何解决这些问题？”……最终，孩子们共同制定了纪律准则，并按照大家制定的准则严格执行奖惩措施。随着时间的推移，孩子们也都慢慢自觉了起来，甚至开始互相督促。从那过后，纪律的疑难杂症便慢慢地迎刃而解。看吧，孩子们不一定记得老师说过的话，但是一定对自己说过的话印象更深刻。

十几岁的孩子并非完全懵懂无知、不明事理。爱孩子意味着首先要共情孩子的想法，倾听他们的想法，再讲清楚利害关系，提出建议并给予引导。当孩子感受到了这份爱和尊重，便会主动地接受大人的帮助，遵守约定，自我约束。例如，一次我与班里一个女生谈心，孩子对自己的学习感到焦虑，但由于沉迷于手机，自制力很差，她希望能好好学习，却经受不住诱惑。我站在她的角度指出：“这个年纪，沉迷于虚拟世界的例子很多，但是你能认识到自己的问题，主动寻求老师的帮助，就已经成功了一大半了。”随后我们一起制定了应对方案：把手机交由家长锁起来，在校住读减少接触手机的机会；多参加学校的活动，如跑步、打球或者和同学一起讨论，让自己忙起来，从网络世界里走出来。就这样坚持一段时间后，孩子渐渐投入真实的生活和学习之中，也大大减少了对网络的依赖。

“老师，我觉得自己平时情绪不太好。”“老师，我被人误会了。”“老师，我最近觉得压力好大。”青春期的孩子心思细腻敏感，一旦出现问题，他们需要成年人的正确引导和帮助。然而，简单地要求孩子听从安排，遵守规则，接受老师安排的奖惩，孩子心中必定会产生“为什么”“凭什么”的疑惑，如果我们采取简单粗暴的方式，没有解决孩子的情绪和困惑，往往会慢慢激发矛盾，导致所谓的“叛逆”。只有与孩子们建立起信任，倾听他们的想法，才能让孩子们愿意敞开心扉讲述自己的问题。正是因为有了良好的师生关系，孩子们才愿意听从老师的建议，接受老师的督促。

回顾班主任工作，爱是赢得孩子信任与尊重的基石。因为孩子感受到了爱，所以愿意去改变自己的不足；因为感受到了爱，所以愿意大胆倾诉自己的苦闷，分享自己的想法；因为感受到了爱，所以孩子在遇到困难的时候，会想起班主任……我们的爱体现在工作的细节之处：清查班级人数的时候，也顺便观察询问孩子们是否吃过早饭；在操场上跑步的时候，督促孩子的同时，多观察孩子的表情，是否有不舒服；考试前后，多观察课间，看看是否有孩子因为学习压力独自默默难过；对于课堂上常常走神的同学，可以从他身边的朋友入手，了解他的真实情况……做一个有爱的班主任，先倾听，多陪伴，适时督促。用爱浇灌，静待花开。

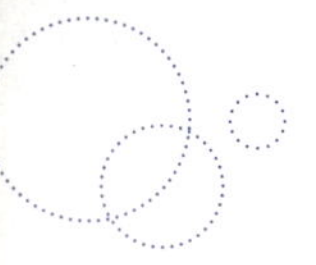

管好自己，我能行

杨　斌

自律是一种自我约束，是对个人行为、思想和生活的一种负责任的态度。有些人的自我约束力很高，即使没有法律法规的约束，他们也会依照既有的规章制度来要求自己的一言一行。

为什么有的班级自习课闹哄哄，而有的班级自习课静悄悄？为什么有的班级老师也管不住纪律，有的班级没有老师却很安静？俗话说："有什么样的班主任就有什么样的学生。"可见，班主任对塑造学生的自律行为与习惯是多么重要。

我还清楚地记得，我刚参加工作第一次当班主任时，热情很高，自信心很足，认为自己一定能把班级管理好，一定能让班级学生的成绩名列前茅，结果却事与愿违。老师刚走，教室便立刻喧闹起来，晚自习若没有老师的监督，几乎不可能安静下来……为此，我也焦虑过、彷徨过，也曾一度怀疑自己不是当班主任的料。后来我尝试了许多方法，请教了很多前辈，逐渐摸索出一个有效的途径——培养学生的自律能力。只有学生自律了，班主任的管理才会变得轻松，学生的学习成绩才会提高。正如著名文学家高尔基所言："哪怕对自己的一点小小的克制，也会使人变得强而有力。"

培养学生自律，班主任要调动学生积极的参与意识。

泰国励志广告《只有你能够改变自己》曾经感动了无数人。的确，要成功，首先要学会自律。我们的学生来自不同小学，在组建成一个新班级后，我做的第一件事情就是组织学生积极参与班级公约的制定。新班级需要一个新的制度、一个新的班级公约。让每个学生都参与建言献策，可以使班级公约更加透明，更加具有广泛性、代表性和可操作性。如迟到、讲话、不做眼保健操、不交作业等行为如何扣分，都由学生自己讨论后决定。

还记得在讨论给班级取名字时，因意见分歧无法达成一致，我让学生们投票表决，少数服从多数。给班级定班歌的时候，同学们都推荐了不同的歌曲，每首歌曲都很好听，大家难以抉择。于是我提出了几条原则——歌曲内容要健康向上、青春励志、朗朗上口——再让同学们进行筛选，最终选定了班歌。班旗的设计同样如此，每位学生都积极参与，交上自己设计的美丽图案，最后选出了一面具有特色内涵的个性班旗。初中学生有自己的想法和见解，我们一定要充分调动他们的积极性参与其中，这样才能让他们自觉遵守和执行。

在日常的班主任工作中，我习惯于“抓大放小，举重若轻”：原则性、方向性的问题由我确定，细节和内容交给学生们自己讨论决定。

培养学生自律，班主任要尊重学生的主人翁意识。

我们班级的学生之所以很自律，是因为我始终坚持以约制班，让每个学生都成为班级的主人。一旦班级公约制定完成，每个学生都要严格遵守并执行。班级公约中有这样一条约定：“每个学生既是管理者，也是被管理者。”这充分体现了对学生主人翁意识的尊重。

我把班级分成几个小组，每个小组 6 ~ 8 人，轮流负责一周的班级管理工作。小组内部有明确分工，包括纪律委员、监督委员、安全委员、心理委员等，各司其职。每周例行班会是同学们最期盼的时刻，因为班会上要对上周的管理小组进行评价，并对得分最低的小组提出建议。每周的班会不仅让同学们收获颇丰，还能纠正班级中的不良行为，增强班级凝聚力。

一位原本纪律较差的同学在担任值周纪律委员后改掉了自己的毛病，他在分享体会时说：“我以前在自习课上爱说话，当了值周纪律委员后，发现一名同学在自习课上说话，便去管理他。他说：‘你平时总爱说话，还好意思管别人！’这句话让我感到心里很不是滋味。平时干部管我，我爱理不理，现在轮到自己当干部，才体会到当干部真不容易，既要抓好自己的学习，又要维持班级纪律，今后我可不让干部操心了。”从此，他的纪律情况大为改善，自习课效率也提高了，学习成绩也随之提升。

尊重学生的主人翁意识，最终目的是培养学生自我管理的能力，班主任应引导学生学会自我监督和自我教育。

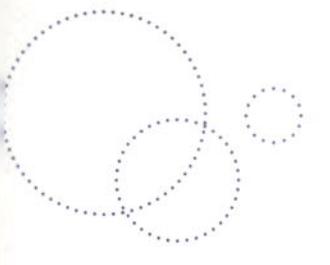

培养学生自律，班主任要监督学生的责任担当意识。

有人说过：“责任感能让学生慢慢长大。”学生犯错是正常的，但犯错后能不能正确认识、能不能主动承担责任，在于学生是否具备责任担当意识。同样，对于每个班委而言，除了要认真履行自己的职责，还应具备责任担当意识。

“人一旦受到责任感的驱使，就会创造出奇迹来”，学生亦然。没有责任感时，学生显得幼稚单纯；随着逐步承担起责任，学生变得成熟，变得富有力量。让学生用负责任的态度管理班级，用责任心来落实班级公约中的具体事项，才能培养学生的责任担当意识。

我们的班级公约规定，学生犯错要写一份500字左右的自我教育说明书，这旨在使学生深入自己的内心，分析自我、剖析自我，更好地认识错误、承担责任。

记得有一次，我刚到办公室，看见班长拿过来一大摞自我教育说明书，其中有一份特别引人注目。这位同学写道：“昨天自习课做作业时遇到一道数学题难题，怎么思考也想不出来，于是便有问同桌的同学的想法，但在心里又提醒自己，班级公约规定自习课不能讲话。然而急于完成作业，又见老师不在、管理干部也没注意我这里，便想着小声点问应该没事！于是我就悄悄地向同桌打听这道题怎么做，同学不愿搭理我，我就缠着同学，弄得人家不好意思，只好用笔给我解释，我还是不懂，就反复询问。正在这时，我们被纪律委员发现了，我心想，这下完了，要写自我教育说明书了。后来班长宣布了我的名字和同桌的名字，我心里惭愧万分，自己受罚不要紧，关键是连累了同桌的同学，打乱了他的学习计划，还要连累他写自我教育说明书。从这件事后，我下定决心，自习课不再讲话，有问题等课后再问同学……”

就在这短短的几百字中，这个同学意识到了遵守纪律的重要性，也承担了相应的责任，后来这个同学变得很自律，自习课再也没有讲话，学习成绩迅速提升。

班主任每天的工作很繁杂，既要教书，又要管理学生，大到有心理问题的、闹矛盾的、抄作业的……小到掉饭卡的、不穿校服的、上课睡觉的……班主任都要处理。此外，还要花很多时间和学生及家长沟通交流。因此，班主任兼职父母、保姆、保安等多种角色。如果班主任不培养学生的自律能力，必然身心俱疲。

同时，班主任工作也是一种能带来双重精神幸福的劳动。我们教育的对象是人，是学生，是有思想、有语言、有情感的学生。既享受自己教育成功的欢乐，也享受学生取得成功的喜悦，所以班主任收获的幸福是双倍的。

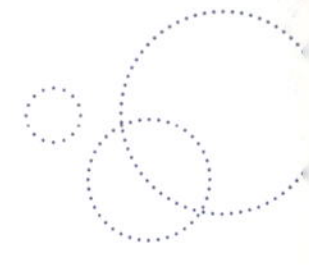

“尊重自由，激发自觉”，学校的教育理念和我的带班理念完全吻合。在这个充满竞争和挑战的世界里，只有培养出自律的学生，才能让学生在这竞争激烈的世界中立于不败之地，才能让学生为了自己的目标和梦想而努力奋斗，学生才能走得更远、飞得更高。

我将还给你一个怎样的青年

王海霞

1983年，张晓风以母亲的身份给全世界写了一封公开信，她在信中写道："学校啊，当我把我的孩子交给你，你保证给他怎样的教育？今天清晨，我交给你一个欢欣诚实又颖悟的小男孩，多年以后，你将还我一个怎样的青年？"大学时代的我读了之后深感震撼，我能够体会一位母亲对孩子既放心不下又不得不放手的爱，我也读出了这位母亲对教育的惶恐与担心。对于毫无实践经验的我而言，教师就是知识的传递者，于是，我回答道：我将送还给你一个成绩优异的青年。

入职之初，来校沟通的家长接踵而至，虽然言辞含糊，但句句都在质疑，年轻的我能否带好一个班级。同样，学生们也从官网上查到了我的个人信息，并饶有兴致地问我是不是刚毕业，那时的我认为，备受质疑的老师是培养不出优秀的学生的，急需树立威信的我决定用规矩来培养学生的敬畏之心。那时，如果你问我，将会还给你一个怎样的青年，我的回答一定是：一个讲原则、有分寸的青年。

为此，我和班委们利用国庆假期制定了详细的班规。每当学生犯错时，我的第一反应是：不容辩解、严厉批评、班规处理。然而，半学期过后，面对班级不尽如人意的成绩，听着学生的抱怨之声，我陷入了矛盾之中，满心期待得到学生和家长的认可，换来的却是不被理解，自己努力了很久却看不到希望。就在这时，黑夜里的几颗星星带我走出了困境。

在一次半期讲评课上，我发现平时注意力就不集中的小杨在桌子上放着几颗星星，翻开她的错题本，没想到里面还藏着折纸，想想她的成绩、看看她的作为，原本就焦虑的我顿时怒火中烧，上前道："你又在做这些没有意义的事情。"说完，我便将星星和折纸揉成一团扔进了垃圾桶。她略带委屈地回答道："老师，我没有。"惯性思维告诉我这是学生的狡辩之词，于是我当着全班同学的面说道："纪律委员，请扣除小杨本周个人操行分三分。"最终，她什么都没说便坐了下去。

本以为这只是班级日常管理中一件小事，但当我下了晚自习回到办公室时，一张留言条映入眼帘："王老师，我为今天的事情向您道歉。我们都曾怨恨过您，

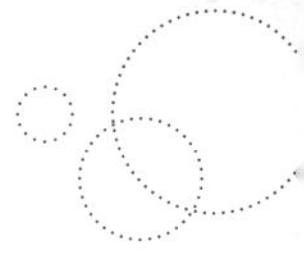

但也请您记得，我们都爱您。”纸条上面放着一个大纸盒，是的，里面满满的都是孩子们为我折的星星，盒子上写着几个字：“王老师，祝您生日快乐！”那一刻，我既感到幸福又陷入了深深的自责当中。

站在成年人的角度看，我告诉学生珍惜光阴、莫负韶华，我觉得我没错。但如果站在班主任的角度，我觉得我缺少一点人情味儿。

我总是站在道德的制高点评判对错，却很少俯下身子听听孩子们的心声；我总是用规矩淡化问题，用理性判断对错，却没有与学生同呼吸、共命运。我用冰冷的规则将学生推远，但这盒星星却将我们的心贴在一起。是学生在我最孤寂的时候温暖了我，我也下定决心，要以真心换真情，温暖更多的学生。

当时，刚住进教师宿舍的我用线将一颗颗星星串起，挂在房间里。房间布置好后，我邀请班里的女同学来参观。当孩子们看着满屋的星星叽叽喳喳讨论时，我走向小杨，在同学们的见证下，说出那句迟到的“对不起”，并给小杨一个大大的拥抱。我和同学们分享：“正是这些有温度的星星照亮我夜行的路，告诉我你不是一个人独自前行。如果时光可以倒流，我还是会告诉你们珍惜光阴这个道理，但我会尝试换一种方式。”

“星星事件”后，小杨上课专注多了，回答问题也没有之前的怯懦了，偶尔还会在周记里和我抱怨父母、分享喜欢的偶像，同学们也从对我敬而远之，绕道而行到主动和我谈心。我知道，当我俯下身子时，我收获了孩子的信任与依恋。

我们经常讲，学生是老师的影子，想培养什么样的学生，先成为什么样的老师。比起严肃，我更希望自己是一位可爱的老师。桂香浮动、皓月当空的晚自习，我会应许少年们撑着头望向窗外，幻想自己是满身花雨的春衫少年。比起优秀，我更希望自己是一位有爱心的老师。我会背起生病的住校生，奔走在凌晨三点的马路上。比起受尊重，我更希望我是被信任的老师，当青春期男生对未知事物产生好奇，当青春期女生悄悄戴上耳夹，我选择走近他们，告诉他们：所有男生，等到十八岁，我陪你喝人生的第一杯酒；所有女生，等到十八岁，我会和你分享变美的秘密！

“你将还我一个怎样的青年？”这是张晓风的发问，这是11班52位家长的发问，这更是整个社会、千千万万个家庭的发问，它时时刻刻敲击着每一位班主任的心。我希望自己是一位有温度的班主任，可爱、善良、值得信任、不负重托。这是我的样子，我希望这也是与我朝夕相处的学生的样子。

今天，如果你问我，我将还给你一个怎样的青年，我会大声地告诉你：我会还你一个温暖的青年。

学生寄语

北京大学：张俊隆

如果没有母校，势必也不会有今日的我。纵然天南海北、行路四方，但我对老师们的赤诚之心永远不会改变。

清华大学：朱　追

六月挥汗如雨的操场，四月纷飞的樱花，一直是我学生生涯中不可磨灭的记忆。希望母校带着我们的回忆，一直向前，越来越好。

中国人民大学：辛美仪

现在想起初中，我还是会对它感到记忆犹新。特别感谢我的班妈妈梁凤老师，您教导我们要有坚韧不拔的精神，我将这种精神保持到了之后的学习和工作中。

香港大学：甘彬又

繁茵开遍，心念又生。常念青葱岁月历历在目，长怀师生之情犹在眼前。愿母校如月之恒，如日之升，愿学弟学妹青出于蓝，屡创辉煌。

中央戏剧学院：刘思博

比起书本上的知识，母校带给我的更多的是正确的人生观和价值观，以及青春的美好记忆。希望母校越办越好，争做一市之光！

北京大学：田馨竹

回想起母校的 108 级台阶，永远也扫不干净的樱花花瓣，仿佛还是昨天的画面。我在这里衷心地祝愿母校，带着我们所有人的美好回忆一起，焕发生机，越来越好。

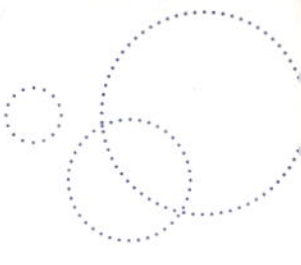

北京大学：李浩平

在重庆一中本部学习期间，我在高一的暑假获得了第 32 届全国中学生生物奥林匹克竞赛金牌，并进入了国家集训队，最终保送北京大学。今日重走 108 梯，过往的点滴有辛酸，也有甘甜。不辞青山，相随与共，我将心怀感恩，砥砺前行。让我们相信自己，在未来继续为“一中红”增添属于自己的光彩！

北京大学：张爱佳

屈服于眼前的诱惑，得到的只是短暂的快乐；控制内心的欲望，才能收获持久的喜悦。我们过关斩将，披荆斩棘，胜利已经遥遥在望。在重庆一中，我目睹了高中同学们夜以继日的努力。回到重庆一中寄宿学校，我感受到学弟学妹们亮剑考场的决心。我在项家书院等你，不见不散。

北京大学：李梓豪

衷心感谢重庆一中寄宿学校对我的栽培，您的风采是我青春的印记，您的教诲令我终身受益。我们每一个人都行走在强国建设、民族复兴的大路上。新时代的青年，不应该只是实现中国梦想的见证者，更应该是参与者和建设者，我们要有生龙活虎的劲头、敢战能胜的血性、舍我其谁的斗志，以及从容不迫的定力，生发出源于“四二一”精神、属于“强国一代”的精气神。同频家国，共振时代。

北京大学：周语轩

重庆一中寄宿学校是我梦想的起点。多年的求知生涯，让我深刻体会到了一中的博大与厚重。正是有了学校的六年一贯制长远规划，才有了我生物竞赛的优异成绩。感恩学校尊重我们学习的自由，激发我们学习的自觉。感恩学校为我们厚植家国情怀，又为我们打开国际视野。重庆一中是我们共同的家园，何不乘此长风，大有一番作为？

复旦大学：鲁菁菁

时常回想起在寄宿学校的三年求学时光：攀爬 108 级阶梯，漫步于校园中庭的樱花树下，再去食堂吃一盘美味的小炒，这些都曾是我的日常，而今已成为我弥足珍贵的回忆。

牛津大学：杨西来

我最怀念母校的是每天放学后都可以去吃很多好吃的食物，也很怀念与同学、老师在这里一起度过的三年时光。祝愿学弟学妹们学业有成，每天都能够开开心心。

剑桥大学：贾丛睿

无论身在何方，我依然记得上学放学经过的 108 级台阶，学校食堂九块钱两荤一素的套饭，以及老师的谆谆教诲和辛勤付出。

南京传媒大学：夏　瑜

我要祝福我的母校，希望母校能够年年岁岁桃李芬芳。我也要祝福我的学弟学妹们，能够在重庆一中学到更多的知识，考上心仪的学校。

卡内基梅隆大学：曾　恋

在寄宿学校的三年生活中，母校教会了我们做人的道理：己所不欲，勿施于人。这三年给予我自信与勇气，使我能在未来的日子里大步向前。

北京师范大学：吴悦菡

还记得校门口那每周都要跳两次的长长楼梯，后山飞着萤火虫的长亭，以及那个中考的六月。天空没有鸟的痕迹，但我们已经飞过，我向重庆一中寄宿学校致以最诚挚的祝福，愿母校永远年轻，永远充满生机。

重庆警察学院：曹致豪、刘景锐、周雪、卢雨佳

我们在此向母校表示感恩并送上祝福，感谢重庆一中让我们在稚嫩的年纪养成良好习惯。感谢一中的老师们，让我们在懵懂的青春里明晰人生方向。“明礼崇德、求知求真”是重庆一中对我们的期待；“崇法、精业、忠勇、笃行”是重庆警察学院对学警的期待。我们将怀着这两份期待，向党旗致敬，为警旗添彩。